JN249563

みんなが知らないネパール

文化人類学者が出会った人びと

三 瓶 清 朝

尚学社

まえがき

「ネパールのことなんて誰も関心を持たないわよ！」――これは、わたしのおば（叔母）がわたしに言ったことばである。そうだろう。それは、カザフスタン国とかエチオピア国とかボリビア国と言っても誰も関心を持たないのと同じことだ。誰が関心を持つだろうか。そのネパールに関心を持ってもらうのにどうしたらよいのか。

ネパールは、仏教の開祖であるシッダルタ＝ゴウタマ＝ブッダ（Siddhartha Gautama Buddha、紀元前五六六－四八〇年［諸説あり］）の生まれた国である。巨大なヒマラヤ山のたくさんある国である（世界で八〇〇〇メートル峰、全一四座のうち八座がある）。日本の桜の先祖にあたるヒマラヤ桜のいまも咲いている国である（だからネパールは「日本の桜の先祖の国」である）。世界最強の傭兵軍隊であるグルカ（グルカはネパールの旧名）兵の故郷の国である。雪男がいるとネパールの山岳部少数民族であるシェルパ族には信じられている国である（わたしはその複数の足跡を一九六八年一一月にヒマラヤ山L峡谷奥の標高五〇〇〇メートル付近の雪山で実際に見たことがある

——雪豹の足跡だとわたしは思うが、シェルパ族の中年の山案内人はそれを見て震えながらおびえていた)。ヒンズー教徒の国である(二〇一一年現在で八一・三%)。だから、ヒンズー教を背骨として支えるカースト身分制度の強い国である。——いろいろ言ってもまだ駄目だ。だから、このことについてはあきらめよう。関心を持ってくださる人だけを相手にする。

この本は、二〇〇一年八月から九月にかけて一か月間ほど、わたし(文化人類学者)がネパールに現地調査(field work)をおこなったさいに出会ったカースト身分の違う男女七人の旧友たちとの対話やその暮らしぶりや出会ったときに思いがけず起こったできごとをそれぞれ個人的に細かく描いたものである。それを通して全体でネパールの民族や文化(思考様式や行動様式)やカースト身分制度をうかがい知ることを目標に書かれた調査旅行記である。個人個人を通して見たネパール民族誌といってもよい。文化人類学的に見たネパール入門書といってもよい。

この本を書くことになった動機は、その二〇〇一年夏の調査旅行があまりにも楽しかったからである。まんべんなく旧友たちと会えたということも楽しくうれしかったが、それだけでなく旧友たちとかわした対話も実に楽しかった。この楽しかった旧友たちとの邂逅(かいこう)や対話を記録して残し、読者と共有することは文化人類学者のはしくれとしてのわたしの義務であると思った。

しかし、二〇〇一年のできごとをいまどき発表するのはいかにも遅い、古いと思われだろうから、そのことについていきさつを弁明しておく。

この本は、初め『People of Nepal — Encounters of A Japanese Anthropologist on a Field

「Trip in Nepal in August and September of 2001」（『ネパールの人びと——二〇〇一年八月から九月にかけてのネパール現地調査旅行で日本人人類学者が出会った人びと』）という題目で、二〇〇三年から二〇〇五年までのあいだに英語で書かれて印刷された。それは、『いわき明星（めいせい）大学大学院人文学研究科紀要』や『いわき明星大学人文学部研究紀要』の中で三回にわたって印刷されて出版された（本書巻末の初出一覧を参照のこと）。合計、約二万語の英語で書かれているので、十分、一冊の本になる。もちろん、わたしもこれを本にするつもりで書きあげた。いま思うと、わたしの母語でない英語で書いたということはばかげたことだと思える。なぜなら、書いていて、ことば使いが正しいかどうか、常に不安だったからだ。なぜ英語で書いたかというと、当該のネパール人がわかる英語でネパールのことを書いて、わたしの調査に向き合ってくれる人びとに報いたい、応えたいと思ったからだ。ネパールの大学における教室内使用言語は英語である（だから、高校生以上の人は英語がとてもよくできる）。いま思うに、日本語でおもしろく書いて、英語にだけでなく中国語か朝鮮語にでも——ネパールに関心を持ってくださる読者は中国や韓国にもたくさんいるだろうから——翻訳されるのを待てばよかった。また、いまになって思えば、英語で自費出版してしまえばよかった。当時はこの「自費出版」ということが頭に思い浮かばなかった。

　こうして、ともかく二〇〇五年までに、わたしは英語で書かれた本の原稿を一冊分、仕上げた。ところが、どこもこれを英語の本として出版してくれない。インドの有名な二つの出版社にも交渉したことがあるし、イギリスの二つの大きな出版社にも声をかけたが、どこも——なんという誠実さだろうか——すぐ断ってくる。もちろん、日本のいくつかの機関（たとえば東京外国語大学アジア・アフリカ言語文化研究所やわたしの大学院の母校である慶應義塾大学）にも声をかけたが、いろいろな理由で断られた。アメリカ合州国に四〇〇〇校あるという大学の一〇〇校にでも当たってみれば出版してくれる大学も見つかるかもしれないとは思ってもみたが、くたびれた。

そのうち、わたしの恩師（大学院博士課程時代の指導教授）である鈴木孝夫氏（慶應義塾大学名誉教授）が、「きみ、それを日本語で書いて持ってこい。ぼくが読んでおもしろければ、親しくしている慶應大学出版会の元会長の何とかさんに紹介する。ぼくがくたばるのが先か、きみの原稿ができるのが先か、どっちかだ！」とおっしゃってくださったのが二〇一三年十二月の鈴木氏の自宅でのことである。鈴木氏はそのとき八八歳であった。

その日本語原稿がやっとできたのが二〇一六年三月下旬である。そこで、鈴木孝夫氏に「『みんなが知らないネパール』（四〇〇字詰め約五〇〇枚）の原稿がほぼできあがりましたので、先生に読んでいただくために先生に原稿をお送りしてよろしいでしょうか」という手紙を送ったところ、予想外のことばが電話で返ってきた。鈴木氏によると「ぼくはもう九〇歳になったんだよ。あしたに死んでもおかしくない。だから、もう残りの人生を人のために使いたくない。自分のためにだけ使いたい。それに、慶應大学出版会の元会長のなんとかさんは（理事長職を？）この三月で退職する」ということだった。要するに、九〇歳になったのでこの『みんなが知らないネパール』の出版のために力添えする体力的時間的精神的余裕はないということだった。鈴木孝夫氏らしい明晰で率直な理由であった。

この本を、ネパールを再訪しないで書くことには一つ問題がある。読者には、ネパールの近年の政治的進捗（しんちょく）――二〇〇八年五月二八日、ネパール王国 Kingdom of Nepal からネパール連邦民主共和国 Federal Democratic Republic of Nepal に変わった――などもあって、この進捗を目で見ないのではほんとうのネパールが書けないのではないかという危惧の声が聞こえてきそうである。しかし、わたしがこの本で扱うネパールは個人――長いつきあいを保っている友人たち――の暮らしぶりやそれを取り巻く文化や社会組織（社会制度）に関するもので、大きく動く経済でも政治でも歴史でもない。これはいまもそんなに変わらないはずだ。ヒンズー教の骨格たるカースト身分制度など、これでもかこれでもかと書き定めた、ヒンズー教の聖典の一つである『マヌの法典』（一九五三年、岩波文庫）以来、つまり二〇〇〇年前以来、何ひとつ変わっていない。ブラーマン身分という一つのカースト身分以外にヒンズー教の司祭をおこなえるカースト身分が出てきたとでもいうのだろうか。

二〇一七年一二月

三瓶（みかめ）清朝（きよとも）

目　次

第二章　オミラ＝ダリ（女性、四六歳）

みんなが知らないネパール

——文化人類学者が出会った人びと

三瓶清朝（みかめ きよとも）

ネパール全図

ヒマラヤ山脈
ダウラギリ山
8167m
8091m
アンナプルナ山
8163m
マナスル山
サガルマータ山
(エベレスト山)
8848m
ポカラ
ネパールガンジ
タンセン町
カトマンズ
チトワン県
パンチカル村
パタン
バイラワ
カルナリ川
ナラヤニ川
ビルガンジ
ジャナクプル
ビラトナガル
ダージリン
サプタコシ川
* 本書に出てくる町・地域
タライ平野
0
100
200km
中国
ネパール
インド
カトマンズ
0
100km

第一章　カトマンズ市に到着

1　カトマンズ市に到着する

二〇〇一年八月二二日（火）一八時三〇分、わたし（当時、五六歳）はカトマンズ市郊外のトリブバン国際空港（Tribhuvan International Airport）に降り立った。空港では、三三年前（一九六八年）以来、親しくしている友人のギャヌー（女性、Gyanu Miyahara、当時、五〇歳）が迎えに来てくれていた。でも、なぜ、大のおとなであるこのわたしが友人に空港の出迎えを頼んだのかというと、こうである。

この国際空港では、入国管理棟から外に出てきた、飛行機の乗客を囲んで、大勢のタクシーの運転手が大声で押し合いへし合いをする。乗客の奪い合いをするのだ。この怒号と押し合いに巻き込まれるとそこから出られずにもみくちゃになって大変な目に遭う。わたしはこれが大嫌いだ。そこでギャヌーに出迎えを頼んだ。ギャヌーの夫は宮原巍（たかし）さんという日本人である。実業家で裕福で、ネパールでは珍しく自家用車を持っている。それを使って、空港まで迎えに来てほしいとギャヌーに頼んであった。[1]

入国管理棟から建物の外に出ると、雑踏の中に確かにギャヌーが待っていてくれた。しかし、すぐ横に夫である宮原巍さん（当時、六七歳）がいるので驚いた。というのも当時、宮原さんは高級ホテル「ホテル＝ヒマラヤ（Hotel Himalaya）」の社長（managing director）をしていて、多忙なはずだ。わたしが迎えに来てほしいと頼んだのはギャヌーにであって、宮原さんにではない。驚いているわたしに宮原さんがこう言った。

「実は、わたしの友人（日本人の高齢者）がネパールの山をトレッキング（trekking、何日もかけて長い距離、山を歩くこと、Himalayan trek などと使う）していて、高山病になっちゃって……、いまカトマンズの病院にいるんですけど意識不明なんです。その友人の奥さんが、いま三瓶さんが乗ってきたその飛行機で日本からカトマンズに来たんですよ。わたしは、その奥さんの出迎えに来たんです。」

そうだったのか。ギャヌーはわたしを迎えに来てくれて、宮原さんは友人の奥さんを迎えに来ていたというわけである。宮原さんはこのように責任感にあふれていていつも誠実だ。

わたしは、日本からファックスでホテル＝ヒマラヤに宿泊予約を入れてあった。雑踏の中で宮原さんがすばやくこう言う。

「ホテル＝ヒマラヤの料金を七〇％引きにしておきますね。ギャヌーといっしょにホテルに行ってくれれば、ギャヌーがホテルの受付にそのように話をします。」

これもうれしい話だ。以前、宮原さんがホテル＝ヒマラヤに泊まるように誘ってくれた時（一九九三年八月）五〇%引きにすると言ってくれていた。それを頼りに今回、初めてホテル＝ヒマラヤに泊まることにしたのである。ホテル＝ヒマラヤはカトマンズ市の南隣りのパタン（Patan）市（なぜかLalitpur市ともいう）にある四つ星（ネパールでは最高級のホテルは五つ星である）の高級ホテルである。このホテルは宮原さんが最初から設計し施工して建てたもので、ほかの高級ホテルにはない魅力がある。それはこのあとすぐに（**5**節参照）語ろう。

わたしはギャヌーと自家用車に乗り、ホテル＝ヒマラヤに向かった。ホテルに到着すると、ギャヌーは受付に向かい、わたしの割引率を職員に伝える。そのあと、わたしはチェックインした。こうして、今回、わたしがカトマンズ盆地にいるあいだはこのホテルを使うことにした。

ホテルの料金表によると、ひとり部屋（実際には大きな寝台が二つあった）はアメリカ合州国ドル建てで一一〇ドルと一二%の税（何の税だか聞かなかった）である。だから、税込みの合計のホテル代は一泊（朝食付き）一二三・二〇ドルになる。この時、アメリカ合州国の一ドルは日本円で一二一・二五円であった（二〇一七年一〇月時点では一ドルは一一二－一一五円である）ので、部屋代は日本円で一泊、一万四九三八円となる。高級ホテルだから、そんなものだろう。わたしの場合は、七〇%引きなので、一泊、三三ドルと税三・九六ドルの合計、三六・九六ドル（四四八一円）である。一泊（朝食付き）四四八一円は長期滞在を考えると安いとはいえないが、わたしの年齢（当時、五六歳）と健康でいられることとを考えると、そう高いものではない。日本と違って、ネパールでは健康でいられることにお金がかかる。このホテルでは毎日、飲み物として新しい冷たい飲料水が部屋の中に魔法瓶に用意されて、わたしはそれをよく飲んだ。また、バイキング形式の朝食もよく食べたが一度も下痢をしなかった。「下痢をしないということ」、ネパールではそれは夢のようにあり得ない素晴らしいことなのだ[2]。

この本の中ではあとで、何回もネパール通貨のルピー（Rupee）建てのお金の話が出てくるから、ここで当時のルピーが日本円でいくらであったかを書いておく。当時二〇〇一年、一ルピーは一・六〇五円であった。一〇〇〇ルピーで一六〇五円である。一円は〇・六二ルピーとなる。なお、二〇一六年二月時点では一〇円が九・四六ルピーである（オミラ＝ダリ談）。一万円で九四六〇ルピーだ。為替の変動相場制では為替相場が毎日変わる。だから、大体の値段のほうがむしろ便利だ。二〇一六年二月時点では大体、一ルピーは一円と考えてよい。なお、二〇〇一年当時、合州国の一ドルは大体七四・六五ルピーだと考えていただきたい。

わたしがなぜこんなに詳しくホテルのことやホテルの値段のことを書くのかというと、そもそも文化人類学者（民族学者）が現地調査（field work）をするのにどこにどのようにして泊まり、いくらかかったか、なぜその値段なのかという記述がその著書や報告書にまったくないからだ。わたしはそういう記述を文化人類学者（民族学者）の著書や報告書や論文に見たことがない。たとえば民族学者として有名な梅棹（うめさお）忠夫（一九二〇―二〇一〇）の『モゴール族探検記』（一九五六年、岩波新書）にも一切そうした記述がない。多分かなりの費用をかけているのだと想像されるが、どこにどう、いくらで泊まったのかの詳細はまったくわからない。謎というか秘密というか。

だから、そもそも文化人類学（民族学）に現地調査が必須だというのなら、その技術の一つとしてどこにどう泊まったのか、その値段はいくらだったのか、値段はどう決めたのかは、一般の読者のためにも文化人類学者のためにも書いておいてほしい。それがわたしの考えである。文化人類学者には、もちろん民家に安く泊まった場合もあろうし、知り合いの家に無料で泊まったということもありえる。しかし、調査のためにどこにいくらで泊まったか、なぜそこに泊まったのかは、とにかく、わたしが知るかぎり誰も書かない。口頭で聞かないかぎりわからないのだ。わたし自身は前著には詳しく書いている。(3)

わたしはあと（**5**節）でこのホテル＝ヒマラヤのことをさらに詳しく語るが、こうしてカトマンズ盆地（カトマンズ市も、ホテル＝ヒマラヤがあるパタン市もこの盆地に入る）にいるあいだ、わたしはこのホテルに滞在することに決めた。実際、二〇〇一年八月二二日（水）から九月二二日（土）の三二泊のなか、このホテルに二二泊した。あとの、九月六日（木）から一六日（日）のあいだの一〇泊はチトワン（Chitwan）県のS村の地主の家にただで（無料で）泊めていただいた。お金を払いたいのだが、わたしが泊めていただくS村のタルー族の地主はいつも絶対にお金を受け取らない。そこで、S村のタルー族への恩返しのために、わたしは「三瓶奨学金」を作ってS村のタルー族の貧しい少女のために奨学金を出すことにした（**13**節参照）。

今回の調査旅行でわたしが使ったホテル代や飛行機代などは、当時（二〇〇一年）一年に六〇万円ほどあった、いわき明星大学の個人の「教員研究費」の大部分を使った。

（1）読者には、なぜ、航空券を買った旅行会社に有料の空港出迎えを頼まなかったのかと疑問に思う人がいると思うので、弁明しておく。わたしが前回（一九九三年八月）ネパールに行った時にその有料の出迎えを日本のH会社に依頼した。しかし、出迎えた旅行会社の現地職員は、わたしの名前（MIKAME）が大きく書かれた板（紙）を用意せずに、わたしらしき人物に向かって「ミカメさん！」と呼び叫んだというのだから、あきれた。あの雑踏と騒音の中でどう呼びかけても聞こえるはずはない。あとになって日本でH会社に抗議すると、わたしが振り向かなかったと弁明して謝罪もしない。これにも非常にあきれた。H会社は宮原さんが社長をしている会社だが、変な社員もいる。聞くところの若い男性社員はカトマンズにある世界言語大学のネパール語学科（二年間）を卒業したということだった。しかし、旅行会社という会社に必要なのは、旅行会社はサービス業なのだから、ネパール語ではなく「人物」だとわたしは思う。それにもめげず、わたしは宮原さんの人柄を絶大に信頼しているから、ネパールに行くときはいつも必ずH会社を頼む。話を戻そう。大きく名前が書かれた板（紙）を持っていてくれればわたしが瞬間に気付いたはずだ。この時（一九九三年）は仕方なく、押し合いへし合いの中から一台のタクシーを頼んでカトマンズ市内に入った。この経験から、今回（二〇〇一年）はH会社の空港出迎えを信用せずにギャヌーに出迎えを頼んだというわけだ。いま（二〇一六年）では、多分、トリブバン国際空港ではタクシーの乗り合いに順番制（乗客が先に切符を買い、順番にタクシーに案内される）が導入されて、タクシーの運転手たちの押し合いへし合いはないと思う。

（2）わたしがネパールでどのように下痢に苦しみ、どのように下痢を治したかということはわたしの『ネパール紀行——文化人類学の旅』（一九九七年、明石書店、一六一—一八頁）に詳しく書いてある。当時（一九九一年、わたしは四六歳）、たまたま、ホテルの隣室に泊まっていたアメリカ合州国の文化人類学者（中年の白人女性）も下痢で非常に苦しんでいた（前掲書、二二一—三〇頁）。その安ホテルは、タメル（Thamel）というカトマンズ随一の繁華街にあるカトマンズ＝ゲストハウス（Kathmandu Guest House、欧米の白人旅行者には特に有名である）だったが、宿泊客の半分は下痢で苦しんでいると、白人宿泊客（男性）がそのホテルの食堂でわたしに言っていたことをいまでも思い出す。……もう一度言う、宿泊客の「半分」である。信じられるだろうか。このゲストハウスには付属食堂があって中華食堂がある。ここでは客が残した食べ物を別の客にまた出すとうわさされていた。ありえることだ。下痢をするということは「夜中に五回も起きて水が噴き出るような下痢をする」ということだ。これをすると夜中によく眠れないだけではなく、昼間でも噴き出る下痢を恐れてちょっとした外出もまったくできなくなる。というのも下痢の兆候がお腹に現れると、水のような下痢だから我慢することがまったくできないからだ。わたしはいつか、カトマンズ市のど真ん中にある大きな公園（トゥンディケル練兵場）のはずれで、樹の根元にいた、サリー（女性のきれいなインド的民族衣装）を着た中年女性がお尻の穴をまともにこちらに向けて水状の下痢を噴き出していたのを道路側から見たことがある。田舎から出てきた女性だろう。ネパール人にとっても大都会はこのように危険である。読者のために言っておくが、下痢が怖いのは安ホテルの食堂や繁華街の安い食堂である。衛生管理がまったくできていない。あとで語るように高級ホテルの食事や一般家庭での食事はまったく問題がない。

（3）三瓶清朝、一九九七年、前掲書（前出、注2参照）、二九頁。

2　ネパール訪問の目的

今回、わたしは一九九三年八月–九月以来、八年ぶりにネパールを訪れた。二〇〇一年八月二二日（水）にネパールに入り、九月二二日（土）にはネパールを離れた。三二日間のネパール調査旅行であったが、訪問の目的は二つあった。

一つはカトマンズ市で文化人類学（言語社会学）的な面接調査をおこなうこと、もう一つはタルー族の村に調査許可をもらうことと同時にそこで少し調査をすることであった。

最初の問題はこうだ。人は、話し相手にどういうことばで呼びかけ、自分や話し相手をどう言及するのか。自分を言及する語を「自称詞」（わたし・ぼく・おれ）と呼び、話し相手に呼びかける語や話し相手に言及する語を「対称詞」（あなた・きみ・おまえ）と呼ぶが、その「自称詞・対称詞の使われ方」をネパール語の場合で調査するというものだ。この問題は、鈴木孝夫が『ことばと文化』（一九七三年、岩波新書、一四六頁）のなかで日本語の場合を例に独創的におもしろく問題化している。しかし、インド＝ヨーロッパ語族の一言語であるネパール語でこの「自称詞・対称詞の使われ方」を研究した人はわたし以外、いない。

わたしは一度それを調査したことがあって（一九九三年八月–九月）、その調査結果を一九九七年に「ことばと社会構造——ネパール語における自称詞・対称詞の使われ方をめぐって」(『いわき明星大学人文学部研究紀要』開学一〇周年記念特別号、一–三五頁)という論文に発表している。しかし、それは一般的にどうなるのかという視点で調べたものである。今回は、その使われ方が家族・親族(姻戚親族も含む)間で実際にどうなっているのかを、わたしの三二年前からの長年の友人であるシター=カナル(女性、Sita Khanal、仮名、四二歳)から彼女個人の実例に限って集中的に、毎日、彼女の家に行き聞き取ろう(一時間だけ)というものである。

今回のシターに対する面接調査は論文にするには調査が十分ではなかった(時間が足りなかった)が、しかし、ある程度の小さな結果も出たし小さな発見もあったので、それはあとで本文の中(***39***–***42***節)でその一部を語ろう。

もう一つの目的は、チトワン県(カトマンズ市より西南西に直線で約八〇キロメートルほどのところにある)のタルー(Tharu)族のS村で二〇〇三年から二〇〇七年にかけてタルー族における「土地所有と権力構造との関係」について調査をおこないたいという大きな計画をわたしは持っていた[1]ので、その調査許可を当該のS村のタルー族から取ること、ついでにその土地所有の一部について少し調査をすることであった。タルー族は、ネパールの南辺と、インド国ビハール州の北辺とにまたがるタライ平野(Tarai plain)と呼ばれる平野(大体、標高二〇〇メートル前後)の先住の少数民族である。わたしはS村まで飛行機で出かけて行って、九月六日(木)から一六日(日)まで一一日間、滞在して、その許可も取り、また土地に関する調査も少しおこなった。二〇〇二年三月にも続きの調査をおこなって、その調査と併せて、一つの結果は、MIKAME Kiyotomo（三瓶清朝）「Processes Reducing Land Inheritances over Four Generations of a Large Landholder Family in a Tharu Village」（タルー族村落における大地主が四代にわたっての土地相続を通してその土地財産をいかに減衰してきたか）『いわき明星大学人文学部研究紀要』（二〇〇三年一六号、一―二五頁）に出ている。

長年の友人であるシター＝カナル（四二歳）とは、一九九三年（当時、彼女は三四歳であり、わたしは四八歳であった）以来、八年も会っていない。S村には、わたしが三四歳であった一九八〇年三月以来、二一年間、一度も行っていない。……二一年間とは一瞬に過ぎ去る時間である。

（1）この計画は結局、実現しなかった。わたしが勤めていた大学がサバティカル制度を持っていなかったからだ。サバティカル制度（sabatical）とは、研究や世界旅行のために大学教授に七年目ごとに与えられる一年間の有給休暇制度のことである。普通の大学ならどこの大学でもこの制度を持っていて、実際にその一年間の有給休暇を与えている。そこで、その制度の実現にわたしは、二〇〇五年当時、大学の労働組合の執行委員長として尽力し制度を実現させた。しかし、当時のT学長やI人文学部長がわたしの、その制度への真摯な、大学で初めての申請を寄ってたかって邪魔した。申請をまったく認めてくれない。理由がないのにだめだと断ってきた。申請を認めない理由を聞く質問書を学長あてに提出したが、返事をくれなかった。完全に無視する。ある若い男性講師が「三瓶先生が認められないなら、(そのサバティカル制度は)誰にも認められませんね」と言っていたが、その通りだとわたしも思った。研究を奨励してくれる「普通の大学」ではなかった(二〇〇五、六年ごろの話で、いま[二〇一六年]はどうかはわからない)。

3 本書のねらい

この本では、ネパール滞在中のわたしの暮らしぶりを一日一日と順に記述していくが、そのねらいは、ネパールのどちらかというと裕福な(例外もあるが)七人の暮らしぶりや土地財産、思いがけず出会ったできごとなどを描きながら、その七人の個人を通してネパールの民族や文化や社会(カースト制度)を描くことである。どの人も長年の友人(または知り合い)であるので、そうでなければ聞きにくい、その給与や財産(土地所有)なども遠慮なく聞いた。友人であるから聞けることを意識的に聞いた。また、この本のなかでは先ほど述べた「自称詞・対称詞の使われ方」の問題も一つの小さな発見として最後に述べてみたい。わたしがこの本で述べる友人や知り合いの七人とは次のような人たちである。プルビヤ＝バフン族のバフン族とはブラーマンのことである。プルビヤ＝バフン族とは、三種類あるバフン族の中の一番優越したバフン族のことである（この三種類のバフン族については25節を参照のこと）。

（1）オミラ＝ダリ（女性、Amira Dali、四六歳）、ネワール族（カースト）、カトマンズ在。

（2）ギャヌー＝ミヤハラ（宮原）（女性、Gyanu Miyahara、五〇歳）、チェットリ族（カースト）、カトマンズ在。

（3）シバ＝チョウダリ（男性、Shiva Chaudhari、三〇歳）、タルー族（カースト）、カトマンズ在。

（4）カマラ＝カント＝シャルマ（男性、Kamala Kant Sharm、四九歳）、プルビヤ＝バフン族（カースト）、カトマンズ盆地在。

（5）バリヤ＝チョウダリ（男性、Bariya Chaudhari、四五歳）、タルー族（カースト）、チトワン県S村在。

（6）ラム＝バブ＝ギミレ（男性、Ram Babu Ghimire、三八歳）、プルビヤ＝バフン族（カースト）、チトワン県在。

（7）シター＝カナル（女性、Sita Khanal、仮名、四二歳）、プルビヤ＝バフン族（カースト）、カトマンズ在。

また、こういう個人の暮らしぶりとは別に並行して、ダリット（被抑圧層・不可触民）のダヌワール族（**10**節）や、債務農業奴隷（債務農業労働者）のカマイヤーのこと（**22**節）や、ダリットのこと（**27**節）も描く。こうした絶望的な貧困と差別とを描かなければネパールを描いたことにはならない。

以上である。

個人の名前について言えば――わたしも相当に迷ったが――、仮名でなく実名を使った。オミラ（四六歳）やギャヌー（五〇歳）、シバ（三〇歳）にも実名で出す承諾をもらっている。カマラ＝カント（四九歳）やバリヤ（四五歳）やラム＝バブ（三八歳）については実名を出すのを断っていないが、わたしがこの本で実名を出しても彼らの尊厳をおとしめない。シター（四二歳）については仮名にした。それは、わたしの前著（**1**節注2参照）で、ある理由で仮名にしたが、本書でもわたしの前著は重要な引用文献となるので通りがいいように前著どおり仮名にしたからだ。

ネワール族やタルー族の「族」は少数民族だと理解していただいてよい。しかし、バフン（ブラーマン）族やチェットリ族は少数民族ではない。ネパールでは多数民族である。支配的で優越的なカーストであるバフン族やチェットリ族から見ると、ほとんどの少数民族はカースト制度における中間的な位置に属するカーストだとみなされている。（ネワール族はネパール全体からみると支配的で優越的なカーストである［**14**節参照］。）だから、ほとんどの少数民族は一カーストとしてカースト制度に属している。しかし、少数民族は自分たちをカーストだとみずに少数民族（ethnic minorities）や先住民（indigenous people）だとみたり、チベット仏教徒だとみている。チベット仏教にはカースト制度はない。あとで見るようにマガル族には自分たちは仏教徒であると言おうという動きがある。タマン族にはラマ（チベット仏教僧）と呼ばれる姓がある（12節参照）ので、自分たちはチベット仏教徒であるという自己認識があるはずだ。シェルパ族は完全にチベット仏教徒である。

この本では、少数民族であれ多数民族であれ、カースト（castes）集団であれ少数民族集団（ethnic minorities あるいは tribes）であれ、結婚相手を自分たちのカーストや民族の内側で探す社会的集団（専門用語で「族内婚集団」という）を「族」と呼んだ。そういう意味で、「カースト」と「族（少数民族または部族）」とは同じことである。ネパールでは結婚はごく普通にこの同じカースト（民族）の内側でおこなわれる。つまり「族内婚集団」内部で結婚する慣習がよく守られている。たとえば、前述した七人の本書の主要人物のうち、日本人と結婚したギャヌーを除いてはすべて「族内婚集団」内部の結婚である。例外がない。

文化人類学者である石井溥（東京外国語大学名誉教授）はネパールの民族を語るときカースト集団名や少数民族（部族）集団名に「カースト」や「族」を一切付けない[1]。石井が「カースト」や「族」を付けないのは、次のような理由からだ。優越的集団であるバフン族やチェットリ族にバフン＝カーストやチェットリ＝カーストと「カースト」を付けると「長いなあ」「余計だなあ」「付けなくともすむ」と思うからだ。少数民族集団であるネワール族やタルー族やマガル族に「族」を付けないのは「族」を付けると「劣っている」「進歩していない」という意味合いが出るからだ。また、実際にカースト集団なのか少数民族（部族）集団なのか一概にいうことが難しい場合もある。

わたしはこの本では石井とは違ってすべてのカースト集団あるいは少数民族集団、つまり「族内婚集団」に「族」を付けた。というのはネパールに慣れていない読者にとってわたしがカタカナでカースト集団名や少数民族集団名や人名を書いたとき、それがカースト集団名なのか少数民族集団名なのかあるいは人名なのか瞬時にわからないからである。カタカナに「族」と付いている時、それはカースト集団名か少数民族集団名かであることが読者に瞬時にわかるようにした。ある民族集団が「〇〇カースト」（〇〇 *jāt*）であるのか、あるいは「〇〇族」（〇〇 *jāti*）であるのかはカースト体制に集団としてどの程度取り込まれているのか、それともカースト体制に取り込まれていないのかによる。その仕分けは対象となる民族により対象となる地域によりいろいろではないか。もちろん、調査研究をする社会科学者によってもいろいろではないか。その「仕分け」自体も文化人類学の研究対象になるはずだ。

また、カタカナで書かれた人名のあとにはくり返しできるだけ括弧で年齢を入れた。これも、読者が瞬時にそのカタカナが人名であるとわかるように配慮もしたし、その人が一体、何歳なのかわかるように配慮したからである。

カースト制度を簡単に説明しよう。カースト制度とは、ブラーマン（バラモン、バフン族）を頂点とした生まれながらの身分（カースト）による非常にきびしい上下序列の伝統的身分階層制度である。

古典的四姓（しせい）制度によると、それは上から

ブラーマン（Brahman 司祭階級、ネパールではネパール語的発音でバフン［Bahun］という）

クシャトリヤ（Kshatriya 士族［戦士］階級、ネパールではネパール語的発音でチェットリ［Chettri］という）

バイシャ（Vaisha 農民、職人、商人などの平民階級）

スードラ（Sudra 奴隷階級）

からできている。カーストは固有の職業を持っていることが多いので、その職業に応じて分業されて、それぞれの職業がそれぞれ経済的に依存関係にあることが多い。この経済的分業依存体系を専門用語で「ジャジマン体系」（jajman system）と呼んでいる。ジャジマンとは司祭を依頼する「施主（せしゅ）または檀家（だんか）」（*jajmān*）のことだ。カースト制度はだから「ジャジマン体系」（カースト分業依存体系）でもあるというわけだ。

ネパールのカースト制度は頂点にいるブラーマン（バフン族）とその下にいるクシャトリヤ（チェットリ族）とが存在しているが、バイシャという中間層が欠落している。最下位はダリット（Dalit または *dalit*、被抑圧層という意味だが不可触民とほぼ同義である）と呼ばれる社会集

団である。本来はカースト制度とは関係のなかった、チベット＝ビルマ語系の言語を使う、モンゴロイド人種の山地少数民族集団（たとえばマガル族やグルン族、タマン族、シェルパ族、ライ族、リンブー族など）はこの欠落した中間層にバフン族によって組み込まれている。この組み込まれ方によって、たとえば「マガル族」ともなるし「マガル＝カースト」ともなる。これは研究者からは「部族カースト」と呼ばれることもある。ただ、カトマンズ盆地を故地とする、チベット＝ビルマ語系の言語を持つネワール族は例外で、その中に独特のカースト制度を持っていて、その中にネワール族のブラーマン（ヒンズー教司祭）がいる。彼らはネパールで唯一の都市文明を持ち、独特の文字を持ち、現代ネパールではバフン族やチェットリ族と並ぶ、政治的にも行政的にも経済的にも優越的なカースト（民族）である（**14**節参照）。

ネパールのブラーマン（バフン族）はヒンズー教司祭（*purohit*）を出せるカーストではあるが、実際の職業は大多数が農業に従事している。司祭（施主の家に出向いて通過儀礼や年中行事祭式をおこなう）は、数村にひとりいて施主（ジャジマン）が多数いれば経済的に十分成り立つ。また、司祭の仕事は農業をしながら兼業でおこなわれることが多い。ブラーマン（バフン族）であれば誰でも司祭ができるとは限らない。司祭をしようと思えば司祭である父や祖父やおじに付いて司祭のやり方を学び修業する。[2] 司祭になろうと思えば、生まれながらの身分であるブラーマン（バフン族）に所属している者に限って司祭ができる。ブラーマン（バフン族）以外のカースト（民族）はヒンズー教の司祭になれない。これが世界のほかの宗教（仏教・キリスト教・イスラム教）との大きな違いである。

ネパール全体のカースト制度に関心のある読者には、簡単に概観できるので石井溥の二〇一一年の論文「流動するネパール、あふれるカトマンドゥ盆地」[3]をお勧めする。また、わたしの『ネパール紀行――文化人類学の旅』（一九九七年、明石書店）でもその概説を試みた（一二一―一四六頁）。しかしそこには経済的分業依存体系としてのカースト制度の説明がない。分業依存体系としてのカースト制度について理解するには石井溥の「ネワール村落のカースト・システム」（一九七五年『アジア・アフリカ言語文化研究』一〇号、八三―一四三頁）という論文が白眉である。カースト制度の経済的側面としての「ジャジマン体系論」の研究史概観を知るには鹿野勝彦の「社会人類学におけるジャジマニ・システム論の問題点」（一九七七年『アジア・アフリカ言語文化研究』一三号、一五五―一六八頁）がすぐれている。

読者はこれからこのわたしのこの本『みんなが知らないネパール』を読み進めるうちに、否応なくカースト制度の一端がうかがい知れることになるだろう。ネパールを知るということはカースト制度を少しは知るということである。それは避けて通れない。

もうひとつお断りしておく。本書では上で述べた主たる登場人物七名の人名に「〇〇さん」という敬称を付けなかった。たとえば、「オミラさん」とか、「ギャヌーさん」とか書かなかった。わたしは実際にはネパールでは、例外なく「〇〇さん」を付けて友人たちに話しかけている。幸いネパール語に「〇〇ジー（*jī*）」（〇〇さん）という敬称があって、わたしはこれを使ってすべての人に話しかけるが、本書の各章を構成している主たる登場人物にはこの敬称を略した。ただし、主たる登場人物でない人には「○○さん」とか「○○君」とか敬称を付けた。

（1）たとえば、二〇一一年「流動するネパール、あふれるカトマンドゥ盆地」鈴木正崇（編）『南アジアの文化と社会を読み解く』慶應義塾大学東アジア研究所、四三五－四七一頁所収など。

（2）この学び方はほかにもいくつかある。たとえば、近所に住む、親類ではない司祭に付いて学ぶ場合もあるし、高校でサンスクリット語とヒンズー教的儀式を教えてくれる教師がいて、そういう専攻があればそこで学ぶこともできる。また、司祭の仕方を学べる道場（修業所 *āśram*）もあちらこちらにあるし、トリブバン大学付属の一キャンパスでも学べる（このキャンパスの名前はいまのわたしにはわからない）。ダン県にある（公立？）ネパール＝サンスクリット大学（Nepal Sanskrit University）でも当然学べるだろう。司祭でも種類（位階）がいろいろとあって、何の儀式はできるとか何の儀式はできないとか、ある。

（3）右で述べた注1を参照のこと。

4　当時の政治的内戦的状況

二〇〇一年八月二二日——わたしは八年ぶりにネパールに行った——には、二つの大きな事件でネパール王国（当時、立憲君主制王国）が揺れていた。

一つは、二〇〇一年六月一日の「ナラヤンヒティ王宮虐殺事件」（Narayanhiti Massacre）（王宮がナラヤンヒティと呼ばれていた）と呼ばれる王宮内における国王や王妃およびその家族、親族一〇人の虐殺（自動小銃による射殺）事件である。

もう一つは、ネパール共産党毛沢東派による「人民解放戦争」（People's War）である。ネパール共産党毛沢東派（Communist Party of Nepal, Maoist）は英語でいわゆるマオイスト Maoist と呼ばれ、ネパール語でマオバディ *māovādī*（毛沢東主義者）と呼ばれている。「人民解放戦争」は当初は、人民解放軍と、政府権力つまり当時の政府権力を握っていた「ネパール会議派」（Nepali Congress、富裕層の多い保守的一政党である）[1]が動かす警察との戦いであった。しかし、治安の悪化を受けて、政府も二〇〇一年六月に、五年あまりにわたるマオイストとの戦闘で初めて国軍を出動させた。

「ナラヤンヒティ王宮虐殺」事件では当時の国王（King Birendra Shaha）とその家族や親族が

一〇人も王宮内の家族の晩餐会で何者かによって射殺された。だれが何のために虐殺したのかの真相はいまもってわからない。公式には二〇〇一年六月一四日に出された政府調査委員会の報告書によると、当時の皇太子（Dipendra Bir Bikram Shaha）が自分の望む結婚に反対されて、家族が集まる晩餐会で自動小銃を持ち、家族を乱射し最後に拳銃で自殺したというものだ。[2] これも、右利きである皇太子が左側から拳銃で頭を撃っているから政府調査委員会報告書は疑わしいとわたしは思った。ともあれ、この「王宮虐殺事件」の解釈には諸説があるが真相は不明だ。この王宮虐殺事件は当時の世界に衝撃を与え、外国からの観光客が激減した。しかし、この事件の影響はわたしに関するかぎりネパールでの生活に何の影響も無かった。

もう一つの「人民解放戦争」問題であるが、わたしに関するかぎりカトマンズ盆地でもチトワン県でも何の問題もなかったし内戦を見聞きする機会もなかった。わたしはホテル＝ヒマラヤにいるあいだホテルにあったカトマンズ＝ポスト（*the Kathmandu Post*）紙という日刊の英語新聞をよく読んだが、新聞では毎日大きくネパール共産党毛沢東派（マオイスト）とネパール会議派（政権派）との停戦交渉が報じられていた。実際のところ、この二〇〇一年七月末から同年一一月末まで内戦は中断されて停戦していた。しかし、二〇〇一年一一月下旬、当時のギャネンドラ国王（King Gyanendra Bir Bikram Shaha）が非常事態宣言を出して国王率いる王国陸軍と人民解放軍との本格的内戦に変わった。

結局、この「人民解放戦争」は一九九六年二月一三日に始まり、二〇〇六年一一月二一日、政府とマオイストとの間に「包括和平協定」が成立して内戦が終わり、二〇〇七年一月一五日、『二〇六三年（西暦二〇〇七年）ネパール暫定憲法』（The Interim Constitution of Nepal 2063）が国会で承認された[3]。次に、二〇〇八年四月一〇日「制憲議会選挙」がおこなわれ、ネパール共産党毛沢東派（マオイスト）が圧勝した[4]。

二〇〇八年五月二八日、「制憲議会」における最初の議会の冒頭でネパールが立憲君主制の君主制を廃止し、ネパールを「ネパール連邦民主共和国」（Federal Democratic Republic of Nepal）にすると宣言された[5]。しかし、二〇〇七年一月一五日に承認された『二〇六三年（西暦二〇〇七年）ネパール暫定憲法』が「暫定」でなくなり、『ネパール憲法』が発布されたのはその八年後の二〇一五年九月二〇日である。政治学者である谷川昌幸の『ネパール評論』（二〇一五年九月二一日版）は次のように述べる（http://www.wld-peace.com/、二〇一六年一月一五日閲覧）。

ネパール制憲議会は（二〇一五年）九月一六日、新憲法案を圧倒的多数をもって可決し、これをヤダブ大統領が九月二〇日『ネパール憲法二〇七二年（西暦二〇一五年）』として公布した。法的には、この憲法公布をもって一九九〇年憲法体制は正式に廃止され二〇一五年憲法体制に完全に移行した。

新憲法発布以来、新首相、新国会議長、新大統領が選ばれている。このあたりを詳しく語るのは退屈なので、本文では語らないから興味のある読者は本節注6を見ていただきたい。あるいは前述の谷川昌幸『ネパール評論』を参照されたい。

現在のネパール政治は政治学者にとっては興味深い事態であろうが、二〇〇七年から二〇一七年（いま）の政治的動きにわたしはあまり関心はない。

（1）「ネパール会議派」は電子網の Wikipedia（日本語）によると、「社会民主主義政党」で、イギリスの労働党やドイツの社会民主党やフランスの社会党などが構成員となっている「社会主義インターナショナル」の正式構成員である（電子網の「ネパール会議派」を検索、二〇一七年一一月〇九日閲覧）。「ネパール会議派」に関する詳細はいまのわたしにはわからない。

（2）谷川昌幸、二〇〇一年「王族殺害事件——謎と解釈」日本ネパール協会『会報』一六七号（二〇〇一年七月号）、一二―一三頁。谷川の情報源は *the Kathmandu Post* 紙ほか、多数の英語新聞である。

（3）小倉清子、二〇一五年「武装闘争から議会政治へ」南真木人（まきと）・石井溥（編著）『現代ネパールの政治と社会——民主化とマオイストの影響の拡大』明石書店、七三―七四頁。

（4）この選挙結果について、どの政党が何議席、獲得したかは左記の論文に詳しい。ケシャブ＝ラル＝マハラジャン・パンチャ＝ナラヤン＝マハラジャン、二〇一五年「市民の至上権は新しいネパールにおける包摂的政治の道しるべとなるか」南真木人・石井溥（編著）、前掲書、三一一頁、三三八頁。

（5）石井溥、二〇一一年、既出論文（***3***節注1参照）、四四一頁。

（6）新憲法下で最初の首相は、ネパール共産党（統一マルクス＝レーニン派）議長のカドゥガ＝プラサド

＝（シャルマ）＝オリ（男性、Khadga Prasad [Sharma] Oli、六五歳）で、二〇一五年一〇月一一日に選出された。また、立法議会では二〇一五年一〇月一六日に議会議長に女性のオンサリ＝ガルティ＝マガル（Onsari Gharti Magar、三九歳）が選ばれた。彼女はネパール共産党（毛沢東派）の国会議員である。また、二〇一五年一〇月二八日にはネパールの第二代大統領に女性のビドゥヤ＝デビ＝バンダリ（Bidya Devi Bhandari、五五歳）が選ばれた。彼女はネパール共産党（統一マルクス＝レーニン派）の国会議員である。なお補足であるが、二〇一七年二月二〇日（月）の *the Kathmandu Post* 紙（電子版）によると、現在、ネパールの首相はネパール共産党毛沢東派議長のプスパ＝カマル＝ダハル（Pushpa Kamal Dahal、通称プラチャンダ Prachanda「勇猛なる者」の意、六二歳）に代わっている。なお、以上のどの人の人名も日本語で電子網の Wikipedia に出てくる（オンサリ＝ガルティ＝マガルはローマ字で引くと英語で説明が出てくる）ので、興味のある読者はそれを参照されたい。

5　ホテル＝ヒマラヤ

ホテル＝ヒマラヤはわたしにはとても良いホテルであった。このホテル生活はあまりに楽しかったので、それを読者と共有するために以下に少し詳しくホテル生活を語る。

ホテル＝ヒマラヤは、宮原巍さんが日本のM不動産の援助を得て一九八〇年代（？）に建てたものだ。一九八〇年代の前半だったか、建設中のホテル＝ヒマラヤの工事現場を宮原さんの案内で見に行ったことがある。陸路、インドから必要なコンクリートがなかなか届かなくて大変だと言っていた。わたしが泊まった二〇〇一年ごろは宿泊客が少なくて苦労していたころらしい。ところが、ホテルはいま繁盛していると、二〇一四年四月にわたしは日本のH会社の関西支社長から聞いたことがある。多分、中国からの観光客が大勢来ているのではないかとわたしは想像する。わたしには宮原さんのホテルだからホテルが良く見えたのではなくて、文化人類学者として、また専門の現地調査者として泊って良かった。何が良かったのか。

カトマンズではわたしはまず第一に下痢、第二に下痢、第三に咳（アレルギー性咳）に苦しむ。第一の下痢に関してはこのホテルは良い、清潔だと前述した。それは部屋に置かれた魔法瓶の水からだけでなく、毎朝の朝食に関してもいえる。宿泊は朝食付きだから、わたしは毎朝、ホテルの食堂（coffee shop）で朝食を取った。朝食は肉や野菜、豆類、牛乳、卵、ジュース、コーヒー、紅茶などの豊富な完全な食事で、バイキング形式である。毎朝、わたしは朝食を腹いっぱい食べたが下痢をしなかった。これを書いていて、わたしはまたホテル＝ヒマラヤに行きたくなった。この朝食がまた食べたい。

わたしのアレルギー性咳はカトマンズ市の排気ガスがひどいから起きる。(1) 一九九三年にはネパール人は、世界で一番排気ガスがひどい場所はメキシコ市の次にカトマンズ市だと自慢するように話をしていたが、いま（二〇一六年）では北京市もひどい。カトマンズ市で排気ガスがひどいのは（1）地理的にカトマンズ市がきれいな形のカトマンズ盆地（標高一三〇〇メートル）にあって四囲が山山（高いところで標高二七〇〇メートル）に障壁のように囲まれていることと、（2）盆地では強い風が吹かないことと関係がある（ネパール全土にわたってヒマラヤ山の高峰を除いて強い風が吹かない）。咳に関しても今回（二〇〇一年八月―九月）はなにも起こらなかった。ホテルの位置と立地条件が良いからだとわたしは思う。ホテルは、カトマンズ市の繁華街から南に三キロメートルほど離れた、パタン市内に向かうなだらかな丘の途中の左手（東側）にある。だから、ホテル一帯はカトマンズ市内に比べると、まあ空気の汚れはそれほどひどくはない。それにホテルの敷地がカトマンズ市内の他の高級ホテルと比べてかなり広い。敷地にはたくさんの樹が立っていて、樹林帯の中にいるようだ。この辺の出来具合が宮原さんの感性由来だろう。ホテルの玄関から中に入ると、広いロビーの天井の高さに驚く。巨大な空間が客を包んでほっとさせる。静かだ。カトマンズの喧騒（騒音とよごれた空気）と完全に遮断される。しかも少し冷房が入っている。部屋に入ると一層静かで涼しい。

　部屋はまことに広い。部屋にはがっちりとした机と椅子がある。これが、調査のあとに資料を整理するにも何かを書くにもよいのである。ほかにソファがある。また、わたしは一人部屋で予約をしたのだが、寝台は二つあった。いわゆる single bed room がないのだろう。この寝台の一つにわたしの大きな旅行鞄（かばん）を広げる。部屋を出る用事があるときは必ず旅行鞄に鍵をかける。

旅行鞄から物を出しっぱなしにするという習慣がわたしにはまったくないから、旅行鞄を広げるといっても鞄を文字通り左右に広げるだけだ。物はいつも（！）鞄にきれいに入っている。だから、部屋を出るたびに旅行鞄に鍵をかけるといっても左右に広がった鞄を一つに折りたたんで鍵をかけるだけだ。そのせいかどうかはわからないが物がなくなるということは一回もなかった。

従業員は一日に二度（もちろん無断で）わたしの部屋に入る。一度目は昼間で、掃除がおこなわれる。二度目は就寝前に寝台の上の毛布の端を、体を入れやすく三角に折っておいてくれる。その三角に小さな紙片と花びらが一つ置いてあって、「良い眠りを」（good sleep）とかなんとか、そんなことが書かれてある。なんという、しゃれたことをするんだろう。部屋のお手洗いにはビデ（bidet、お尻用局所洗浄器）がない。この点では少し苦労した。しかし下痢や咳よりはどんなにがまんできることか。どんなに小さいことであることか。また小さなことだが欠点として洗濯の問題がある。わたしは日本のG社の真っ白な綿の下着を愛用している。この下着をホテルで洗濯に出したら、一回で薄く鼠色の色が付いてしまった。だからこれ以来、下着は洗濯に出さずに部屋の風呂場で自分で洗濯し干している。

窓からは北にカトマンズ市街とその上に真っ白な大ヒマラヤ山脈が見える。この「窓からカトマンズ市街が一望できて、その上に左右に連綿と続く大ヒマラヤが見える」ということが宮原さんの最大のねらいであったろう。よくできている。ほかにはそういうホテル――高級も中級も低級も含めて――はないのではないか。つまり、ホテルの窓から世界文化遺産であるいくつかの寺院を含むカトマンズ市街と、その市街の上に左右に連綿と続く真っ白な大ヒマラヤ山とが見えるホテルはホテル＝ヒマラヤしかないとわたしは思う。カトマンズ市内に入ると、カトマンズ盆地（標高一三〇〇メートル）の北側にそびえる、ヒマラヤ山ではない二七〇〇メートル級の山山がじゃまになってヒマラヤ山はまったく見えない。

ところで、わたしは昼食と夕食はどこで食べたのか。昼食はホテルから北に二キロメートルほど離れた、カトマンズ市内にあるバンバン中華食堂（Van Van Chinese Restaurant）かホテル＝ヒマラヤにある食堂（coffee shop）かで済ませた。バンバン中華食堂は（一九八〇年代から）いつ行っても下痢をしたことがない。経営者が日本人であるが、そのおかげだろう。いまは（二〇一六年）日本人の経営者も亡くなっていて、この中華食堂はそこにはない。

夜はどうしたのかというと、思い出すとなんと宮原巍さんの自宅で食べていた。ホテル＝ヒマラヤから西に歩いて一五分のところに宮原さんの自宅があった。毎夕一八時か一九時ごろにそこまで歩いて行って夕飯を食べた。忙しい宮原巍さんがいることは滅多になかったが、ギャヌーが大体いつもいて、使用人（複数の女性）が作るネパール風の家庭料理をわたしは食べた。それで、料金はというと何も払わなかった。なぜ払わなかったかというと、宮原さんとギャヌーとがホテル＝ヒマラヤを出て宮原邸の客間に泊まったらどうか、それがいやならせめて夕食は毎日わが家に食べに来なさいと強く言ってくれたからだ。

わたしがネパールに行くときはいつもギャヌーがそう言ってくれる。たとえば一九九一年八月の、下痢と咳で苦しんだ調査旅行のときもそうだった[2]。ホテル（タメル街にあるカトマンズ＝ゲストハウス）を出て、わたしたち（宮原さんとギャヌー）の家に泊りなさい。それがいやならせめて毎日、食事だけでもしに来なさい（下痢をしないですむから）としきりに言ってくれた。

いつもそうだ。しきりに言ってくれるのだ。わたしは、世話になりすぎるのを嫌ってか自由でいることを望んでか、いつも泊らない。ギャヌーの（つまり宮原さんの）家にはかつて一度も泊まったことがない。今回も泊まっていない。しかし、夕食のお世話にはなった。その提案に喜んで甘えた。そのくらいお世話になってもいいではないか。

ギャヌーと初めて出会ったのはわたしが二三歳、彼女が一七歳のときで一九六八年一一月のことであった。いま（二〇〇一年）から三三年前のことだ。そのときの出会いのことはあとで語ろう（*18*節参照）。

（1）三瓶清朝、一九九七年、既出書（*1*節注2参照）、一五―一六頁。どのように咳が出て、どのように治したかを書いておいた。処方箋も書いておいた。
（2）三瓶清朝、一九九七年、前掲書、二四〇頁。

第二章　オミラ＝ダリ（女性、四六歳）

6　オミラ＝ダリ

カトマンズに到着して二日後の八月二四日（金）の朝のことだ。オミラ＝ダリ（Amira Dali、女性、四六歳、ネワール族）がホテル＝ヒマラヤに電話をくれた。その日の昼ご飯に、ホテルの近くにある彼女の事務所（日本の商社のカトマンズ事務所）に昼食を食べに来ないかと誘ってくれた。彼女はその事務所の所長である。わたしは喜んで承諾して、昼食を食べに行った。

わたしは、わたしがカトマンズに着いたこともホテル＝ヒマラヤに投宿したことも彼女には連絡していなかったが、なぜかそれが知れわたる。なぜわたしがホテル＝ヒマラヤにいるのかがわかったのか、まだ聞いていないのでいまだにわからないが、多分、宮原さんの周辺の人物とオミラとの間になんらかの意思疎通があるからではないか。不思議なことだ。

オミラとは一九六九年四月にパドマ＝カンニャ女子大学（Padma Kannya Girls College、一つの独立した大学であるがいまは College ではなく Campus［キャンパス］と呼ばれている）の日本語の初級教室で初めて出会った。三二年も前のことだ。

四月はネパールでは新学年の新学期である。その新学期の最初の初級日本語の授業でオミラと出会った。そのときわたしは三か月間だけ日本語の臨時教師をしていた。日本語の初級学級には八、九名の大学一年生の女子学生が出席していた。オミラは当時一四歳であった。一四歳で大学一年生ということに違和感を覚える読者もいるだろうから少し説明しておく。ネパールでは大学に入学する年齢は日本より早い。ネパールは小学校から高校まで一〇年制である（日本は一二年制）から、普通に進学していれば高校卒業年齢は一六歳である。この場合、大学入学年齢は一七歳となる。ネパールには戸籍制度がないから個人の正確な年齢は公式にはだれにもわからない。それと学校の成績がよいと飛び級（学年を飛ばして進級できる）ができる。オミラの父は公立高校の数学の教師をしていたが、オミラは余程、成績が良かったのだろう。飛び級に飛び級を重ねて、多分、年齢もごまかして、一四歳で大学一年生になったというわけだ。

その、新学期の最初の日本語の授業でわたしがどういう授業をしたのか覚えていないが、オミラはわたしの授業がとても楽しかったと言っている。オミラはパドマ＝カンニャ女子大学で経済学を修め、トリブバン大学（Tribhuvan University）大学院で経済学修士号を取った。女子大学時代の、授業に使われる言語は「ネパール語」を除いてすべて英語だったそうだ。「法学」はどうなるのかという疑問が起こったが、いまはわからない。法律はネパール語で作られるから、授業の言語は当然ネパール語だろう。もちろん大学院修士課程（経済学）でも使用言語は英語である。その後、民間の奨学金を得て、一九七六年から一九八二年までの六年間を日本で日本語をさらに習得し、さらに上智大学大学院修士課程で経済学を修めて日本語で経済学修士号を取っている。日本の大学院ではもちろん日本語で修士論文を書いている。題目は「日本の工業発展における総合商社の役割」である。日本の工業化つまり日本の近代化はオミラにとって興味深いできごとなのだろう。明治時代の経済政策が主要な研究対象となるので、漢字がやたらに多い、わたしには到底読めない日本語の、明治時代の古い文献を彼女は苦もなく読む。オミラはいま（二〇〇一年）でも日本語を忘れないために一か月に一冊は日本語の本を読んでいるそうだ。

ところで、オミラのカースト（民族）集団はネワール族という少数民族である。ネワール族はカトマンズ盆地の先住民族である。ネワール族の人口は二〇一一年国勢調査――ネパールでは国勢調査は一〇年に一度だけおこなわれるので、二〇一七年現在、この二〇一一年の国勢調査結果が最新のものである――によるとネパールの総人口、二六四九万四五〇四人のうち一三二万一九三三人で四・九九％である（Central Bureau of Statistics, 2013: 31）[1]。ネワール語を母語とする人は八四万六五五七人で三・二〇％である（Central Bureau of Statistics, 2013: 28）[2]。ネワール族の人口とネワール語を母語とする人たちの人口が異なるのは、どのカースト／民族ですかと聞かれてネワール族ですと答える人のなかにネワール語を母語とする人人（ネワール族全体の六四％）とネワール語を母語としない人人（ネワール族全体の三六％）がいるということである。ネワール語を母語としない人人はネパール語を母語としていると思われる。

話をオミラに戻そう。

オミラは一一時ごろホテル゠ヒマラヤに歩いて迎えに来てくれた。彼女の事務所はホテルから南に歩いて約五分のところにある。この近さはまったく偶然のことだ。ホテルから一分歩いた、ホテルのほぼ目の前にナビル銀行ラリトゥプル支店があるが、オミラは用事があってそこに立ち寄り、ニーラム゠トゥラダールという女性支店長と立ち話を始めた。支店長はネワール族の女性であったが、オミラとの話はネパール語でしていた。ネワール語はチベット゠ビルマ語系の言語であり、ネパール語はインド゠ヨーロッパ語系の言語であり、系統はまったく違う言語である。ふたりの話が終わると、支店長はオミラにその人（三瓶）はネパール語ができるのかと聞いてきた。できるとわかるとネパール語でわたしとオミラのふたりに向かってこういうことを言った。

「わたしは一人のヨーロッパ人のネワール語学者に会ったことがあります。その学者がきれいな、しかも純粋なネワール語を話すのを聞いて、ほんとうに驚いちゃったわ！　わたしたちは長いこと家でも会社でも英語とネパール語とネワール語とをごちゃまぜにして使う(3)ので、純粋なネパール語も純粋なネワール語も話せないのよね。」

この、まぜて使うということには二つの使い方がある。一つは、一つの言語を使っているときにその中に他の言語の単語を入れるということである。たとえば日本語に、事故が起きたとか事件が起きたとか喧嘩が起きたとか障害が発生したとかいえばよいのに「トラブル（toraburu、英語で trouble）が起きた」というものがある。危険だとか困難だとか損だというのに「リスク（risuku、英語で risk）がある」とばかなことを言う。こういうカタカナ゠エゲレス（英吉利）

語をわたしは使わない。

もう一つは、何かをきっかけにしてたとえばネワール語からネパール語へ、さらに英語へと切り替えることである。これが大きいと思う。ネワール族の父と息子の親子の喧嘩でネワール語からネパール語になり最後に英語で喧嘩をしていたという話を聞いたことがある。最後に父親が息子に「Get out!」（出て行け！）と言ったというのだからまことにおもしろい。[4]

一九九一年のことだが、後述されるシター＝カナル（女性、四二歳、一九九一年では三二歳）の家庭では娘（当時八歳）とも息子（当時五歳）とも、もちろん夫ともすべて英語で話がされていた。もちろん彼らの母語はネパール語である。しかし、一九八九年ごろから家庭での話はすべて英語に切り替えている。長女が六歳のとき長男が三歳のときである。約五年間それが続いて、子どもたちの英語ができあがったから家庭の中のことばをネパール語に切り替えましたとすました顔で言っていた。このようにネパール人の言語観と日本人の言語観はとても違う。シター（一九九一年当時、三二歳）はわたしにこう言っている。[5]

家では子どもたちとはいつも英語で話をしています。子どもたちは英語を使って教える私立学校（ネパールではボーディング学校 boarding school と呼ばれている）に入れていますので、家でも実際に英語を使って練習させなければなりません。子どもたちが大きくなって英語ができなければネパールでは何の仕事にもつけませんし、英語でなければ何の役にも立ちません。家での英語はそのための準備なのです。

家庭内のことばを英語でおこなえるのは、シターもその夫も大学（college）を出ていて、大学――ネパールでは二、三の大学を除いてどこの大学でも授業の教室内使用言語は英語である(6)――では英語で授業がおこなわれていたので英語がよくできたからである。ちなみに大学時代のシターの専攻は政治学でシターの夫の専攻は心理学である。これを見ると、何年英語をやっても英語ができないという最近の日本の英語教育の問題とネパールの英語教育の問題とは次元も背景も完全に違うということがよくわかる。むしろ幼稚園から大学院まで日本語が使われるということが驚くべきことで、それをこそ大切にして誇るべきではないか。

話を戻そう。

オミラの事務所の食堂で一一時四〇分から一四時までオミラとその妹さんと一緒に三人で昼食をいただいた。オミラの妹さんは日本語ができないので、このときの会話は多分、ネパール語である。

オミラの事務所（写真1）内にいる職員はオミラを入れて三名だ。職員のひとりはオミラの、ふたりいる妹さんのうちの末の妹さんである。あとのひとりは男性職員である。ほかに、事務所内で職員の昼食の料理をしたり事務所内の雑役（掃除も含む）をする使用人（マガル族の中年女性）がひとりいる。あと、事務所の自動車（四輪駆動車）専属の運転手（中年男性）と門番兼庭

写真１．オミラの事務所（一番奥がオミラ）

師の中年男性がいる。昼食のあいだオミラの妹さんが法学部を出ていることを思い出して、ネパールではひとりが所有できる土地の広さ――具体的には次節で述べる――を規定している法の名前とその法律書が買える本屋の名前とを聞いた。妹さんの答はこうだ。ひとりが所有できる土地の広さを規定している法は『*bhumī sudhār*』（『土地改良法』）という。この本はカトマンズ市のプタリサダク地区にあるPairabi Prakashanという名の本屋にある。この本屋には、『*bhumī sudhār*』（『土地改良法』）を含めてネパール政府が作った全ての法律書が置いてある。

「三瓶さんのためにわたしが買って来てあげましょうか？」

と妹さんが言う。わたしは、自分で行きますので結構ですと答えた。プタリサダク地区は、わたしは比較的良く知っている地区である。本屋自体にも興味があった。あとで実際にひとりで行って『*bhumī sudhār*』（『土地改良法』）を買ってきた。店は小さな店で、天井から床までびっしりとネパール語で書かれた書物（法律書）が埃だらけで積んであった。東京都の神田神保町にある小さな古書店のようだった。ただし、神田神保町の古書店はきれいで、掃除が行き届いている。

次に、オミラと妹さんと、ネパールではひとりの人がどれほどの土地所有が認められるのかに関する話となった。

（1）Central Bureau of Statistics, 2013, *Statistical Year Book of Nepal* — 2013, Kathmandu。わたしが二〇一五年二月二〇日に閲覧したURLでは現在閲覧できないので、最近（二〇一七年八月七日）の閲覧可能なURLを書いておく。http://cbs.gov.np/image/data/Publication/Statistical%20year%20book%202013_SS/Statistics である。「Central Bureau of Statistics, 2013, *Statistical Year Book of Nepal* — 2013, Kathmandu」と打って検索しても電子網に出てくる。

（2）前掲書、参照。以下、本書における「カースト／民族別」（by Caste/Ethnic Groups）人口および母語別人口の出典はすべてこの前掲書による。それを引用する場合、Central Bureau of Statistics, 2013と注記する。前注1で述べたようにネパールにおける「カースト／民族別人口および母語別人口」は統計的に公表されている。

（3）ネワール族における二言語（ネパール語とネワール語）併用の実態については左記論文に詳しい。その実態は実に複雑で興味深いものだ。石井溥、二〇〇五年「ネワールの村落における複数言語使用」

梶茂樹・石井溥（編著）『アジア・アフリカにおける多言語状況と生活文化の動態』（平成一三年度～平成一六年度科学研究費補助金研究成果報告書）東京外国語大学アジア・アフリカ言語文化研究所、二五七－二八一頁。

（4）三瓶清朝、一九八六年「ネパールにおける英語習得と言語観について――日本の場合と比較しながら」P. R. SHARMA・三瓶清朝・山本勇次『ネパールにおける言語・文化・社会の動態（研究報告書）』東京外国語大学アジア・アフリカ言語文化研究所、三四頁。

（5）三瓶清朝、一九九七年、既出書（***1*** 節注2参照）、三九－四一頁。

（6）法学部が何語で授業をしているのか不明であるが、ネパールの法律はネパール語で作られているので、ネパール語であろう。

7　人はどれほどの土地を所有できるのか

わたしは毎日、ホテル＝ヒマラヤで英語新聞 *the Kathmandu Post* 紙を読んでいて、当時のネパール首相のシェル＝バハドゥール＝デウバ（Sher Bahadur Deuba、ネパール会議派）が最近、

「土地改良法」（The Land Reform Legislation）の新法を提案していることを知っていた。ところが、新聞には提案された新法におけるひとりの人が持ちうる土地（農地）の上限の数字が載っていない。その数字がわたしは知りたかった。それを話すと、オミラと妹さんはその提案されている新法の数字をこう教えてくれた。三つの地域によってその上限が異なるという。

（a）カトマンズ盆地では一五ロパニ（*ropanī*）（七六二〇平方メートル、一ロパニは約五〇八平方メートル）

（b）山地地区では三〇ロパニ（一万五二四〇平方メートル）

（c）タライ平野では一〇ビガー（*bighā*）（六万七七二六平方メートル、一ビガーは約六七七二平方メートル）

だという話だ。

以下、本書では、[1]

一ロパニ（*ropanī*）＝五〇八平方メートル

一アナ（*ānā*）（一ロパニ＝一六アナ）＝三一平方メートル

一ビガー（*bighā*）＝六七七二平方メートル

一カター（*katthā*）（一ビガー＝二〇カター）＝三三八平方メートル

一ドゥール（*dhur*）（一カター＝二〇ドゥール）＝一七平方メートル

とする。

ところで、現在の法律によると土地所有の上限値はいくつなのか、オミラも妹さんもわからなかった。

「カトマンズ盆地についてはわかりませんが、山地では五〇ロパニ、タライ平野では二五ビガーじゃないかと思いますよ。」

とオミラが言う。あとになって、一九九四年以来、ネパールにおいて個人が法的に所有できる土地の上限値は左記のようであることがわかった。(2)

（a）カトマンズ盆地、五〇ロパニ

（b）山地、八〇ロパニ

（c）タライ平野、二五ビガー

である。これでは大地主が出るし、有限の土地を分配するのだから、大地主が出れば出るほど反対に貧しい農業者あるいは小作人も多く出る。

ところで、わたしがここで土地所有について細かく述べている理由は、あとで親がどの程度の土地を持っているとなんとか生きていけるのか、どの程度以下の土地しか持っていなければ奨学金の形で生徒を援助すべきなのか、次の次の節でわたしが語るからだ。また、あとでわたしの友人たちの土地所有についても詳しく語るので、読者はわたしの友人たちがどの程度の土地を持っているのかわかるからだ。

いましているのはオミラとの昼食であった。話題が土地所有から「ナラヤンヒティ王宮虐殺事件」に及ぶ。観光業の現状についてオミラはこう言う。

「二〇〇一年六月一日の『王宮虐殺事件』以来、外国人観光客がぱたりと来なくなって、カト

写真2．タメル街

マンズ市内のホテルは空き部屋ばかりです。タメル（Thamel、外国人観光客でごった返す有名な繁華街、写真2）なんかまったく外国人観光客がいないんですよ。たくさんの食堂が次から次へと閉鎖されています。だけど、わたしの見るところこの秋から観光業は回復します。」

「ところで、わたしの書いた本（『ネパール紀行――文化人類学の旅』一九九七年）は届きましたか？」

「届きましたよ！　そして、もう全部読みました。それを知らせるために葉書を送りましたけど。」

「えーっ、読んでくださったとは驚きです。だけど、その葉書はわたしの所に届いていませんよ。」

これはネパールでは普通のことだ。日本から手紙を出しても届くときと届かないときがある。ネパールから日本に出す手紙も同様だ。で、本を読んだあとの感想を聞けばよかったのにうっかり聞き忘れた。多分、届いたということともう全部読んだという話とを聞いて驚愕したからだろう。聞くべきであった。

彼女の会社の経営は、日本政府による発展途上国に対する「政府開発援助」（Official Development Assistance、ODA）に依存している。日本にいるときに、「政府開発援助（ODA）」予算はこの年（二〇〇一年）も翌年も一〇％削られると朝日新聞で読んだことがある。オミラの会社（本社は東京にある「Sインターナショナル」）は日本政府が「政府開発援助」の予算を消化する過程で、ネパール政府と日本政府「政府開発援助」との間に立ってネパール政府にこういう計画を立てて、こう要求しなさいと助言したり、その助言に沿って実際に建築物（たとえば学校や橋）を建設したり研究機材を導入することだ。会社「Sインターナショナル」は商社兼建設会社のような小さな会社である。オミラはこの会社のカトマンズ事務所長である。オミラは実際にネパールの東の果てから西の果てまで仕事のために会社の四輪駆動車で移動する。

わたしは聞いてみた。

「日本政府の政府開発援助（ODA）予算が一〇％削られるといいますが、このことがあなたの会社にどう影響しますか。」

「そのことがわたしの会社に影響があるとはわたしは思いません。政府開発援助は横に置いておいて、ネパールの経済的状況について語ればいまそれはとても悪いものです。その理由は、第一に王宮虐殺事件、第二に政治的不安定性、第三にマオイスト（ネパール共産党毛沢東派）問題です。」

昼食の終わりにオミラがわたしに「あさって日曜日（二〇〇一年八月二六日）の夜、一八時三〇分ぐらいにわたしの自宅に夕食を取りにいらっしゃいませんか」と言う。「喜んでお伺いします」とわたしは答えて、彼女の事務所に暇を告げた。

（1）カトマンズ盆地および山地における伝統的尺度法である一ロパニは正確にいうと五〇八・七二平方㍍であり、タライ平野の伝統的尺度法である一ビガーは正確にいうと六七七二・六三平方㍍である（オミラ＝ダリ談、二〇一七年一月）。オミラによるとこの換算はネパールで発行されているどの「手帳」にも出ているとのことであった。わたしが聞いたのはロパニとビガーだけである。残りの下位尺度（アナ、カター、ドゥール）はロパニとビガーの小数点以下を切り捨ててからわたしが計算した。どの手帳にも出ているとはいえ実際にはロパニもビガーも地域によって大きさがまちまちであると石井溥氏は言っている。

（2）蓮見順子、一九九八年「解説」マヘシ＝C＝レグミ『一九世紀ネパールの農業社会』（蓮見順子による英語からの翻訳）明石書店、一九七頁。

8　ネパールでのNGOの悪評判

その翌日、二〇〇一年八月二五日（土）の夜二〇時三〇分ごろオミラからホテルに電話があった。八月二六日（日）の夜の、彼女の家での食事会のために何時ごろホテルにわたしを迎えに行きましょうかという電話であった。彼女がいうには、日曜日は彼女が所属しているNGO（Ncn-Governmental Organization、非政府組織）がやっている村まで用事があって行くことになっていると言う。これは驚いた。わたしはオミラがNGOをやっているなんて一度も聞いたことがない。わたしはネパールのNGOの活動に非常に強い関心を持っていた。というのも、わたしは一九九九年以来、二年間ほど、日本にある「P」というNGOを通じてネパールのひとりの貧しい少女のために、ネパールにあるP-NepalというNGOあてに毎月五〇〇〇円ずつ寄付をしていたからだ。一年間に六万円である。

「オミラさん、あなたがNGOをやっているって、なんでわたしに知らせてくれなかったんですか。」

「わたしは、わたしがNGOをやっていると人には言わないことにしています。というのは、NGOに関わっているということはネパールでは非常に恥ずかしいことだと思われているからですよ。ネパール人の間ではＮＧＯはどのＮＧＯでも悪い評判でいっぱいです。ＮＧＯは外国人が送ってくれた金銭を盗み、その金銭をただ自分のポケットに入れるだけだとネパール人はだれもがそう信じています。ネパールには五〇〇〇、六〇〇〇というＮＧＯがあります。ほとんどのＮＧＯは、自分たちが言っている目標、つまりネパールの貧しい村村や貧乏な人人を助けることに関わっているふりをして実際はその外国からの援助を着服しています。外国の援助はそれを必要とする人人には絶対に届きません。だから、もしわたしがＮＧＯに関わっていると言えばだれもがほかのＮＧＯの人がしているのと同じことをしているんだと考えます。」

「じゃあ、Ｐ（わたしが二年間寄付していたＮＧＯ）はどうですか？」

「ムム――。」

彼女が言いよどむ。だからオミラがそのＮＧＯを知っているのかどうか、その評判をどう考えているのかどうかはわからなかった。言いよどんでいるから、多分、知っていたのだろう。わたしは会話を続ける。

「わたしは、一九九九年以来、毎月五〇〇〇円の寄付金を日本にある『Ｐ』に二年間送り続けていました。ビラトナガール（東ネパールのタライ平野にある大都市）に住む貧しいネパールの女の子のために送っていたんですよ。二〇〇一年二月にはいろいろな事情でその寄付をやめましたが、少女の写真が時時 P-Nepal から届きましたよ。」

写真にはいかにも貧しそうな少女が写っていた。オミラが反射的にいう。

「写真なんて好きなだけ撮れますよ！」

写真だけではなく少女がネパール語で書いた手紙もP-Nepalの職員が書いた英語の報告書もわたしは手にしていた。ともかく、わたしはテレビで見る以外にネパールのような途上国でのＮＧＯの活動を見たことがない。(1)

「オミラさんのＮＧＯは何をしているんですか？」

「わたしたちのＮＧＯは『Love Green Nepal』といいます。学校の建物を建てたり、苗木を植えたり（植林）します。また、木を切って薪にして調理をする代わりに牛糞を使って生物ガス（bio-gas）を作り、それを薪代わりに使わせます。(2) わたしたちはもう一〇年も活動しています。わたしが勤めているSインターナショナルが持っている技術は利用しますが、会社から金銭をもらうということは一切ありません。わたし自身もお金をそのＮＧＯにあげることはありませんが、わたしの時間をささげます。わたしたちのお金は、巨額の資金を持っているある組織（あとでわかったが、旧＝日本郵政公社、現＝日本郵政株式会社？）から来ます。去年からわたしたちは一三人から一五人の貧しい中学高校生の女子に奨学金をあげています。奨学金はひとりにつき一年間で二〇〇〇ルピーです（当時の円換算で三二一〇円）。あした、この奨学金の半年分を配るために何人かで現地事務所に行きますが、いっしょに行きますか？」

「行きます！」

わたしは、オミラのＮＧＯに強い関心を持っていた。そのわけはＮＧＯ自体にも関心があったが、先ほども述べたが、わたし自身が二年間もネパールの一つのNGOに寄付をしていたからだ。わたしのこのお金が肝心の貧しい女の子にわたっていないとは驚いた。ありえることだとわたしは思った。[3]

（1）参考までに言うと、二〇〇四年にわたしのここまでの報告（英語版）を読んで、当時、東京外国語大学教授だった石井溥氏（現在、東京外国語大学名誉教授）が、ネパールでのNGOの悪い評判の話はおもしろいから論文に書いたらどうですかと言ってくれた。

（2）日本と違って、ネパールには植林をする習慣がまったくない。また、料理の燃料には薪を使う。この結果、ネパールの山山ははげ山だらけとなる。

（3）日本のNGO（NPO）「日本ネパール女性教育協会」（東京）がネパールで運営するNGOの活動、女性教師養成計画を一つ紹介しておく。西ネパールのポカラ（Pokhara）市郊外に「さくら寮」と名付けられた一つの女子学生寮がある。ここでは、西ネパール全域から集められた貧しい家庭の女子（年間一〇名）が近くの短期大学に通っている。短期大学に通って教員資格を取り、卒業すると故郷に帰って、三年間、小学校の教員をする。この時の短期大学の授業料と通学中の生活費や住居費とがNGOの奨学金で出され、なお、卒業後三年間の教員生活中にNGOから支援金（給与）が出る。二〇〇六年に計画が始まり、二〇一五年までに計一〇〇名の女性が「さくら寮」に入寮している（さくら寮開設一〇周年記念編集委員会、二〇一六年『おなご先生一〇〇人養成』日本ネパール女性教育協会、全六七頁）。当該NGOの冊子（前出）を読むと、日本のNGOの良心的、実質的、計画的活動に圧倒される。現地ネパール人職員に資金を吸い取られる心配はまったくない。

9　NGO「Love Green Nepal」の現地事務所

二〇〇一年八月二六日（日）〇九時三〇分、オミラの事務所に行った。そこでサンガット（G. K. Sangat）さんという中年男性の職員を紹介された。この人は「Love Green Nepal」の常勤職員で調整員をしているという。多分ネワール族の人だろう。ちなみにオミラはオミラのNGOの事務局長である。わたしたち三人（オミラ、サンガットさん、わたし）は、カトマンズ市から東に三〇－四〇キロメートル離れたカブレ＝パランチョーク（Kabhre Palanchok）県のパンチカル（Panchkhal）村に向かった。パンチカル村の「村」とは自然の村村が集まってできている行政村のことだ。普通、行政村はネパールではVDC（Village Development Committee）と呼ばれている。

オミラの事務所からこのパンチカル村までバネパ（Banepa）町やドゥリケール（Dhulikhel）町を通って「Love Green Nepal」の四輪駆動車で約一時間三〇分かかった。運転はサンガット

写真３．奨学金の受け取りの署名

さんがした。ドゥリケールはカブレ＝パランチョーク県の県庁所在地でもあり、ヒマラヤ山を眺めることができる一大観光地でもある。

パンチカル村に到着して駐車をしてから三、四分歩くと「Love Green Nepal」の現地事務所兼訓練所に着いた。現地事務所兼訓練所は大きく二棟の建物と農園からできている。二棟のうち一棟は会議室で、もう一棟は事務所と台所と寝室からできている。後者は職員の寝泊まり用だろう。会議室にはすでに一四人の高校生の女子生徒が待っていた。ひとりは欠席していた。オミラとサンガットさんがひとりひとりに半年分の奨学金を配り、ひとりひとりから受け取りの署名をもらっていた（写真３）。半年分の奨学金だからひとり一〇〇〇ルピー（一六〇五円）である。「Love Green Nepal」は第七年生から第一〇年生までの中学高校生の女子生徒に奨学金をあげると決めている。ネパールでは小学校から高校まで全部で一〇年制である。第一〇年生を終えると、ネパールでは大学に進学できる。公立小学校（第一学年から第五学年）は授業料が無料であるが、公立中学校（第六学年から第八学年）や公立高校（第九学年から第一〇学年）の授業料は年に三一五ルピー（五〇四円）である。[1] この、女子生徒にあげる奨学金は、たとえば授業料の支払いや教科書、本、ノート、鉛筆、カバン、制服を買うようにすすめられている。文字通り「奨学」金である。

奨学金をあげる、親の収入の基準をどう決めているのか。もし、父親が四－五ロパニ（二〇三二－二五四〇平方メートル、六一五－七六九坪）の農地を持っていたら、その家族は生きていくのに食べていけて、子どもを中学校や高校に送る余裕がある。だから、少女の親の土地が三ロパニ（一五二四平方メートル、四六一坪）かそれ以下である場合にのみ奨学金の受給資格を得ることができるように設定してある。合理的だ。オミラが言う。

「わたしたちは、第七年生から第一〇年生の中学・高校生の少女に奨学金を出しています。第一〇年生を終えると高校卒業資格（School Leaving Certificate、普通SLCと呼ばれている）を取得する試験があって、それに受かると小学校の教員資格を得ることができます。[2] わたしたちが期待するのは奨学金をもらったその女子生徒がその高校卒業資格（SLC）の試験に受かって小学校の教師になることなんです。」

なるほどそうか。小学校の教師になれば自立できる。奨学金制度の趣旨と構造がよくわかった。

その会合の席には、高校の校長（中年男性）も出席していた。サンガットさんが奨学金を全員に渡し終えると、その校長が生徒に向かってこんな簡単な注意をうながした。

「もし奨学金が余ったら母親に預けなさい。父親じゃ、だめだよ。父親はそのお金で酒を飲んじゃうからですよ。」

これはおもしろい話だ。しかし、ネパールの山地の村村ではこれは真実である。昼間から、家(いえ)の ベランダで男たちが賭け事をしているのを見るのはいつものことだ。それとは対照的に女性は子どもの世話や家事、農作業に非常に忙しくしているのが常である。この男性優位と女性劣位という社会組織は夫婦間のことばの使い方にも女性の嫁ぎ先でのことばの使い方にもそれが出る（本書**41**節・**42**節参照のこと）。また、花嫁持参金の問題[3]、つまり嫁側は婿側に多額の持参金を持っていかないと結婚が成り立たないという問題にもこの社会組織が出てくる。男子は持参金がもらえるので生まれると喜ばれて大事にされるが、女子は持参金を持ち出すので生まれても喜ばれないし大事にされない。

そういうわけで、女子は男子に比べると学校教育が不足する。貧しい者ほどそうだとわたしは思う。貧しければ貧しいほど女子を学校に送る可能性は低い。だから「Love Green Nepal」の奨学金政策は奨学金の対象を貧困家庭に限定してしかも女子に限っているのだから、この二点からしても正しい合理的なものだといえる。

マオイスト（Maoist、ネパール共産党毛沢東派）が掲げる主張の一つに「社会的性差」（gender）問題がある。マオイストを背景に持つある女性協会は、酒を売る時間や曜日を制限せよ、酒を売る店を制限せよと主張する。この「酒類販売規制」要求は、二〇〇一年八月二六日政府側と合意できた。[4]その合意の具体的な内容は、残念ながらいまのわたしにはわからない。参考までにイスラム圏（たとえばインドの西隣りのパキスタンなど）では酒は厳禁である。酒を飲むのも所持するのも売るのも持ち込むのも厳禁されている。

ところで、ここにいる校長はかつて日本に三か月間、日本の学校の研究に行っている。その旅費は「Love Green Nepal」が出している。「Love Green Nepal」はこのパンチカル村だけですでに一二の小学校の校舎を建設している。ああそうか、オミラはオミラの勤めている会社（商社兼建設会社）の技術はもらうがお金はもらわないと言っていたが、このことを言っているのか。学校の校舎建設の技術はもらっているということであろう。山また山のこの村に鉄筋コンクリートの校舎を建設するのはやはり大変なことだったろう。山の、ある尾根を指さしながら「あの尾根の上に見える小学校の白い校舎はわたしたちが建設しました」とオミラが言う。また、別の方向を指さしながら「あそこに見える尾根の上の校舎もわたしたちが建てました」と言う。さらに別の尾根の上にも白い校舎があり、それを指さしながらそれも建てたと言う。その時のオミラのうれしそうな顔といったら、それはなかった。

なんと、日本郵政公社（現＝日本郵政株式会社?）がここ一〇年間も「Love Green Nepal」に巨額な活動費を出し続けてくれていると言う。

「日本郵政公社をわたしたちは『郵貯（ゆうちょ）』と言っていますけど、郵貯は日本のＮＧＯだけに資金を出すので、日本にある日本のＮＧＯである『Love Green Japan』に一度お金が入って、そこからネパールのナビール銀行にお金が送られてきます。そこから、『Love Green Nepal』の議長かオミラかの署名と、会計係りの署名との二つの署名でお金がおりるようにしてあります。」

「一年間に四〇〇万円（二四九万二二二一ルピー）、毎年そこ（郵貯）からいただいています。世界的に見ても、一つのＮＧＯが一〇年間も続くなんて、まずありません。わたしたちは物事を非常に正確に正直に処理していますので、多くの外国の援助機関が次から次へと巨額な額の援助を申し出てくれています。たとえば、デンマークとかオランダのある機関は何一〇万ルピーという援助を申し出てくれました。しかし、こうした援助の申し出をお断りし続けています。だって、そんなに大きな援助額に見合う援助計画なんて、立てたって処理できませんから[5]。」

話を「Love Green Nepal」の現地事務所に戻そう。

奨学金を受け取りにきた女子生徒の中にひとり変な生徒がいた。おじいさんと一緒に来ていて、その生徒だけ奨学金を受け取る会議室に入らない。その生徒は学校の制服ではなく普段着を着ていた。普段着といえばほかの一四名のうちふたりも普段着だった。それは、それほど変なことではない。変なのは、会議室に入らないということと祖父と一緒に来ているということだ。他人の家に入らない――カースト規制で普通、町や村では不可触民はほかのカーストの人の家屋の中に入れないし、絶対に入らない。そういう習慣が身に染みているのだろう。会議室棟の玄関の外の階段に座っている。この女子生徒には特別な奨学金物語があった。

（1）オミラは年間の授業料が三一五ルピーであると言ったが、あとでわたしがチトワン県に行って聞いたところによると、公立中学校（第六学年から第八学年）は年額で四〇〇－六〇〇ルピー、公立高校（第九学年から第一〇学年）は年額で七〇〇－八〇〇ルピーの授業料がかかると聞いた。この違いが県による違いなのかオミラの間違いなのか、いまのわたしにはわからない。多分、オミラの間違いであろう。

（2）現在（二〇一七年一二月）のネパールの学校制度では、日本の小中高校と同じ一二年制である。それは第一学年（五歳）から第一二学年（一六歳）に変わっている。しかし、その仕分け方は日本とは違い、基礎課程（第一学年から第八学年）と高次課程（第九学年から第一二学年）である。また、教員資格についても次のようになっている。教育省が各県でおこなう教員資格試験に合格すると教員免許証がおりる。それがおりると、教育省が各県でおこなう公立学校の教員採用試験が受けられる。それに受かると公立学校の教員になれる。高卒（第一二学年卒）でも教員資格試験に合格すると公立学校の教員になれる。私立学校（ボーディング学校）教員や公立学校非正規（契約）教員の場合は、教員免許証があれば教員になれる。以上の情報はオミラである。

（3）三瓶清朝、一九九七年、既出書（*1*節注2参照）、二五〇－二五四頁。

（4）日本ネパール協会『会報』一六九号（二〇〇一年一一月号）、一四頁。

（5）その後、この「Love Green Nepal」は二〇一七年一一月になってもまだ続いている。オミラによると、「Love Green Nepal」はさらに発展して大大的にやっている。ジャイカ（日本政府外務省の所管団体「国際協力機構」Japan International Cooperation Agency〔JICA〕）の支援などを受けて三県に拡大している。

10　ダヌワール族の一少女

この少女は、「Love Green Nepal」の奨学金をもらいに来たのではなくて、この少女だけの特別の奨学金をもらいに来ていた。特別な奨学金とはこうだ。

五か月前に「Love Green Nepal」の活動をビデオテープに撮影するために日本から何人かの撮影隊がこのパンチカル村にやってきた。この少女の奨学金はこの撮影隊――五、六人はいたのだろうか――がこの少女のためにのみ置いていったものだ。何があったのか。

撮影隊は「Love Green Nepal」の最大の援助機関である日本郵政公社から派遣されていて、NGOとしての「Love Green Nepal」がいかに少女たちの生活やその環境を変えているのかを撮影するものであった。「Love Green Nepal」は撮影対象にひとりのダヌワール（Danuwar）族の少女を選んだ。なぜこの少女を選んだのかはいまのわたしにはわからない。この少女の撮影が進むうちに撮影隊はこの少女がご飯を、なんと野菜のおかず（カレー煮の野菜料理）がまったくなく白いご飯だけを食べているのを発見した。[1] 撮影隊はこれに非常に驚いたらしい。オミラが言う。

「親にお金がないので彼女は白いご飯だけを食べているのです。[2]」

少女の名前はスンタリ（Suntali）という。一七歳である。学校では第七年生である。その日本からの撮影隊はみんなで合計三万円（一万八六九〇ルピー）を集めて、スンタリのために奨学金として「Love Green Nepal」に預けた。「Love Green Nepal」はこれを銀行の定期預金に預けた。定期預金の金利は九％だから、一年に一六八二ルピーの利子を生む。「Love Green Nepal」はこれに三一八ルピーを足して、スンタリに一年に二〇〇〇ルピーの特別奨学金を出すことにした。この日、スンタリは半年分の奨学金として一〇〇〇ルピーを受け取りに来ていたというわけだ。スンタリは、祖父（六五歳）と一緒に奨学金を受け取りに来ていた。祖父はスンタリの教育に非常に熱心であった。

ダヌワール族（Danuwars）とは何者か。ダヌワール族とはダヌワール語を母語とする、ネパールの少数民族である。また、バフン（*bāhun*、司祭を出せるカーストの、いわゆるブラーマン［*brāhmaṇ*］をネパールではこう発音する）族を頂点とするカースト制度の中で最低の序列の中にある一つのカースト（民族）でもある。オミラがこう言う。

「ダヌワール族はかつては河の漁師でした。だから漁師が彼らの伝統的職業です。しかし最近は田畑で農業をしています。彼らは彼らの母語を持ち、それはダヌワール語ですが、タルー

（Tharu）語やマイティリ（Maithili）語[3]に近いのです。彼らは非常に貧しくて、白いご飯以外に野菜を食べることができません。ダヌワール族は、およそ二万人から三万人の人口を持っていますが、『高校卒業資格（SLC）』試験に受かったのは三人から五人だけです。わたしはそのうちの三人に会ったことがあります。」

当時（二〇〇一年）ではなくて、現在（二〇一六年時点）わかる限りの最新のダヌワール族の人口を見てみよう。カースト／民族別の人口で見ると（二〇一一年国勢調査による）、ダヌワール族の人口はネパール全体の人口、二六四九万四五〇四人に対してわずか八万四一一五人（〇・三二％）である。これは、何カースト（何民族）なのかと聞かれたときに自分はダヌワール族だと答えた人の数である。一方、ダヌワール語を母語とする人口は四万五八二一人（〇・一七％）である（Central Bureau of Statistics, 2013: 28）。ダヌワール語が母語だと答える人はダヌワール民族の約半分、五四％しかいないということだ。約半分がダヌワール語を捨ててネパール語に替わっていると思われる。

「Love Green Nepal」が活動しているパンチカル村はカブレ＝パランチョーク県に属している。オミラが言うには、パンチカル村は（二〇〇一年）人口、約一万四〇〇〇人で、そのうち約五〇〇〇人がつまり約三五％がダヌワール族だということだ。ダヌワール族を日本の文化人類学者が調査をしたという話は聞いたことがない。

奨学金を渡している「Love Green Nepal」の会議室に話を戻そう。

オミラとサンガットさん（調整員）が繰り返し、このダヌワール族のおじいさんとスンタリとに家屋の中に入って椅子に座るように言うのだが、それができない。オミラたちは丁寧語でこういう。

「中にお入りください（*bhitra āunos*）。」

「お座りください（*basnos*）。」

オミラがわたしに言う。

「わたしたちが、彼らに『*tapāĩ*』（あなたさまという意味のネパール語の対称詞［話し相手に言及する語］、**39**節参照）という語を使ったり、『お入りください（*āunos*）』とか『お座りください（*basnos*）』といった、相手を尊敬することを表す丁寧語を使うので、彼らは驚いてどうしたら良いのかわからないのです。なぜって、バフン族（ブラーマン）はダヌワール族には決してこういう丁寧なことばの使い方をしないからです。バフン族はダヌワール族に向かってたとえ相手がおとなだろうが、ただ単に『*timī*』（おまえ、きみ）とか『*tã*』（おまえ、*timī* よりさらに低い相手に使われる対称詞）と話しかけますから。」

あとでオミラから聞いた（二〇一六年三月）ことだが、ダヌワール族はダリット（*Dalit* あるいは *dalit*、被抑圧層）だそうだ。ただ、不可触民であるかどうかはわからないと言っていた。スンタリとその祖父は玄関の外に座っていて、会議室の中に入ること、つまり他人の家の中に入ることを非常にためらっていたが、それは不可触民が（バフン族に強制されて）することであるから、ダヌワール族はいわゆる不可触民かもしれない。しかし、この「不可触民」と「ダリット（被抑圧層）」との違いや詳細はいまのわたしにはわからないが[4]、本書では同義としよう。ダリットに関してはあとで**27**節でも語る。また、「対称詞」については**39**節を参照されたい。

（1）白いご飯だけを食べるのはダヌワール族だけに限らない。わたしは、一九八二年八月にカトマンズ郊外のタマン（Tamang）族の村で、トウモロコシを挽いて粉にしたものにお湯をかけて、それだけを食べている家族を見たことがある。カトマンズ盆地の北端の山際を少し登った山の斜面にあるタマン族の村でわたしが民家に泊りがけで家屋の間取り調査をしていたときのことだが、ある家族がトウモロコシを挽いて粉にしたものにお湯をかけてドロドロに練って一切、野菜なしで食べていた。わたしは非常に驚いた。野菜なしで塩を少しかけて唐辛子を一本つまみながら五、六人の家人全員がそういう食事をしていた。飢え寸前で生きているとわたしは思った。この家の米櫃にはコメはおろかトウモロコシも何もなかった（わたしはそれを確認している）。あしたは一体何を食べるのだろうかと本当に不思議に思ったものだ。あまりにかわいそうで、あしたは何を食べるのかを聞けなかった。いま思うに聞くべきであった。当時、そこの村人は新しいトウモロコシを食べていたので、この家族も新しくトウモロコシを採って、それを食べていたのだろう。ともかく、この村のタマン族は毎日何を食べるのか、なぜ生きていけるのかとわたしには衝撃であった。タマン族は比較的、人口の大きい（二〇一一年現在、一五三万九八三〇人、ネパール国の全人口の五・八一％［Central Bureau of Statistics, 2013: 31］）、チベット＝ビルマ語系の言語であるタマン語を話す、カトマンズ盆地北方および北東方向の山地に住む、モンゴロイド系人種の少数民族である。あとで（*12*節）奨学金をもらった一五人の女子生徒たちの一覧表を出すが、そのなかにタマン族の少女が三人いる。

（2）白米だけ食べてなぜ生きていけるのか？　女子栄養大学教授の五明紀春は「胚芽米のすべて」と題する解説文のなかで「胚芽精米」について次のように書いている（http://www.eiyo.ac.jp/haigamai/、二〇一七年三月二二日閲覧）。胚芽精米（いわゆる五分づき米あるいは七分づき米）は玄米に較べるとおいしく、精白米（これはいわば「死んだ米」で栄養素の貯蔵庫である胚芽がそぎ落とされている）に較べると高い栄養素を持っている。胚芽には炭水化物やたんぱく質、脂肪といった三大栄養素に加えて、カルシウムやビタミン類（特にビタミンB_1［脚気を予防する］が豊富）、食物繊維……といった微量栄養素があるそうだ。米は凄い食物だと知れる。スンタリが食べていたのは「白いご飯」だから玄米（薄い茶色）ではなく多分、胚芽精米だろう。また、多分、右記の注1で見たようにご飯に塩とトウガラシをそえて食べていると推測される。それにしても栄養に関するわたしの常識に照らせば、「白いご飯だけ」食べて生きていけるなど想像に絶する。なおトウモロコシの栄養素についてはわからない。またトウモロコシと稲の栽培季節の違いはわからないが、スンタリの家は季節に応じてコメとトウモロコシを栽培し分けていると想像される。

（3）ネパール南部のタライ平野では西部ではアワディ（Awadhi）語の、中部ではボジュプリ（Bhojapuri）語の、東部ではマイティリ（Maithili）語の話者が多い（鳥羽季義、二〇〇三年「コトバにみるネパールの姿」日本ネパール協会『会報』一七九号［二〇〇三年七月号］、九頁）。この三言語に混じって、タライ平野の先住民族タルー族のタルー語が存在する。ことば数は多いがお互いによく似た言語だと思う。

（4）　石井溥はダリットと不可触民との違いはわからないと言っている。「ダリットを従来の『不可触』カーストとするのはよくある捉え方であるが、特定のカーストを『不可触』とするかどうかは、地域によっても人によっても違いがある」（二〇一一年、既出論文［*3*節注1］、四四八頁）。

11　ことばと社会構造

これには驚いた。相手がおとなであってもおじいさんであっても「*timī*」（おまえ、きみ）とか「*tã*」が使われる。*tã* は *timī* よりも目下の話し相手に使われる。*tã* は日本語の「きさま」とも「てめえ」とも違う。なぜなら *tã* は喧嘩のときに使われることばではないからだ。いずれにせよ、わたしは年配の人（おじいさん）相手に *timī* や *tã* しか使わないということに驚いたのである。こんな話は初めて聞いた。

バフン族の家庭ではたとえば親が子どもに話しかけるときとか、兄が弟に話しかけるときに、つまり話者から見て明らかに目下の位置にいる者に対して相手を言及する語（つまり対称詞）として *timī* が使われる。[1]

バフン族の家庭の中では *timī* は息子・娘や甥・姪といった世代が下の人、あるいは同世代でも弟・妹や妻、妻の弟・妹といった目下の人に話しかけるのに使われる。例外もあって、子どもが母親や祖母（母の母）に向かって *timī* という場合もあるが、これは母親や祖母を親しみをこめて、同時に与しやすいと思って使うのだろう。いずれにせよ、*timī* は原則として目下の者に言及する対称詞である。

わたしの論文[2]（一九九七年）では *timī* と *tã* とをまったく違いのないものとして、「*timī*/*tã* 待遇」として同一視している。このときの論文のもとになった調査ではシター（四二歳）が *timī* と *tã* の使い方の違いは人による家庭によると言ったから同一視した。しかし、シター自身が明らかに目下である息子や娘にこの *tã* を使わない（***39***節参照）のだから、いまはその同一視は間違いだと思っている。間違いというより、「*timī*/*tã* 待遇」の下位分類として *timī* と *tã* を区別する使用方法にもっと注意をそそぐべきであった。本書では区別した（***39***節参照）。

石井溥『基礎ネパール語』（一九八六年、大学書林、二六三頁）には二人称代名詞として

目下　*tã*
同等程度　*timī*
目上　尊敬　*tapāĩ*
より尊敬　*yahā̃*

があげられている。また、三枝礼子『ネパール語辞典』（一九九七年、大学書林、九九〇頁）にも二

人称代名詞として

目下　*tã*

同等　*timī*

目上　*tapāī*

　　　yahā̃

があげられている。

しかし、わたしが今回（二〇〇一年）シター（四二歳）の事例を調べたかぎり、家族・血縁親族内の目下の者に対する対称詞（話し相手に言及することば）として使われるのは

目下　*timī*

であって、*tã* は目下の者にも使われない。*timī* が夫に対して使われているので、確かに

同等程度の者には　*timī*

が使われることは間違いではない（**41**節参照）。また、シターはよほど怒って子どもを激しく叱るときに *tã* を使うと言っているので、*tã* は例外的に目下の者に使われるわけだ。また、石井も三枝も「より尊敬」や「目上」に *yahā̃* が使われるとあるが、わたしが今回（二〇〇一年）シター（四二歳）の家族・血縁親族・姻戚親族内の事例を調べたかぎり、*yahā̃* は一例も出てこなかった。「より尊敬」や「目上」や「最高級の尊敬」を示す呼びかけ語や対称詞は、もっぱら *hajur*（あなたさまさま）という語（名詞）であった。

二〇〇二年三月にカトマンズ盆地に住むプルビヤ＝バフン族の教養のある（大学院卒の）おだやかな男性（当時、四四歳、シターの夫）に *tã* の用例を聞いたことがあるが、それは次のようなものであった。その男性によると息子（当時、一六歳）相手であると常に *timī* を使っていて、怒る場合でも *tã* は使わないと言っていた。ところが、彼は犬を飼っていて、その犬を激しく叱るときは *tã* を使い、愛情を持って接するときは *timī* を使うと言っていた。要するに、その男性が言うには息子には、つまり「目下」の人間にはそれが人間なら常にどんな場合でもを *timī*（きみ、おまえ）を使い、飼い犬つまり動物には激しく怒ったときにだけ *tã* を使うということだった。（しかし、シターはこの男性［シターの夫］はその妹［四〇歳］にだけは *tã* を使うといっている。）

つまり、こうだ。カトマンズ市内の、教養のあるバフン族の男性の対称詞の使い方から比較して見ると、田舎のパンチカル村のバフン族はダヌワール族のおとな（おじいさん）に対して目下の者に使われる *timī* や、手に負えない動物に向かって、つまり犬以下のものにしかも怒ったときに使う対称詞 *tã* を使うというのである。パンチカル村のバフン族はダヌワール族を犬以下扱いにしていることがよくわかる。ダヌワール族を強く軽蔑していることがわかる。しかし、これがバフン族の伝統的なことばの使い方である。カトマンズ市という大都会であっても、シター（女性、四二歳）の上の世代のバフン族では下のカーストの者には対称詞 *tã* を使うのが普通のやり方であったとシターは言っている（***43*** 節参照）。これは実際のところどういう状態で使われていたのか、いまのわたしには正確にはわからない。「下のカースト」といっても具体的に、たとえばチェットリ族（カースト）以下のカーストなのか不可触民なのか、どのカーストなのかがわからない。この件はいつかよく調査をしないといけないだろう。

パンチカル村のバフン族の子どもの気持ちに立ってみよう。バフン族の父がダヌワール族の、たとえばスンタリの祖父（六五歳）に向かって *timī* とりわけ *tā* を連発しながら、つまり強く軽蔑しながら話をするとする。その子どもは毎日、ダヌワール族を、つまり最底辺の異カースト（異民族）を強く軽蔑することを学ぶのだ。これは、恐ろしいことではないか。——しかし、『マヌの法典』では不可触民は強く軽蔑すべきだと繰り返し述べられている。こうして、バフン族の子どもは異カースト（異民族）を軽蔑し侮辱することを痛みなく簡単に学ぶ。これとは対照的に、自分たちの家庭の中では目上の者には敬意を表するような対称詞（話し相手に言及する語）を毎日、学ぶのである（***40***節参照）。「目上」とは、上の世代の者と同世代の年上の者のことである。バフン族は、ことばによって異カースト（異民族）を強く軽蔑し侮辱し、結果として劣位者（または犬）を支配し屈服させ服従させることを子どものときからじょうずに学ぶ。

反対に、ダヌワール族にしてみるとバフン族という異カースト（異民族）から *timī* や、犬以下にしか使われない対称詞 *tā* を使って軽蔑され侮辱され服従させられるように毎日、学ぶ。父や祖父がこのように軽蔑され侮辱され服従させられることを毎日、子どもの時から学ぶのである。軽蔑や侮辱、服従をおとなしく受容するように子どもの時から学ぶ。

これでは、「*tapāī*」（あなたさま）という語を使ったり、「お入りください（*āunos*）」とか「お座りください（*basnos*）」といった、相手を尊敬することを表す丁寧語をオミラたちが使うので、スンタリもその祖父も驚いてどうしたらよいのかわからないという先ほどのオミラのことばが理解できる。読者がダヌワール族であったら、やはりきっと「驚いて、どうしたらよいのかわからない」だろう。どぎまぎする体験となるだろう。こういう差別と蔑視がまかり通るのがネパールである。（しかし、日本でもこうした差別や蔑視が立派にある［本書*43*節注1参照］。）

わたしたちは、いま、ことばの使われ方の中に社会構造（社会組織、社会的仕組み、社会的上下序列）が反映されて、ことばを使えば使うほど社会構造が心の中に刻み込まれるという大事な局面に立たされている。バフン族が村落水準で異カースト（異民族）をことば（対称詞）でどう取り扱うのかは大きな問題であるが、幸か不幸か、この大きな問題——カースト間の対称詞の使われ方——は誰も研究していない。志ある読者はぜひ研究していただきたい。また、職場や学校、地域共同体における対称詞の使われ方もまだ調査研究されていない。バフン族の家族・（血縁および姻戚）親族間での「対称詞の使われ方」の実際は、わたしもさきほどあげた、わたしの論文のなかで詳細に述べた。[3] その「対称詞の使われ方」の実際はバフン族のなかの家族・（血縁および姻戚）親族間での問題であってカースト間ではない。職場や学校、地域共同体の問題でもない。この、カースト間における、あるいは職場や学校、地域共同体における「対称詞の使われ方」の調査研究が待たれる。[4]

話を会議室棟のスンタリに戻そう。

写真４．スンタリ（17歳）とその祖父

オミラとサンガットさんとに何度も促されて、結局、スンタリと祖父とは会議室の中に入り、中にある椅子に座った（写真４）。オミラの隣に座ったスンタリに

「将来、何をしたいの？」

とオミラがやさしく話しかける。オミラの質問にスンタリは本当にどぎまぎしてしまい答えることができない。オミラは同じ質問をおだやかに何度もくり返す。するとスンタリが

「お裁縫（さいほう）……。」

とやっといった。オミラがわたしに言う。

「バフン族はダヌワール族をいつも社会の最底辺だと見なしています。だから、ダヌワール族はわたしがいましたような、平等な者同士がするような会話を経験したことがないので、スンタリは非常に恥ずかしがってどぎまぎしていたのです。」

バフン族の何たる罪深いことか。

もう一度言う。バフン族はヒンズー教の司祭を出せる唯一のカーストである。ヒンズー教の司祭集団の何たる罪深さよ。マオイストが怒るわけはわたしにもよくわかる。(5)

キリスト教徒だって怒る。あとで(17節)述べるキリスト教徒医師の故＝岩村昇(のぼる)(一九二七－二〇〇五)もこのバフン族によるカースト支配に怒っていて、一九六九年のことだったが、パルパ(Palpa)県のタンセン町という県庁所在地(田舎町であった)にあった自分の家の食事を作るお手伝いさん(中年女性)にわざと不可触民を置いていた。岩村の家を訪れるネパール人の客は、岩村のお手伝いさんがつくるお茶(チヤ)を決して飲まないと岩村は言っていた。飲むのはわたしたち日本人や、岩村と同じキリスト教徒――ネパール人であったり、あるいは世界のあらゆる地域から来ている外国人たち――であった。普通、ネパール人は不可触民から水をもらったり、不可触民がつくるご飯やお茶を飲食することは絶対にない。身体にも接触しない。それどころではない。けがれているからという馬鹿げた理由でヒンズー教寺院にすら入れない。不可触民が寺院に入れないことはあとで(27節参照)述べる。不可触民を徹底的に軽蔑し差別すべきことはおよそ二〇〇〇年前にできたヒンズー教の聖典『マヌの法典』(一九五三年、岩波文庫)のそこかしこに至るところにそれは恐ろしいまでに口を極めて書かれている。これが残念ながらネパールである。これが残念ながらヒンズー教である。こういうヒンズー教に対してキリスト教プロテスタント派の岩村も心底、怒っていたのだ。もっとも岩村のこの怒りはキリスト教徒だから来ているというよりも、社会的弱者をかばう、いじめないという岩村の個性(人間性)からも来ている。岩村が書いた著書のどこかに、岩村の父が経営する町工場で働いていた、ほかの日本人は軽蔑していた朝鮮人に親しく声をかける岩村の幼少期の話が出ている。

話を戻そう。

スンタリを撮影していた撮影隊の余談であるが、結局、スンタリを主人公にした、「Love Green Nepal」がいかに少女の生活を変えたのかのビデオテープができあがって、日本のどこの郵便局に行ってもそのビデオテープが借りられる（見ることができる）とオミラは言っていた。しかし、わたしは残念ながらまだ見たことがない。参考までに最近、わたしの家の近くにある郵便局に行って事情を話して、そういうビデオテープがあるかと聞いてみたことがあるが、そんなものはないと冷たくあしらわれた（二〇一六年三月）。

スンタリ（一七歳）のその後を語る。一六年後の二〇一七年一一月のことである。スンタリ（三三歳）は「高校卒業資格（SLC）」を取得せずに結婚して主婦となって生きている。しかし、「Love Green Nepal」とは音信不通の状況だ（オミラ談）。貧困は連鎖する。ダリットが「高校卒業資格（SLC）」を取得するのは至難の業である。

（１）　三瓶清朝、一九九七年、既出論文（**2**節本文参照）、九頁。
（２）　三瓶清朝、一九九七年、前掲論文、一一三五頁。
（３）　三瓶清朝、一九九七年、前掲論文、一一三五頁。

（4）今回（二〇〇一年）の調査でシターの職場での対称詞の使われ方を少しは調べた。基本的に上司や同格の同僚には *tapāī* が使われ、年下の部下には *timī* が使われる。また、シターの家に置いている雑用係のグルン族少年（一二歳）には *timī* が使われる。また、シターの家の一階に住んでいる借家人の主人（プルビヤ＝バフン族）の男性（三八歳）には *tapāī* が使われる。

（5）本書の**3**節注2でダン県にヒンズー教司祭を養成できる大学であるNepal Sanskrit University（以前はMahendra Sanskrit University）があると述べたが、この大学は政府とマオイスト人民解放軍との内戦期間中、二〇〇二年五月一三日、多数が女性（マガル族が多かった）であったマオイスト＝ゲリラに焼き討ち襲撃されている（谷川昌幸、二〇〇二年「人民戦争と『被抑圧人民』」日本ネパール協会『会報』一七二号［二〇〇二年五月号］、五頁）。

12　奨学金をもらった一五人の生徒の一覧表

オミラがわたしに言う。

「わたしたちは、第七年生から第一〇年生の女子生徒で、成績も良い、態度も良い者に奨学金をあげています。奨学金の申請資格は（前述したように）親が三ロパニ（一五二四平方メートル、四六一坪）かそれ以下の田畑しか持っていない貧しい者です。この条件（三ロパニ以下）では親は娘を中学高校に行かせることができません。授業料も出せませんし、学校で必要になる教科書もノートも鉛筆も通学カバンも制服も買うことは不可能です。この貧しい親たちは、娘にとっては小学校で十分だと考えています。息子にとっては小学校では十分だと考えませんが、娘は家事であれ農作業であれ、ほんとうに大事な労働力ですから。」

わたしは、この時に奨学金を受け取った女子生徒一五人の名前の一覧表をあとでオミラから受け取った。ひとり欠席者がいたが、あとで奨学金を受け取っている。一覧表は全部で一五人である。それを左記に掲げる。カースト名（民族名）はオミラから聞いてわたしが付帯した。バフン（Bahun）族やチェットリ（Chetri）族、ネワール（Newar）族の場合は、その家族名（氏族名、姓）を名のることが普通である。しかし、少数民族の場合は、家族名にはそのカースト名（民族名）を使うのが普通である。バフン族の家族名（姓、苗字）は、オミラが特定してくれてバフン族だと確認してある。ラマ（Lama）姓は、タマン（Tamang）族のあいだでチベット仏教僧を意味する姓である。

（1）　S. Lama　第九年生、タマン族
（2）　K. Danuwar　第一〇年生、ダヌワール族

(3) L. Humagain　第九年生、バフン族
(4) V. Lama　第九年生、タマン族
(5) S. Pant　第一〇年生、バフン族
(6) S. Parajuli　第一〇年生、バフン族
(7) S. Chaulagain　第一〇年生、バフン族
(8) S. Giri　第一〇年生、バフン族[1]
(9) R. Sapkota　第一〇年生、バフン族
(10) I. Gautam　第九年生、バフン族
(11) S. Vudhathoki　第九年生、バフン族
(12) S. Tamang　第八年生、タマン族
(13) B. Mishra　第七年生、バフン族
(14) S. Timlpina　第七年生、バフン族
(15) H. Shrestha　第七年生、ネワール族

一五人の生徒のうちダヌワール族がひとり、タマン族が三人、ネワール族がひとり、あとの一〇人はすべてバフン族である。バフン族は三種類ある（**25**節参照）が、この名簿のだれがどの種類のバフン族であるかはわからない。シター（四二歳）にでも特定してもらう必要があるが、わ

たしはそれをしてもらっていない。

一五人の奨学金受給者のうち、六〇%の受給者がバフン族である。パンチカル村にバフン族が何人いるかはわからないので、この六〇%がパンチカル村のカースト別人口を反映しているかどうかはわからない。それにしても、たとえバフン族であっても三ロパニ以下の農地しかない貧しいバフン族もこのようにたくさんいるということがわかる。

しかし、少なくともダヌワール族に限っていえばパンチカル村のカースト別人口構成を反映していない。ダヌワール族は三五%いる（オミラはそう言った、**10**節参照）のに、この奨学金取得率は六%である。カースト（民族）別の人口比でいえばダヌワール族は五、六人ぐらい取得できてよい。いったいこの奨学金はだれのための奨学金なのか。

ダヌワール族は三ロパニ以下の農地を持つ貧農にあってさえもさらに絶望的に貧しくて、子どもを小学校にさえ送ることが難しい状況なのではないか。そうするとなおのこと、その子女を第七年生以上にやることはあり得ない。第六年生にさえ子女を送ることが困難な人人に向かって第七年生以上の人にのみ奨学金をあげるのだという。おかしくはないか。

わたしは、日本に帰ってから、二〇〇二年一二月に国際電話を使ってオミラに質問した。

「あなたがたは、なぜ子どもを小学校にさえ行かせられないような貧しい人人に奨学金をあげないのですか？　なぜ、ダヌワール族とかダリット（被抑圧層、不可触民）といった最貧のカースト集団に限って奨学金をあげないのですか？」

オミラはこう言った。

「奨学金の候補者の一覧表は学校の先生から来ていて、先生は成績もよく態度もよい生徒を推薦してきます。だから、学校に行けない、あるいは行かない子どもは推薦の一覧表には決して名前が出てきません。」

そうか、この奨学金は「奨学」金であって、生活援助金や生活保護金ではないのだ。わたしはそれを思い知らされた。一つ疑問が残った。それは、なぜ第七年生以上の生徒に奨学金をあげるのかということである。わたしの考えでは、それは「Love Green Nepal」のやりがいと関係があるのではないか。つまり、オミラも言っていたことだが、第一〇年生を終えて高校卒業資格（SLC）試験に合格すると小学校の教員になれる。女性が自立できるのだ。自立できるか否かの瀬戸際に立っている女子生徒の背中をなんとか支えることが、この奨学金でできる。それはやりがいのあることではないか。それを、小学校にも行けない貧しい人人に配ってしまっては、広大な砂浜にじょうろで水を撒くようなものだ。やりがいがない。水をただ捨ててしまうよりは育つ可能性のある苗木に水をあげることが大事だというわけだ。そうか、「Love Green Nepal」は苗木を植えているだけでなく人の苗を植えてもいるのだとわたしは理解した。

読者には、三ロパニ以下の農地しか持たず第六年生以下の学年にも通えない絶望的な貧困と差別にあえぐ人人に対してどうしたらよいのか、考えていただきたい。ＮＧＯという形でささやかに手助けすることがよいのか、人民解放戦争という形で急進的に根本的に社会的富の再分配機構を改革することがよいのか。わたしはあとでタルー族の農業奴隷（債務農業労働者）について語る（**22**節参照）が、ネパールを語るということはいつもこうした絶望的な貧困と差別とを語るということにほかならない。絶望的な貧困と差別とはネパールでは避けて通れない。

（1）オミラはこのGiri姓をバフン族だというが、Giri姓はサンニャーシ（Sannyasi）というカーストに属する姓である（三瓶清朝、一九九七年、既出書〔**1**節注2参照〕、八四頁、一〇五頁）。わたしは、オミラにGiriはサンニャーシ族ではないのかと聞いたが、「だって彼らは自分たちはバフン族だと言っていますよ」という。国勢調査の中ではサンニャーシは独立したカースト／民族だと書かれてある（Central Bureau of Nepal 2013: 31）。しかし、シターー（四二歳）はギリをブラーマンに含めて「一番下のブラーマンである」と言っている（三瓶清朝、一九九七年、前掲書、八三－八四頁）。この議論はここではこれ以上しない。サンニャーシ族がバフン族かどうかはここでの文脈ではほとんど意味がない。

13　わたしも奨学金を作る

突然のことだが、わたしが自分で作った、わたしの奨学金の話をしたい。わたしの奨学金を作るにはこの「Love Green Nepal」の奨学金制度が非常に刺激にもなり参考にもなった。

前述したようにわたしは、日本で二年間も日本にあるNGO「P」――それを通してネパールにあるP-NepalというNGOにお金が渡る――に毎月、五〇〇〇円を一年間で六万円、二年間で一二万円も寄付していたことがある。オミラの話を聞いて、少なくともネパールにおけるNGOへの寄付は完全に無駄だと理解した。だから、それに寄付することを考えるのはもうやめて自分の奨学金を作ろうと思い立った。

二〇〇二年三月に一六日間チトワン県のタルー族のS村に現地調査に行ったときである。一六日間、土地の所有制について調査をした(1)。泊ったのは、S村の地主であるラム＝シャラン＝チョウダリ（Ram Sharan Chaudhari、当時、六〇歳ぐらいだったか）さんの家である。息子のシバ＝チョウダリ（当時、三一歳、**21**節参照）夫婦の部屋が空いていた。そこに寝泊まりをして、ご飯は食堂で一日二回いただいた。タルー族は一日二回のご飯を食べる。ネパールではどこでもそうだ。一日に二回のご飯である。

今回、二〇〇一年九月にもこの家に泊まった。帰るときに宿泊費を払おうとするが絶対に受け取らない。そこで、今回（二〇〇一年八月）オミラから「Love Green Nepal」の奨学金のことを聞いていたので、わたしもわたしの奨学金を作ってS村のタルー族に恩返しをしようと計画していた。それを実現したのが二〇〇二年三月であった。

わたしは、S村の小学校一年生の貧しい、しかし頭の良いタルー族の女子ひとりに限定して奨学金をあげることにした。五万円（三万一一五二ルピー）を基金にして、それをネパール銀行タディ＝バザール（Tadi Bazaar）支店にネパール＝ルピーで定期預金にして預けた。口座の名義人はディープ＝ナラヤン君（二〇〇一年時で四〇歳）ら、合計三人のS村のタルー族である。その定期預金の利子（九％）を使って（年額で二八〇三ルピーになる）、一〇年間その子が高校を出て同時に「高校卒業資格」を得るまで奨学金をあげるという計画を立てた。次に、ネパールのS村に一回来るたびに五万円を原資に組み入れ預ける計画であった。その後、ネパールには二〇〇三年二月に一回しか行けなかった。このときはS村に行ったが、S村に着くなり三日目に急性中耳炎にかかってしまった（急性中耳炎は耳が非常に痛い）。ラム＝シャランさんがここにはいい医者がいないからすぐカトマンズに戻れというので、飛行機ですぐカトマンズに戻った。そういうわけで、残念ながら奨学金の原資を足すことができなかった。その後、わたしは一回もネパールに行っていないしS村にも行っていないので、原資を足すことはできていない。

奨学金の引き出しは、S村のわたしの友人や知り合いたち三名（ディープ＝ナラヤン君を含む）の連名の署名がないと引き出せないようにした。三名のうち二名は昔からの知り合いでわたしの信頼できる人たちだ。あとひとり小学校の教員でタルー族の中年の男性を入れた。この人はわたしの全然知らない人であったが、学校の先生を入れないと子どもの成績がわからないとわたしの知り合いふたりは言っていた。この奨学金計画を知った地主のラム＝シャランさんは、これは驚いた、新聞社が知ったら取材に来るぞと言って奨学金計画を歓迎してくれたが、新聞社が来たことはない。

二〇〇三年二月にカトマンズ市に戻ったあと、カトマンズに来てくれたディープ＝ナラヤン君に奨学金はどうなっているか、どうしているのかと聞いた。奨学金は小学一年生の女子にあげることに決めて、最初は父親に現金であげたが酒を買って飲んじゃってだめなので、教科書やノート、鉛筆、カバン、制服など現物で支給していると言っていた。父親が子どもの奨学金を使って酒を飲むのはパンチカル村と同じだ。

わたしは二〇〇二年二月には奨学金を創設した。いつから奨学金をその女子にあげているのか正確にはわからない（その辺の詳しいことはナラヤン君にまかせてある）が、二〇一三年三月でその女子生徒は学校を卒業し、「高校卒業資格」を得ていると思う。無事、小学校の教員になって元気で暮らしているだろうか。

（1）　このときの調査結果（論文名）は**2**節の本文のなかですでに述べた。

14 富裕と貧困

わたしたちがパンチカル村にいたのは一一時から一三時までだ。「Love Green Nepal」の現地事務所から駐車場までの通り道で、二階建てのレンガでできた典型的なネパールの家屋のその上にテレビのアンテナが立っているのを見つけた。ああ、これはバフン族の家だなと直感した。この田舎の村――ネパールの山地であればどこにでも見られるこの典型的な山地の田舎の村――に電気が来ていると、そのとき突然、わたしは悟った。それから、そういえば「Love Green Nepal」の現地事務所には卓上用の電脳（personal computer）があったことを思い出した。会議室には電気で動く扇風機もあったではないか。次に上を見ると、青い空に何本かの電線が走っていた。わたしは、パンチカル村のような山地の田舎の村に電気が来ているとは想像もしていなかった。詳しくは思い出せないが、一九七七－一九八〇年にはパンチカル村のような山地の田舎の村に電気が来ていることはなかった。少なくともタライ平野のチトワン県Ｓ村にも電気は来ていなかった。

カトマンズへの帰り道でオートバイに乗っているひとりの若い男性に出会って、その男性にオミラもサンガットさんも車から話しかけていた。わたしはオミラに聞く。

ています。」

「あれはだれですか?」

「彼は『Love Green Nepal』の職員で土木技師です。彼が学校のコンクリート製の建物を建

「彼は常勤の職員ですか?」

「ええ、そうです。」

「『Love Green Nepal』には何人の常勤職員がいますか?」

「一〇人です。」

これは驚いた。サンガットさんだって四〇歳には見える。彼も家庭を持って、妻も子どももいるだろう。土木技師も三五歳には見えた。やはり家庭を持って、妻も子どももいるだろう。彼らは当然、自分たちの生活を支える給料をもらっているだろう。「Love Green Nepal」はこういう常勤職員のために、毎月、毎年、膨大なお金を持ってこなくてはならない。

「一〇人の常勤職員を雇うのは相当に大変なことではないですか。ＮＧＯというのはちょうど会社のようなものですね。」

「その通りです。ＮＧＯというのは一つの会社のようなものです。だけど、ＮＧＯは利益のためにやっているのではありません。しかし、たとえ利益がなくとも、それでもなお一〇人の生活を支えていかなくてはなりません。」

これは何という難しさか。この会話でわたしはＮＧＯの性質が少しはわかった気がする。ＮＧ

Oとは（1）自分たちの生活の維持と（2）他者の生活の改善とのために仕事をする人人の組織なのである。綱渡りのようなものだ。

カトマンズへの帰途、一三時三〇分から一四時三〇分ほど、ドゥリケール（Dhulikhel）という、小高い山の上にある町に立ち寄って、立派な（値段の高い）食堂（外国人用だろうか）で昼食を取った。ドゥリケールは前に述べたが、カブレ＝パランチョーク県の県庁所在地であり、ヒマラヤ山が展望できる、外国人にも有名な観光地であった。

その食堂で、オミラと知り合いである男性のプレム＝K＝シュレスタ（Prem K. Shrestha、ネワール族）さん（四〇歳ぐらいか）を紹介された。彼は食堂や宿泊施設を含む、そこの総合的な観光施設（ゴルフ場もあるのだろうか）の社長であった。手渡された英語の名刺を見て、わたしはめまいがした。五つの意思疎通手段が印刷されていた。電話番号、ファックス番号、携帯電話番号、電子郵便住所（email address）、電子網の個人のホームページ（URL）が書いてあった。わたし自身は、そのときもいまも（二〇一六年も）携帯電話を持っていないしURLは持つ気がない。

わたしは、このプレム＝シュレスタさんとスンタリとを思い浮かべて、このネパールの富裕と貧困との違いについて、問題の圧倒的な大きさについて、またなぜこんなに貧富の差が出るのか、文化人類学が取り組む問題があると思った。どう取り組むのか、またどう接近するのか、それが問題でもあるが……。問題は問題を意識したときに生じる。富裕層と貧困層との違いは個人の努力の問題なのか、それとも生まれながらの身分によるカースト（民族）の違いによるのか。ネパール人権委員会委員のカピル＝シュレスタ（男性、ネワール族）は、「ネパールのマオイスト問題の現状」[1]（講演録）と題する二〇〇二年に日本でおこなわれた講演で、次のような指摘をおこなっている。

人口比でいうと、バフン族は一二％、チェットリ族は一八％、ネワール族は六％で、この三つのカースト（民族）を合計しても全国民の三六％に過ぎませんが、ネパールの政治、行政、経済の主要な地位の実に九八％が彼らによって占有されています。

石井溥は「流動するネパール、あふれるカトマンドゥ盆地」という論文[2]の中で、バフン族・チェットリ族とダリット（被抑圧層）とがその「人口比」に比べて「大学卒業人口比」「国会議員数比」「中・高級官僚数比」においてバフン族・チェットリ族がいかに多くいてダリットがいかに少ないのかを述べているので、それを参考にしてみよう。

人口比でいうとバフン族・チェットリ族はネパール全体の三〇・九％の人口を持ち、ダリットは七・一％である。ところが「大学卒業人口比」ではバフン族・チェットリ族は五九・七％で、ダリットは〇・五％である。また、「国会議員数比」ではバフン族・チェットリ族は六一・五％であるが、ダリットは〇％である。また、「中・高級官僚数比」ではバフン族・チェットリ族は七一・七％で、ダリットは〇・九％である。ネパールがいかにバフン族・チェットリ族に都合よくできているのかがよくわかる。ことばを替えると、ネパールはバフン族・チェットリ族が圧倒的に優越的なカーストなのだ。

スンタリ（一七歳）がもしバフン族であったら、自分の人生をもっと楽しんだり、自分の選択肢をもっとたくさん持てただろう。バフン族は、あのように低カーストを軽蔑し、抑圧し、支配するが、抽象的な概念からではなくて、犬以下のものにしか使われない「*ta*」という対称詞を使用するといった具体的なことから、この支配―被支配を、軽蔑―被軽蔑を具体的に調査できないものか。ネパール全体のカースト制度において異カーストをどう支配するのかのカースト間の研究は意外にない。文化人類学者はひとつのカースト（民族）を決めてその一カーストの中に籠（こも）ることが多い（わたしもそのひとりである）ので、異カースト間の研究はあまりない。わたしも異カースト間の研究はしていない。

石井溥の『ネワール村落の社会構造とその変化――カースト社会の変容』（一九八〇年、東京外国語大学アジア・アフリカ言語文化研究所）はネワール族という一民族の研究であるが、ネワール族の中にカースト制度があるので異カースト間の研究となっている。カトマンズ盆地内のネワール族は例外的にその民族内にカースト制度を持っている。だから、この石井の本ではカースト間関係が大きな問題というか主題となっている(3)。

わたしは、かつて「ネパールのブラーマンの家庭におけるけがれと社会構造」（一九九一年）という論文[4]のなかでバフン族のけがれ観念の慣行が家庭内での上下序列にどう作用するのかという論文を発表したことがあるが、そのいかがわしい恣意的に作られたけがれ観念も夫による妻支配（嫁支配）に強く作用することを言ってはいるが、異カースト間での支配—被支配関係については何も言っていない。*tā* という対称詞であれ、けがれという、支配のための道具である観念であれ、そういう具体的な慣行を使って異カースト間での支配—被支配関係を明らかにする研究が待たれる。

昼食が終わると、突然オミラが、ちょっとカトマンズ大学に寄っていきませんかと言う。わたしのために言ってくれたのだろう。カトマンズ大学（Kathmandu University）とは何か。カトマンズ大学は、ネパールで最初に設立された「私立の」university（定義不明）でドゥリケール町から南に車で一〇分のところだという。

わたしが知るかぎり、ネパールでは university と呼ばれる大学はいくつかある。ネパールにおける university の定義は不明だが、連合王国（United Kingdom、日本語でいわゆるイギリス）の university はいくつかの college の集合体で、大学院も持っている。たとえばイングランドの Cambridge University（ケンブリッジ大学）には三一の college（大学）がある（https://www.applytocambridge.com/colleges、二〇一七年八月一七日閲覧）。そのあたりを真似してネパールでは univesity と college（いまではキャンパスと呼ばれている）とを使いわけているのではないか。

ネパールで university と呼ばれる大学を設立の古い順に三つあげる[5]。それは国立トリブバン大学（Tribhuvan University、一九五九年設立、カトマンズ盆地内のKirtipur 市にある）

（公立?）ネパール=サンスクリット大学（Nepal Sanskrit University、一九八六年設立、ダン県の Beljhundi 町にある）

私立カトマンズ大学（Kathmandu University、一九九一年設立、カブレ=パランチョーク県のドゥリケール町にある）

である。

そのなかのカトマンズ大学に行ってみようと言われたのだ。

「行ってみましょう！」

とわたしが応じる。

（1）カピル=シュレスタ、二〇〇二年「ネパールのマオイスト問題の現状」（講演録、ネパール語からの翻訳か?）、日本ネパール協会『会報』一七一号（二〇〇二年五月号）、六頁。

（2）石井溥、二〇一一年、既出論文（**3**節注1参照）、四五五―四六〇頁。

（3）石井溥は二〇〇五年「停滞気味のタライの村」（石井溥［編著］『流動するネパール――地域社会の変容』東京外国語大学アジア・アフリカ言語文化研究所、三三一―三八二頁）という論文を発表しているが、そこでもタライ平野のG村のカースト間格差を主題としている。彼の主題というか関心はいつもカースト間格差である。

（4）三瓶清朝、一九九一年「ネパールのブラーマンの家庭におけるけがれと社会構造」『民族学研究』五五巻四号、三八三－四〇五頁。

（5）電子網による（二〇一七年二月閲覧）と、このほかに（公立?）プルバンチャル大学（Purbanchal University、一九九三年設立、モラン県のBiratnagar市にある）と、（公立?）ポカラ大学（Pokhara University、一九九七年設立、カスキ県のポカラ市郊外にある）と、（公立?）ルムビニ＝バウダ（仏教徒）大学（Lumbini Bauddha University、二〇〇四年設立、ルパンデヒ県のSiddharthanagar市にある?）がある。この最後の大学は実態があるのかないのか、電子網で見るかぎり疑わしい。

15　カトマンズ大学

カトマンズ大学は、一九九一年に創立され、いまでは六つの学部（Schools）を持っている（http://www.ku.edu.np/science/、二〇一六年一月二九日閲覧）。「Schools」はGraduate Schoolではないので学部であろう。

芸術学部
教育学部
工学部
法学部
経営学部
医学部
科学部

である。医学部を持っているとは凄い。「科学部」は日本の読者には何のことだかわからないだろうが、自然科学部のことだ。それは、生物工学科、環境科学・工学科、自然科学科（物理学専攻、化学専攻、数学専攻、生物学専攻）、薬学科から成る。大学院のありようは学科によっていろいろのようだ。カトマンズ大学のホームページ（URL）を読むと、生物工学科（Biotechnology）は修士課程と博士課程を準備中だとも取れるし、環境科学・工学科（Environment Science and Engineering）は修士課程も博士課程も持っていると書かれている。

カトマンズ大学の大きな敷地には実に信じがたい美しい景色が広がっていた。森もあり芝生の草原もあり丘もありで、そのような美しい景色の中に赤いレンガ建ての建物と学生寮とが散在していて、散在する建物を巡るように天然の石を敷き詰めた狭い舗装道路があって、全体はなんだかネパールではないようであった。変に高いコンクリート製の建物（ビル）がないのは、わたしがかつて見たことがある（一九七九年七月）、連合王国のケンブリッジ大学——もともとの成り立ちは僧院——を思い出させた。多分そういったところをお手本にしてできているのだろう。このドゥリケール町のカトマンズ大学にはいくつかの校地があり、三六九五人の学生が在籍していて、カトマンズ市内にはカトマンズ大学に「付属する（affiliated）」大学（colleges）もあり、それを含めると合計七五〇〇人だとホームページに書いてある。

こういうところに、将来は「お裁縫……」としか言えなかった例のスンタリ（一七歳）のようなダヌワール族の少女を送り込みたいものだ。教育学部ではどうだろうか。「教育と被支配的少数民族ダヌワール族」あるいは「教育とカースト支配」といった興味深い卒業論文ができるかも知れない。興味がある読者は電子網で「Love Green Nepal」を検索して、直接、オミラ（事務局長）に交渉して、ダヌワール族の適切な少女のためだけの特別奨学金を用意していただきたい。わたしの「三瓶奨学金」でもいい。その場合にはわたしと一緒にネパールに行って、ネパール銀行タディ＝バザール支店の「三瓶奨学金」の口座にご自分で直接振り込んでいただきたい。わたしが案内する。タルー族の貧しい少女も喜ぶだろう。

わたしたちはカトマンズ大学の本館を訪れたが、閉まっていた。日曜日で休日だったからか、あるいは夏休みで休日だったからか、わからない。

電子網の情報というのは、情報を発信する側が言いたいことは発信されてはいるが、受け取る側が必要とする情報がまったくないのがよくある欠点だ。たとえば、日本でもそうだが大学の授業料などまず書かれていない。カトマンズ大学も例外ではない。しかし、わたしは大学本館の外にある掲示板でたまたま工学研究科（Engineering）の修士課程の年間の授業料を目にすることができた。それは一七万六〇〇〇ルピーだという。これは日本円で約二八万二〇〇〇円である。これを当時（二〇〇一年）わたしが勤めていた福島県にある私立大学の「いわき明星大学」大学院理工学研究科の修士課程（二年間）の年間授業料と比べてみよう。それは一〇七万八〇〇〇円である。初年度に入学金二八万円が加わる。日本では大学院の授業料は一般的にいって学部の授業料より安い。だから、比較するなら大学院同士を比較しないといけない。

カトマンズ大学の二八万二〇〇〇円はいわき明星大学の一〇七万八〇〇〇円の二六％である。これだけ見ると安いと思うだろうが、ネパールの平均的な給与水準は日本よりかなり低いから、読者はこのネパールのカトマンズ大学の授業料一七万六〇〇〇ルピー（二八万二〇〇〇円）が安いと思わないでいただきたい。それはネパールでは目が飛び出るほど高い。

たとえば、給与で雇われている、大学卒の平均的な給与所得者の給与を見てみよう。シター＝カナル（女性、四二歳、***35***節参照）は、ここ一〇年間も続けてドイツ系の製薬会社で幹部事務員として働いている。彼女の給与は月一万ルピー（約一万六〇〇〇円）である。臨時賞与が年に一回、二二〇〇ルピーから二三〇〇ルピー出る。年収で、一二万二二〇〇ルピー（約一九万五五二〇円）に過ぎない。オミラの事務所で[1]働いているオミラの妹さん（四〇歳ぐらいだろうか）は月一万ルピー（約一万六〇〇〇円）である。もちろん、彼女は前述したように、れっきとした大学卒

（法学部）である。年収で一二万ルピーである。同じ事務所に働く男性事務員（三〇歳代か、大学卒であろう）は月六〇〇〇ルピー（約九六〇〇円）である。年収で七万二〇〇〇ルピーである。あとで、チトワン県で聞いたことだが、S村の小学校の、五〇歳代の校長の月給は六〇〇〇ルピー（約九六〇〇円）で、ほかの五人の、ひらの役付きのない教員の給与は月四一〇〇ルピーから四五〇〇ルピーである。その同じ学校の用務員（男性の老人）の月給は八〇〇ルピー（約一二八〇円）しかない。こうして、二〇〇一年における典型的な給与所得者の平均的な月給は、大体、高校卒で四〇〇〇ルピー（約六四〇〇円）から六〇〇〇ルピー（約九六〇〇円）、大学卒で六〇〇〇ルピー（約九六〇〇円）から一万〇〇〇〇ルピー（約一万六〇〇〇円）だと知れる。月給一万ルピーの人の年収は一二万ルピー（約一九万二六〇〇円）である。

話を戻そう。カトマンズ大学の授業料が異様に高いという問題であった。大学卒の幹部事務員の年収一二万ルピーよりもカトマンズ大学（修士課程）の年間の学費一七万六〇〇〇ルピー（約二八万二〇〇〇円）のほうがはるかに高い（約一・四六倍）。ネパール基準でもひどく高いといえる。

この高い学費を多くの人人が払えるということは不思議なことだ。カトマンズ大学にはたくさんの学生がいると聞いた。唯一の国立大学であるトリブバン大学よりもはるかに良い教育がおこなわれているから人気があるそうだ。カトマンズ大学の卒業生はどこからでも大歓迎される。こうして大学内での教育の中身がよく就職先がよいので、いまカトマンズ大学は学生たちのあこがれだそうだ。

敷地の中の学生寮にいる学生は別にして、ほとんどの学生たちは通学バスでカトマンズ市内から通ってくるそうだ。四－五〇分の道のりだそうだ。カトマンズ大学の本館前には何人かの大学生たちがぶらぶら散歩していた。学生寮にいる学生たちに違いない。その身なりからすると、日本にいる大学生かと見間違えるばかりの同じような恰好であった。

カトマンズ大学で、オミラが、いま「Love Green Nepal」が建設中の小学校の校舎があるからそれを見にいきませんかと言ってくれたので、行くことにした。そこはドゥリケール町から南東に車で一五分ほどのところで四輪駆動車の運転で到着した。道路もまたまさに建設中で急峻な山を縫いながら――読者には日本の赤石山脈の山中に道路を建設しているぐらいのことを想像していただきたい――さらに南に向けて建設中であった。この道路は多分、ダヌサ（Dhanusa）県の県庁所在地であるジャナクプール（Janakpur）市――東タライ平野の中心都市である――に向かっていると思われる。学校は、山また山の、それは急峻な斜面に建っていた。行くと、道路わきに鉄筋コンクリート製の一棟の校舎が新しく建っていて、さらにもう一棟が「Love Green Nepal」の支援で建設中であった。校長が出てきて――ネパールでは日曜日は平日で（だから休日ではない）休日は土曜日である――、こう言う。

「わたしたちは、あなた方に暖かい歓迎ができなくて申し訳ありません。」

「暖かい歓迎」とは暖かい紅茶（チヤ）を出すとか小学生を並ばせて旗を振らせて歓迎すると

かである。校長は、片足が膝から下のない障害者で、カトマンズ大学の学生たちに比べるとそれはよごれた貧しい身なりをしていた。オミラが言う。

「そんな必要はありませんよ。わたしたちは建設中の校舎をただ見にきただけですから。」

そこは小学校だったので、第一学年から第五学年までのかなりの数の生徒が詰めかけていて相当に賑やかであった。一教室に五〇から六〇人ほどの生徒がいたから、小学校の教員の仕事は相当に大変だろうと思った。二重の意味で大変なのである。第一に仕事の重労働さ、第二に賃金の安さ、である。

この小学校にはおよそ一〇分間ほどいて、一五時三〇分ごろにはドゥリケール町経由でカトマンズ市に向かった。一六時三〇分ぐらいにわたしはホテル＝ヒマラヤに戻った。

（1）この給与一万ルピー（約一万六〇〇〇円）は二〇一六年には二万五〇〇〇ルピーに上がっている。ルピーだけで見ると一五年間に二・五〇倍に増えている。ただし、二万五〇〇〇ルピー（二〇〇一年当時の為替換算で約四万円となる）は二〇一六年の為替換算率では約二万五〇〇〇円である。

写真５．オミラとその家族

16 オミラの家族

一八時三〇分ごろオミラがホテルにわたしを迎えに来てくれた。オミラの事務所の四輪駆動車で、事務所の運転手の運転で迎えに来てくれた。オミラの自宅はカトマンズ市内の西側にあるビジェスワリ（Bijeswari）という区域にある。

オミラの自宅では彼女の家族の心からの歓待を受けた。家族とはオミラの夫やオミラの母親、上の妹、オミラの弟、弟の妻、弟の子どもの合計六人である（写真5）。オミラとその夫とは二階建ての鉄筋コンクリート製の家に住んでいた。母と妹と弟一家はそのすぐ後ろの、これも二階建ての鉄筋コンクリート製の家に住んでいた。オミラの家は四つの寝室と居間と客間と食堂（台所）とプジャー（*pūjā*、ヒンズー教の神礼拝）室（独立した部屋ではなく一つの隅〔corner〕だろう）とできているという。五ＬＤＫの家屋である。日本でだったら豪邸だ。

オミラには子どもがひとり、娘さんがいる。娘さんはインドにある、ある国際ボーディング学校（boarding school、このインドの場合、文字通り全寮制寄宿学校）の寄宿舎に住んで学校に通っているので、この時にはいなかった。わたしは、この家で家族と楽しく会話をし、ネワール族の典型的な家庭料理を腹いっぱいおいしくいただいた。日本のネパール好きにはネワール族の料理はおいしいので有名らしいが、あいにくわたしは食通ではないのでどれがどれともなくなんとなく食べてしまった。

オミラの夫は当時（二〇〇一年）のネパール王国航空会社（Royal Nepal Airlines Corporation〔RNAC〕）に地上勤務の幹部職員として勤めていた。いま電子網を見ると「王国」がなくなっていて「ネパール航空会社（Nepal Airlines Corporation〔NAC〕）」という会社があるので、これがその後身らしい。彼は、一九九〇年代には日本の大阪市にあるネパール王国航空会社大阪支店に支店長として四年間勤めていた。二〇〇三年九月に、わたしはオミラに国際電話で彼女の夫が二〇〇一年八月にはどこのどんな部署で何をして働いていたのかを聞いたことがある。しかし、彼女は何も知らなかった。覚えていないのではなく、知らないというのだ。

この二〇〇三年九月の電話で彼女はこう言っていた。

「いま彼はマレーシアの首都のクアラルンプールに単身赴任で行く予定でいます。」

とのことだった。ついでにオミラに彼の給料の額を聞いた。その答えは驚くべきものであった。「残念ながら知りません。わたしたちはお互いにいくら給料をもらっているか聞いたことがありません。」

ふーっ。二階建ての鉄筋コンクリート製の家を建てるときにそれは高額だから夫婦で話題にならなかったものか。また、娘をインドの女子寄宿舎学校に送るときにそれも高額だから話題にならなかったものか。なんと不思議な夫婦だろうか。……しかし、ここはこれ以上の詮索はしない。わたしたちはネパールの文化や社会や民族を知ろうとしているので、この夫婦をよく知ろうとしているのではない。わたしたちはオミラを詳しく知ろうとしているのではなく、彼女を通してネパールを知ろうとしているのだ。

オミラ夫婦に娘さんがひとりいることは既に述べた。この娘さんは当時（二〇〇一年八月）一六歳で、インド国ウッタル＝プラデシュ州にあるムソリエ国際学校（Mussorie International School）」という女子だけの国際的な（二七か国の女子が集まる）寄宿学校に寄宿舎生活をしながら通っていた。第一〇年生で高校の第一学年だという。インドの学校制度は日本と同じ一二年制である。娘さんは、カトマンズに第六年生（一二歳）までいて、第七年生（日本でいう中学一年生）以降この国際寄宿学校の寄宿舎にひとりでいて、この学校に通っている。学校は文字通り寄宿学校（boarding school）で、全員が寄宿舎生活をしているそうだ。学校の費用は年間で三〇万インド＝ルピーである。一インド＝ルピーは一・六ネパール＝ルピーであるから、ネパール＝

ルピーでは四八万ネパール＝ルピー（約七七万円）という途方もないお金である。学校の費用には授業料や寄宿舎の生活費（宿泊費・食費）、教科書代、ノート代が含まれる。衣服代は学校の費用に含まれていない。読者はスンタリ（一七歳）のことを思い出しながら、このオミラの娘さんの話を読んでいただきたい。すぐあとでギャヌーの娘さんの話もするので、それも参考にしていただきたい。ネパールには貧しい人ばかりではなく、富裕な人たちもたくさんいる。

オミラの弟さんは、カトマンズ市で高校を終えて、アメリカ合州国のなんとか大学の農学部に留学して大学を終えたそうだ。合州国に留学するにあたって一〇〇本の、奨学金を申請する大学宛の手紙を書いたと言っていた。そのうち二校から奨学金を出すという返事がきて、そのうちの一校に入学した。だから四年間は奨学金で学生生活を終えたということだ。この一〇〇本という凄い迫力にわたしも驚いた。いまは、ラン（蘭）の栽培を自分でしていて、当たったらしい。わたしにぜひ自分の経営するラン農園を見にきてくれと言っていたが、すっかり忘れていた。ついに行かずじまいであった。わたしは人には興味があるが、料理やランには興味がないのだろう。

相変わらず、オミラの家である。わたしは試しにオミラの階層帰属意識を聞いてみた。彼女がいうには低級の中間層だという。どうだろうか？

17　早くから独り立ち

オミラの娘さんの写真を見せてもらった。かわいい。オミラにわたしが聞いた。

「娘さんはホームシックになりませんか。」

「全然！」

「オミラさんはさびしいでしょう？」

「全然！」

これは驚いた。わたしはかねがね、ネパール社会と比べると、日本社会では親は子どもになかなか「独り立ち」をさせないし、子どもは子どもでなかなか親への依存をやめない、「独り立ち」できないというように理解している。それに反してネパールでは「独り立ち」の教育が早くおこなわれる。ネパール南部のタライ平野の先住民であるタルー族など、三歳でも「独り立ち」するように早くから教育される。

かつて（一九七九年）わたしがカトマンズにいたころ、ある日、市内でばったりと岩村昇（*11*節参照）に会ったことがある。当時五二歳であった岩村は、ネパールでキリスト教徒医師として活躍していた。大きな黒い皮の鞄をかかえていて、どこかに診察にでも行くかのような恰好をしていた。

「先生、どこへ行くんですか？」

このわたしの問いに答えず、わたしにこう聞く。

「三瓶君、日本人っていつ独り立ちをするんですか？」

「独り立ちって何ですか？」

「自分のしたことに自分で責任を持つことですよ。」

話はこうだ。岩村は、一九七九年当時、「ネパール合同伝道団」（United Mission to Nepal）という、世界のキリスト教プロテスタント派から派遣された人たちが働く団体で医療活動をしていた。その団体の「医療部部長」（director of medicine）をしていたときだから忙しかったと思われる。その岩村が日曜日だというのに自宅から逃げてきたというのである。日曜日は敬虔なプロテスタント派にとって大事な日である。教会で神を礼拝し、家で静かに家族と過ごす日である。岩村は、「無教会派」だから家にいて祈る。そういう日に岩村は日本人患者の日本語の通訳に呼び出されるというのだ。

日本でネパール人に会った日本人が、ぜひネパールに来て泊ってくれと言われて、ほんとうにネパールのその人の家に行って泊る。すると、泊られたネパール人は一週間も居候（いそうろう）されると金銭的に困る。だから、風邪をひいたぐらいでシャンタバワン病院というネパール最大の病院（パタン市にあっていまはパタン病院といっている）にその日本人を預けて放り出してしまう。その大病院は「ネパール合同伝道団」の拠点病院なのだが、岩村以外に日本人職員はいない。一方、その日本人患者は英語もネパール語もできない。ことばが通じないのだ。すると、結局、岩村のところに悪いけれど日本人患者が何を言っているのか来て聞いてくれという依頼になるのだという。それがいやで、自宅から逃げてきたというのである。

わたしは、かつてチトワン県のタルー族のS村で現地調査をして過ごしたことがある（一九七九－一九八〇年）。そのときに起きたことだが、わたしが泊っていた地主の家の三歳の女の子が、一階の中庭にいたわたしに向かって二階のベランダから鋭く割れた小瓶（こびん）をわたしの頭めがけて落としたことがある。わたしの周囲が大騒ぎになった。激怒した、その子の兄（これが当時、八歳のシバである［**21**節参照］）や姉がわたしに向かってその子をわたしに向けて押し出すようにして、その女の子をぶってくれと強く叫ぶ。何度も叫ぶのだ。その女の子の母親はすぐ近くで炊事の下ごしらえで野菜を切りながら、その騒ぎを最初から見ているのにまったく動かない。親が飛んで来て謝るものと信じて、わたしは母親をちらちらと見たが微動だにしない。わたしはその三歳の女の子をぶてない。親は一切、出てこない。親は子どものしたことにまったく責任を取らないのだ。わたしはいま起きている状況が理解できなくて頭がくらくらした。結局、母親や兄や姉がその子をぶったりいさめたり決してしないので、被害者であるわたしがわたしの命をかけて（またやられると非常に危険だから）怒り激しくぶつ真似をしなければならなかった。女の子は大泣きをして母親のところに逃げて行き母のふところにもぐりこもうとしたが、母親は二の腕を激しく上下させて防ぎ、女の子を決してふところに入れなかった。

この事件は、実は、岩村昇の「日本人はいつ独り立ちをするのか？」という問いに出会うまで、何が起きていたのかまったくわからなかった。岩村の問いで、そのタルー族の村で何が起きていたのか初めて理解できて、何か月間もわからなかった問題が氷解した。タルー族がしていたのは、三歳の女児に対しておこなう社会的な「独り立ち」の教育であった。[1] 自分のしたことにすべて自分で責任を取るように、親や兄、姉、被害者に囲まれて、つまり三歳の女児を囲む社会に囲まれ励まされて三歳からきびしく教育される。社会に励まされて、自分のしたことに自分で責任を取らされるのだ。

カトマンズ市の富裕な家庭の多くは、子どもを使用人というか奉公をするというか、そういう子どもを住み込みで置いている。この子どもは、掃除をしたり料理の下ごしらえをしたり洗濯をしたり幼児の世話をしたりして家庭内の雑用をする。たとえば、オミラの家では毎日、定期的に外から来て家事をする常雇いの中年女性がいたが、それ以外に一四歳の、山地から来ている、ネワール族の男子が家事雑用で住み込んでいて、家事雑用をしながら学校に通っていた。あとで語るギャヌー（五〇歳）の家にはいまから二二年も前（一九七九年ごろ）には八歳ぐらいになる家事雑用専門の男子（多分、ネワール族）が何年も住み込んでいた。家事使用人として「独り立ち」して生きていくわけだ。あとで語るシター（四二歳）の家では、グルン族の一二歳の男の子が家事使用人として住み込んで、家事雑用をしながら学校に通っていた（*37*節参照）。ネパールの子どもは、八歳や一二歳、一四歳ですでに「独り立ち」をする。

もう一つ、「独り立ち」の実例を挙げてみよう。岩村昇の長男（ネパール人の養子、多分、ネワール族）であるバブラム（一九六八年当時一三歳）が九歳から一三歳までの「四年間、行方不明で探しあぐね」ていたが、一九六八年七月六日に「生きて」、当時、岩村が住んでいた中部ネパールのパルパ（Palpa）県タンセン町の岩村の家にたどり着いたときの岩村の報告である。[2]

泥んこの裸足、破れたパンツ、シャツだけはダブダブだが、こざっぱりと着こんでいる。……インドの田舎を放浪していたという噂だったが、よく無事でいてくれた。……九歳から一三歳へのこの四年間、走り使いから始まり、水運び、薪割り、牛追い、ポーターといった単純肉体労働のはしりから、茶店番、道路工事監督助手などの頭脳労働のはしりに至るまで、およそ飯の種になることは何でもこなして来た。小さな筋肉と頭の及ぶ限りを働かせて。走り使いと言っても、時には山路を往復一週間の徒歩旅行、ポーターともなれば当時弱冠一一歳で、二〇キロの荷物を背負って山を三つも越したとか、誇らしげに語って聞かせる。

インドへ出たのは、ネパールの山の中より稼ぎがいいと聞いたから。それにネパールでは見たこともない汽車というものに乗ってみたかった。それもインド生活一年半の総決算は一文なしになって、帰りの汽車はただ乗り。車掌につかまったが、……。

その一文無しのバブラムがインドからどのように岩村の家にたどり着いたのかは本の中で岩村が楽しそうに詳しく語っている。おもしろいので、一読の価値がある。岩村が詳しく語るということは、岩村もよほど感動した事件だったのだろう。このバブラムの生きて帰る話はわたしも一九六九年に何度か岩村から直接聞いている。バブラムは無事に岩村の家に着いて岩村昇「の顔を見ると、ワーッと泣き出した」。岩村が「ナロウ・ケタ（泣くな坊主）。ジウンドテイヨ・シャバーシュ（生きとったか、でかしたぞ）！」と叫ぶと、バブラムは「史子（岩村の妻）の胸にとびついて一層声を張り上げて泣き続ける。」つまり、「独り立ち」していても親は恋しいのだ。人好きなのだ。バブラムにとっての四年間はやはり相当にきびしいものがあったのだろう。こうして、「独り立ち」と「親子の絆の強さ」や「親子のあいだの強い愛情」とは同時並行的に生ずるということがわかる。

わたしが言いたいことは、要するに、ネパールでは早い時期に社会的にも（親や兄、姉、被害者、奉公先のおとなによって）心理的にも場合によっては経済的にも「独り立ち」の教育がされるので、親子が離れ離れになってもお互いにさびしいとか会いたくてたまらないという事態は起きないのではないかということである。日本人がいつ「独り立ち」をするのかは新たに大きな問題で、それは読者が考えていただきたいが、「独り立ち」をさせないような社会的強制がある。少し実例をあげる。

たとえば、当時（二〇〇一年）わたしが勤めていた大学に「父母会」があるといった恐るべき事実や、学期ごとの成績表を大学生（お子さま）本人にではなくて親に送るという恐るべき事実をどうとるか考えていただきたい。この成績表を「お子さま」に送らずに親に送ってくる問題は、当時わたしが勤めていた大学だけの問題ではなかった。わたしの息子が通っていた（二〇〇九－二〇一二年）、東京にある、ある私立大学工学部もこれをしてきた。それどころではない。息子の卒業論文提出の前にある研究発表会に、息子が用意すべき報告書が出ていないと、父であるこのわたしに指導教授から電話があった始末だ。まいった。

わたしが勤めていた大学の「父母会」はただあるだけではなかった。父母会の「地区懇談会」というのがあって、学生たちが来ている地方の多くの都市に教授たちが出向き、そこで親に直接会って「お子さま」の成績を一緒に検討し、今後あるべき姿や取るべき努力、就職の方向性や可能性などを助言し相談するのである。これには本当にまいった。出向くほうも出向くほう（教授たちは大学当局から強制的に行かされる）だが、出席する親も親だ。また、大学の入学式にも卒業式にも親がぞろぞろ出席する。これにも心底からまいった。これを、わたしの知り合いのO氏（元大学教授、故人）もK氏（わたしの同僚であった元大学教授）も期せずして同時に大学生の「幼児化」（infantilization）と言及していたが、その幼児化がはなはだしい。

これでは、岩村が「日本人って、いつ独り立ちをするんですか？」という疑問もよくわかる。わたしは、現在の日本社会では子どもに対する「独り立ち」の教育はないと思っている。わたしは、大学における「父母会」の存在や、成績表を学生に送らずに親に送ることや、大学の儀式に親がぞろぞろ来ることが大嫌いだったから、そのことをこの本の原本である英語版で少しだけ分析もし議論もしたが、この日本語の本書では分析も議論もしない。ただ、少しだけ言っておく。少なくともアメリカ合州国や中国には大学に「父母会」はまったくない。これは確かな知り合い（合州国人と中国人）から聞いた話である。合州国には大学に入学式はない。一部の大学では大学新入生のための履修案内（orientation）がある。ただし卒業式はある。大学から学生の親やきょうだい（兄弟姉妹）が招待されて盛大に祝われる。また、中国には大学に入学式や卒業式があるが、親は一切出てこない。小学校の入学式や卒業式にも親は一切出てこない。学校が親を入れないのだそうだ。この、学校制度における通過儀礼[3]（儀式）の比較文化的研究をやったらおもしろいと思う。日本人は通過儀礼が大好きであるとわたしは感じている。

最近、会社の入社式に親が出席する例があると新聞は報じている。これを聞いたら、岩村はひっくり返るだろう。

話を戻そう。

オミラもその娘さんもネパールでは特別な性質を持つ人ではないとわたしは思う。ネパールではできるだけ早く、三歳にして社会的心理的な「独り立ち」教育がおこなわれるというのがわたしの仮説である。「独り立ち」とはネパール語で「自分の足で立つ」というのだそうだ。オミラがそのネパール語を教えてくれた。

「*āphno khutto-le ubhine*」（自分の足で立つ）のだそうだ。さきほどの、オミラの弟さんの、合州国への一〇〇本の手紙の迫力も「自分の足で立って」自分の人生を切り開く「独り立ち」から来る迫力だろう。誰にも依（よ）りかからない。わたしなど、本書の原本である英語版の出版を六か所であきらめている。合州国の大学一〇〇校に問い合わせてみるべきだったろう。

オミラの娘さんも、たとえ小さいころに他人の家に奉公に出されていなくとも、「自分の足で立つ」ことを心理的にも社会的にも小さいころからすでに学んでいるに違いない。子どもに「自分の足で立つ」ことを教育する親もまた「自分の足で立つ」ように小さいころから教育済みだろう。子どもと離れ離れになっても親もさびしいはずがない。わたしなどまったくだめだ。

わたしは二一時にオミラの家族に別れを告げた。オミラの弟さんとオミラの夫とが自家用車でわたしをホテルまで送ってくれた。その車は誰のものかは聞き忘れた。こうして二〇〇一年八月二六日（日）は過ぎた。

（1）三瓶清朝、一九八一年「独り立ち」『全人教育』三九七号、玉川大学出版部、三〇―三四頁。

（2）岩村昇・岩村史子（ふみこ）、一九七〇年『わがふるさとネパール――ネパール通信2』新教出版社、一一一―一一三頁。

（3）わたしは個人的には日本社会における通過儀礼が大嫌いだ。わたしは高校時代、卒業「式」に出席せず山岳部の部室で春山合宿の準備をしていて——山では一年で一番雪の多い時に三〇〇〇㍍級の山を一〇日間も登る「命」懸けの行動の準備なので卒業「式」どころではない——、卒業式が終わったのを見計らって教員室に行き担任教師に卒業証書をくださいと言ったら、教員室に響き渡る大声で烈火のごとく「ばかやろう!」と怒鳴られた。なぜ「ばかやろう」なのか、いまだにわからない。「命」よりも「式」のほうが大事なのか。これ以来、わたしは通過儀礼が大嫌いである。日本人はこの通過儀礼が特に好きであるようにみえる。

第三章　ギャヌー（女性、五〇歳）

18 ギャヌー

ギャヌー(Gyanu、女性、五〇歳)とは、八月二二日(水)の夕方、カトマンズのトリブバン国際空港にわたしを迎えに来てくれた女性だ。ギャヌーに最初に会ったのは、いまでもよく覚えているが、一九六八年一一月のことでギャヌーが一七歳でわたしが二三歳のときである。いまから(二〇〇一年から)三三年も前のことだ。

わたしは当時(一九六八年)、ヒマラヤ山に登りに来ていて、カトマンズ市タメル街(いまは繁華街であるが昔はきわめて静かな住宅街であった)奥の、ある静かな大きな邸宅の中に一部屋を間借りして(アパートである)住んでいた。ある日、Oさん(日本人男性)という、当時、カトマンズ市内の世界言語大学(Biswa Bhasa College)で日本語を教えていた人が突然、前触れなくギャヌーとその妹(六歳)とを連れてわたしの部屋にやってきた。ギャヌーをわたしに紹介するために来たという。ギャヌーはちょうど、同じアパートの二階に住んでいた宮原巍さんに会いに妹を連れて、その二階に来ていた。結婚前の若い人が異性に会うのに妹や親連れで会うのは当時のネパールの慣習である。当時、独身であったOさんもその輪の中に招待されていた。その突然の訪問にわたしは非常に驚いた。もっと驚いたのはギャヌーのその美しさであった。こんなに美しい人がネパールにいるのかとほんとうに驚いたものだ。わたしは、当時、ヒマラヤ気違いで登山家であったから、一九六八年九月にネパールに入国以来、ネパールの田舎や山地（ヒマラヤ山のL峡谷の未踏峰をめざして）はいやというほど歩きまわっていたが、こんなに美しい人――人もきれいだったが着ているサリー（女性の民族衣装）もきれいだった――を見るのは初めてであった。隠れていたネパールがそっと、いや、ぬっと顔を出した感じだ。美しさはヒマラヤだけではなかった。

当時（一九六八年）、宮原巍さんとギャヌーとの間柄がどうであったか真相はわからない。しかし、その後、ふたりは正式に結婚した。当時（一九六八―六九年）、ギャヌーはカトマンズ市内の新市街（いまでもNew Roadという）の一番西端にあったネパール銀行本店の受付嬢をしていた。わたしは一度、その受付に彼女を訪ねて行ったことがある。外国人の男性が公式の場で、いきなり未婚の女性を訪ねるという複雑な状況のなかで、それをうろたえずに落ち着いて、しかも笑顔で受け止めることができる、ギャヌーの聡明さややわらかさ、落ち着きに驚いたことがある。

大体、ネパールでの富裕層の家の若い女性はつんとしていることが多い。馬鹿にされまいと突っ張っている人が多い。特に上級の（と彼らは主張する）カーストがそうである。バフン族やチエットリ族の人にそれが多いような気がする。たとえばカトマンズ市新市街（New Road）東端つまり新市街入り口の南にあるネパール航空本社にいる受付嬢を見てほしい。いつそこに行っても驚くほどつんとした顔の女性受付嬢が見られる。ギャヌーはチェットリ族であるが、彼女にはそれがまったくない。おおらかでいつもにこやかだ。それはネパールではあまり見かけない種類の女性の顔つきである。ギャヌーとは、ネパール語で「頭のよい子」という意味だ。ネパール語の形容詞にギャニー *jñānī*（賢い、ネパール語では *jñā* と書いてギャと読む）というのがあるが、ギャヌーは「頭のよい子」という意味で子どもの時からギャヌー（Gyanu）と呼ばれて育った。しかし、公式名、つまり役所に届けられた名前はニーナ（Neena）である。だから、わたしが彼女の勤務先に訪ねて行くというのを聞いて、ギャヌーが、ギャヌーといっても誰もわからないから「必ずニーナはどこにいますか」と言ってくれと注意してくれたことをわたしはまだ覚えている。（あとでまた**38**節でネパールではこの、幼名と公式名の違いがときどき出てくることを述べる。）

ネパール最大の（当時では唯一の市中銀行ではなかったか）市中銀行（ネパール銀行）の本店で受付嬢をするという意味は、（1）きれいで（2）頭がよくて（3）親切な人を置くはずだろうから、その三点にギャヌーは合致したということであろう。ギャヌーは当時、実家があったカトマンズ市東方のバネソール（Baneswar）地域から約三キロの道のりを毎日、元気に歩いて勤務先に通っていた。

どういうわけか、その、突然のギャヌーとの出会い以降、Ｏさんとわたしとはたびたびギャヌーの家に夕方の食事（ネパールに典型的な質素な家庭料理）に招かれた。ギャヌーとその母とはいつもわたしたちを大歓迎してくれた。それから、わたしはよくギャヌーの家にひとりでも出かけていって、よく食事をとった。

わたしは、一九六八年九月（二三歳）から一九六九年一一月（二四歳）までの一年と三か月間をネパールで過ごしたが、一度もホームシックにならなかったのはギャヌーとその家族のおかげであるといまも思っている。

19　チェットリ族

一九六八年一一月にわたしが初めてギャヌーに出会ってから、三三年がたった。いま（二〇〇一年）ギャヌーは五〇歳になり（写真６）、わたしは五六歳になった。

ギャヌーは夫を持ち、ビヌー（Binu、仮名）という名の一九歳の娘（日本国籍）もいる。ビヌーがまだ赤ちゃんのときのことだ。ビヌーは典型的な日本人の顔をしていて、肌の色が白い。

写真６．ギャヌー

周産期医療病院でギャヌーが赤ちゃんのビヌーを抱いていたときのことだ。医師がビヌーを見ながら、あたりを見回して

「この赤ちゃんのお母さんはどこにいますか？」

と呼びかけていたとギャヌーはおもしろがる。何度もそういうことがあったそうだ。

「このわたしが抱いているのに！」

とギャヌーがおかしそうに言う。そりゃ、そうだ。

ギャヌーの結婚前の姓はラナ（Rana）である。ラナはチェットリ族（Chetri）のなかの一つの氏族の姓である。チェットリは、伝統的には古典的なクシャトリヤ（Kshatriya、戦士カースト）がネパール語風に変化してチェットリ（Chetri）族といわれている。ネパールのカースト制度では最高位（これもバフン族がそういっている）のバフン族に次ぐカーストだとバフン族はいっている。チェットリ族はチェットリ族の中で結婚相手を見つけるのがネパールでは慣習になっていて、ごく普通のことだ。次に、チェットリ族のなかでは自分と異なる氏族の姓のチェットリ族と結婚しなくてはならない。ギャヌーの母の結婚前の姓はバスネット（Basnet）である。チェットリ族の姓としてよく聞く名前だ。つまり、ギャヌーの父はラナ姓（氏族）であり、母はバスネット姓（氏族）であった。このように、チェットリ族は結婚をするときはおたがいに違う姓（氏族）の者を結婚相手にしなくてはならない。これはバフン族でも同じことだ。これを文化人類学では「族外婚規制」と言っている。また、同じカースト（民族）内で結婚する慣習を「族内婚規制」といっている。

チェットリ族の人口は、二〇一一年国勢調査によるとネパール国の総人口、二六四九万四五〇四人のうち四三九万八〇五三人で一六・六〇％である（Central Bureau of Statistics, 2013: 31）。チェットリ族の母語はネパール語である。読者は、わたしが先ほど述べた（***14***節）、三六％のバフン族・チェットリ族・ネワール族がネパール国内における九八％の政治的、行政的、経済的な主要地位を占めているというカピル＝シュレスタの講演を思い出していただきたい。ネパール銀行の主要な地位が一〇〇あるとすると、九八人分はこの三つのカーストで占められているということだ。ネパール航空会社の主要な地位が一〇〇あるとすると、九八人がこの三つのカーストのどれかによって占められているということだ。政府の中高級官僚にしても同様であろう。裁判官にしても医者にしても大学教授にしても同様であろう。

チェットリ族の中のたくさんの氏族（姓）の中でラナの名は有名である。一七六九年から二〇〇八年まで二三九年間続いたシャハ（Shaha）王朝[1]（ゴルカまたはグルカ［Gorkha または Gurkha］王朝ともいう）の中で王を差し置いてラナ体制（一八四六年－一九五〇年）と呼ばれる、ラナ将軍による専制政治を築いた。御門（みかど）（帝）を差し置いて国を支配した徳川将軍体制のようなものだ。カトマンズ市内のところどころにいまも残るラナの古い館には三〇〇の窓があり、その窓の一つ一つの中にひとりひとり側室（妾（めかけ））がいたと言われている。ラナ専制政治は農民に重税を課し、ラナ氏族は富裕な生活を享受して、ラナの放蕩（ほうとう）児をたくさん生んだ。側室の中で一番多かったのはタルー族であったと聞いたことがある。なぜなのかはわからない。

ギャヌーの父（故人）はラナ姓である。ギャヌーの父が家庭のなかでどう呼びかけられていたのかを語る。ギャヌーは七人姉妹で、ギャヌーは長女である。この七人姉妹のだれもがその父に呼びかけるのに

「ラジャー（*rājā*）！」

と呼んでいた。「お父さん！」ではなく、

「王よ！」

である。ギャヌーの母も自分の夫にそう呼びかけていた。ひとりの女性がその夫に

「王よ！」

と呼びかける例はあまりないのではないか。これにはわたしも驚いた[2]。

「このネパールの国には何人の王がいるのか？」

と三三年前に聞いたことがある。家族が爆笑した。ギャヌーが言っていた。

「これは、バネソール（地域）の王さまです。国の王さまは、五つのスリー（さま）を持っています。バネソールの王は一つのスリー（さま）しか持っていません。」

スリー（さま）とはネパール語で *śrī* のことで、「○○さま」の「さま」とか「○○氏」の「氏」とかあるいは「殿下」といった意味だ。確かにネパールの国王は「*śrī pā̃c-ko rājā*」（文字通りには「スリーが五つの王さま」）つまり「大王」と呼ばれていた。その王制も、わたしが「まえがき」で述べたように二〇〇八年五月二八日には制憲議会初日に王政廃止とネパール連邦民主共和国が宣言されて、あえなく崩壊している。ユーラシア大陸の王政の栄枯盛衰、興亡には激しいものがある。

二〇〇一年にはギャヌーの妹たち六人は全員が元気であったが、父と母は他界していた。

ところで、「バネソール（地域）の王さま」などというと、ギャヌーの実家が大金持ちで、ギャヌーが豪邸にでも住んでいたのかと読者に思われる、誤解されるだろうから言っておくが、ギャヌーの実家は質素な中間階層であった。バネソール地域（一九六九年当時はカトマンズ市郊外の田舎であった）に、いま思い返すに一ロパニ（五〇八平方メートル、一五三坪）程度のトウモロコシ畑を持ち、その隅に三階建ての、レンガ造りの典型的なネパールの家屋を持っていた。家屋は古びた傾いたような家屋であった。ギャヌーたちの暮らしも質素であった。二〇〇一年にもその家屋はそのまま残っていた。写真6はその実家の屋上で取ったギャヌーの写真である。

話を二〇〇一年八月に戻そう。

前に述べたように（5節）わたしはほとんど毎晩、ギャヌーの家で食事をとった。だから、ほとんど毎晩、ギャヌーととりとめのない話をしていたわけだが、だからか、何の話をしたのか忘れたし、残念ながら記録にもない。

次に、ギャヌーの娘の一九歳のビヌー（仮名）の話をしよう。読者には、もちろんあのスンタリ（一七歳）を思い出しながら読んでいただきたい。

（1）石井溥、二〇一一年、既出論文（3節注1）、四三九頁。

（2）あとで（40節）述べるが、驚くべきことに母が息子に呼びかけるのに「王よ（rājā）！」という例がある。だから、ネパール語の呼びかけ語というものを本格的に一度調べたいものだ。

20　娘のビヌー

わたしがネパールに到着したその翌日の八月二三日（水）のことだ。一二時ぐらいに、ホテルのわたしの部屋に宮原巍さんから電話があった。宮原さんといっしょに宮原さんの家に行って、そこで昼食を取りませんかというお誘いであった。宮原さんの個人事務所はホテル＝ヒマラヤの建物のなかの一室にあった。宮原さんの家はホテルから西に車で五分のところにあった。そこはパタン市の新興住宅街の中で、その地域の名前をわたしはまだ聞いていない。

宮原さんとギャヌーとは長いこと（多分、二五年間以上も）、カトマンズ市の中心部で旧王宮前の王宮前通り（Durbar Marg）の東側のちょっと裏手に入ったところの借家に住んでいた。この借家は木造二階建てで、もともとは立派な牛小屋であった。それを増改築しながら、住んでいた。最近、宮原さんはパタン市内に土地を買って、三棟のコンクリート製の建物を建てた。建物はどれも三階建てである。土地（敷地）は四ロパニ（二〇三二平方メートル、六一五坪）というから広大で、中に大きな畑もあった。自家農園である。三棟の建物のうち一棟は貸家にして人に貸してあった。二棟をどう使っているのかはまだ聞いていない。

宮原さんとギャヌーとのあいだにできた娘のビヌー（一九歳）は、アメリカ合州国マサチューセッツ州ボストン市の近くにあるブランダイス大学（Brandeis University）で国際関係学を専攻して学んでいる最中であった。わたしが宮原さんの家を訪ねた二〇〇一年八月二三日（水）には偶然、ビヌーが合州国から両親の家に帰宅していて、わたしも会うことができた。ビヌーはわたしにブランダイス大学について話をしてくれた。

ボストン市近くにあるブランダイス大学は、合州国全体で約四〇〇〇校ある大学のなかで三〇位に位置する大学だそうだ。参考までにボストン大学は五五位だそうだ。ブランダイス大学はユダヤ人が多いので有名な大学だそうだ。ユダヤ人はお金持ちが多いことでよく知られている。だから、授業料が非常に高い。一年で三万五〇〇〇ドル（日本円で四二四万三〇〇〇円、ネパール＝ルピーで二六一万三〇〇〇ルピー）である。先ほど述べた「Love Green Nepal」の一年間の予算、つまり一年に日本郵政公社（当時）が寄付する額とほぼ同じだ。日本の私立大学の薬学部では一年で二〇〇万円と聞いたことがあるし、ある大学の獣医学部では五〇〇万円すると聞いたことがある。医学部でいうとたとえば慶應義塾大学医学部では五〇〇万円だという（電子網にはそうだと出ている）ので、一概に高い安いとは言いにくい。しかし国際関係学を専攻する文系学部としては、四二四万円は日本の私立大学の文系学部の授業料から比較すると約四倍である。ビヌーは最初、全米一位であるハーバード大学に入ろうと大学に入学を申請した。しかし受け入れられなかった。

ギャヌーが言う。ボストン市内でアパートを借りると月に五〇〇ドル（日本円で約六万円）かかる。自宅で料理する食材に一五〇ドル（約一万八〇〇〇円）かかるという。結局、合計でいくら仕送りしているのか聞きそこなった。

ビヌーは、カトマンズ市南西にある「リンカーン学校（Lincoln School）」に一三年間、通った。幼稚園に一年間と、小学一年から高校三年までの一二年間である。この学校は、詳細はわからないが、英語を使って授業をする国際的な私立学校で、カトマンズに駐在する各国大使館の駐在事務官の子どもたちが通う学校としてカトマンズでは有名である。この学校の授業料は月に一〇〇〇ドル（日本円で一二万一〇〇〇円、ネパール＝ルピーで七万四六〇〇ルピー）だったという。一年間で一万二〇〇〇ドル、日本円で約一四五万五〇〇〇円、ネパール＝ルピーで約八九万五〇〇〇ルピーは非常に高い。日本でいうと私立大学の理工系学部の年間授業料と同じである。

カトマンズには日本人のための日本人学校がないので、商売などをしてカトマンズに滞在している日本人も子弟をここに通わせている人が多い。ギャヌーによるとビヌーはこの学校で特に英語と数学が一番というほどとてもよくできたそうだ。

ビヌーに大学卒業後は何をしたいのか聞いてみた。国際連合（国連）で仕事をしたいと言っていた。わたしは大賛成した。それは仕事の方向性でも良いことだと思うが、もう一つには、日本が国連に出費する費用に比して国連職員になっている日本人が少ないから採用される可能性が高いからだ。日本人はもっと日本人を国連で雇えと叫べるのだ。しかし、なり手は少ないらしい。そういうことをわたしはビヌーに話した。結局、大学を卒業して何をしたいのかとわたしはビヌーに聞いた。

「ネパールの貧困と闘いたい。」

これがビヌーの答えである。良い答えだ。この目標は、マオイスト（ネパール共産党毛沢東派）の目標と同じである。

その後、二〇〇七年九月になって、偶然、日本でこのビヌーに会う機会があった。二五歳になっていた。その後（二〇〇一年後）の彼女の経歴を話すことにしよう。

ブランダイス大学を卒業後、イギリスの社会科学研究所として有名な「ロンドン経済学政治学院」(London School of Economics and Political Sciences）の修士課程に一年間留学して（何を専攻したのかは不明）修士号を取った。それから二〇〇七年三月、父の国である日本に来て、いろいろ就職を探したあげく、東京にあるW会社のアジア太平洋支店「お客様相談室」で世界中から英語で相談に来る電話相談の相談員として四月から働き始めていた。

世界中から来る英語を相手にするのだから、相当に大変だろう。フランス人などはかなりのフランス語なまりの英語を話すので、英語がわからないことが多いらしい。ビヌーがわからないと言うと、フランス人は俺の英語がなぜわからないか（！）と言って怒り出すそうだ。わたしたちもそうありたいものだとわたしも思った。つまり、日本語なまりの英語をしゃべって相手がわからなければ、俺の英語がなぜわからないのかと怒り出したいものだ。世界各地に地方化（馴化）した英語は英語の——鈴木孝夫は地方化した英語をイングリック（Ennglic）と名付けている——宿命である。世界化するということは各地に合う言語として馴化するということだ。地域に馴化した英語を今度は英語を母語とする話者が学習しなければならない。英語学習の目標は、ある人の英語を聞いたとき、ああ自分の国の人がしゃべっていると思える英語であるとシンガポールの、昔、首相をしていた人がある本[1]の中で言っている。わたしはかつて鈴木孝夫の英語を聞いたとき「ああわたしの国の人がしゃべっていると思え」て、なぜか「なつかしい」という不思議な気がしたことがある。日本でも、「純粋な」英語にこだわらず英語を「母語とする話者」（native speaker）の臨時英語教師など置かずに日本人の英語（Englic）教師が堂堂とイングリック英語を教える日が来るのを待ちたいものだ。そうしないと、いつまでもネパール英語（Englic）にかなわない。彼らの英語（話しことば）はほんとうにネパール語の発音がしみついた独特の発音の英語である。インド英語と同じだ。

W会社の事務所は、東京都の赤坂にある大きなビルの中にある。W会社とは、電脳用のApplication Softを作っている会社だそうだ。会社の同僚は全員で七人だと言っていた。二〇一四年四月、ビヌーはその会社のシンガポール支店にいて、まだその会社で働いていた。「貧困と闘う」といっても自分の職がなければ生きていけない。「貧困と闘う」前に自分の生活と闘わなくてはならない。二〇一七年一一月、ビヌーは、カトマンズ市内にあるTrans Himalayan Tours会社（社長は宮原巍氏）のパタン事務所に勤めていて多忙だ。三五歳になっているが、結婚はしていない（ギャヌー談）。

話を二〇〇一年八月のカトマンズに戻そう。

八月二三日（水）である。当日の昼には昼食を誘われたのに、当日の夜にはまた夕食を食べにくるように誘われて、また食べにいった。一八時三〇分から二〇時までだ。そのときギャヌーと宮原さんに宮原邸の客間（立派な部屋がある）に泊まるようにしきりに誘われた。しかし、わたしは自由がほしいので、やんわりと断りホテル＝ヒマラヤに泊まり続けることにした。すると、じゃあその代りに毎日、夕食はわたしたちの家で食べなさいとギャヌーが言ってくれた。そうして、結局、カトマンズにいるあいだ、夕食はほとんど毎日、ギャヌーの家で食べることになったのである。

なんというありがたいことか。ギャヌーの話はこれで終わる。前に言ったようにギャヌーとはほぼ毎晩「とりとめのない」話をしていて、何の話をしたのか記憶もないし記録もない。だから、これ以上の話はない。

（1）この、英語で書かれた本の題名や著者名をわたしは覚えていない。

第四章　シバ（男性、三〇歳）

21　二一年ぶりにシバに会う

二〇〇一年八月二三日（水）、宮原さんの家で昼食をご馳走になったあと、一六時ごろわたしはカトマンズ市内の東のはずれにあるマイティ＝デビ（Maiti Devi）という地域にある一軒の古い家を訪ねた。そこの一軒屋には、中部タライ平野（タライ平野についてはこの本の冒頭にある地図を参照のこと）にあるチトワン県S村の人人がいつも何人かいる。いるのはおとなだったり子どもだったり、だ。誰がいるのかわたしにはまったくわからないが、わたしが訪ねると、いつもそこにいる誰もがわたしを誰であると認識して大騒ぎになる。来たぞ、来たぞ、あの日本人が……といった次第だろうと想像している。

この一軒の家はレンガ造りの典型的な、しかしかなり古い三階建てのネパールの家屋であって、庭には多少の畑がある。この家屋はS村の大地主の三兄弟が一九七九年に購入して以来、持っているものである。三兄弟のだれかがカトマンズ市に何か用事があると、そこに泊まるための家である。普段は、カトマンズで学校に入っているS村の子どもや何かの用事でカトマンズに出かけ

写真７．シバとその事務所

てきたS村のおとなが住んでいると思われる。

わたしは一九八〇年三月以来、二一年もS村を訪れていないが、時時はカトマンズ市に調査に来ていた。そのたびに顔つなぎにこのマイティ＝デビという地域にある、S村のタルー族の一軒家を必ず訪ねていた。そこで、村人はわたしをいつも忘れずにいてくれて、いつも大騒ぎになるのである。

二〇〇一年八月二三日（水）の一六時ごろもそうした大騒ぎになった。そして、隣の四階建ての鉄筋コンクリート製のビルを指さして

「シバがそこにいますよーっ！」

と叫んでいた。シバとはシバ＝チョウダリ（Shiva Chaudhari、三〇歳）のことで、一九七九年には八歳の、どちらかというと弱弱しい痩せた男の子であった。いまは三〇歳になっている。そのシバがその四階建てのビルの四階に住んでいて、すぐ

写真８．シバの妻

出てきてくれた。一九八〇年以来、二一年ぶりに会ったシバは背の高い堂堂たるおとなになっていたので、わたしは大いに驚いた。ひとしきり挨拶をしてそれを終えると、シバが経営する会社に一緒に来てみないかと誘われた。そこで、シバの持つオフロードバイクの後ろに乗って彼の事務所に行った（写真７）。

シバはタルー（Tharu）族である。タルー族はネパールの少数民族で、タライ平野（ネパール国の南辺の、インド国との国境沿いにある平野）の先住民族である。いまは、妻（写真８）とふたりの娘（一一歳と五歳、写真９）といっしょにカトマンズの、先ほど述べた四階建てのビルの四階に住んでいる。このビルは、一階から三階は賃貸用で四階が住居になっていて、彼の父の所有になっている。その四階がシバの住居だ。

写真９．シバとふたりの娘

シバは、日本から太陽電池（K社製）を輸入して販売する会社の経営者である。ネパールの電気が来ていない地域に太陽電池を売る。テレビが見たいという点で電気のない地域で太陽電池はばか売れらしい。さらに、二〇一六年時点でなら、携帯電話に充電できるという点でも太陽電池はよく売れているはずだ。シバの会社の常勤従業員は四〇〇人いると言う。太陽電池といいK社といい、いいところに目を付けた。

シバの給与は、月に一万二〇〇〇ルピー（日本円で一万九二〇〇円）である。しかしながら、二〇〇三年三月の時点でシバの給与は二万五〇〇〇ルピーに増額されていて、さらにほかに三つの会社があって、合計で月に五万ルピー（日本円で約八万円）を得ていると言っていた。シバが語るS村物語はあとで詳しく語る。その前に、タルー族とはどんなカースト（民族）なのかを語ろう。

22 タルー族は農業奴隷？

タルー族の人口は、二〇一一年の国勢調査でネパール国の人口、二六四九万四五〇四人のうち一七三万七四七〇人（六・五六％）を占めている、比較的人口の多い少数民族である（Central Bureau of Statistics, 2013: 31）。また、タルー語を母語として話す人口は、一五二万九八七五人（五・七七％）である（Central Bureau of Statistics, 2013: 28）。タルー族のディープ＝ナラヤン君（四〇歳）が言うには、わたしが知るチトワン県で話されているタルー語は、ネパール語とボジプーリ語（Bhojapuri、中部タライ平野およびそれに隣接するインド国ビハール州で多く話される言語）のちょうど中間ぐらいだという。ボジプーリ語はヒンディー語に近い。そのどれもがインド＝ヨーロッパ語族の言語である。[1] タルー族は、人種としてはわたしの見るかぎりコーカソイド人種ではなくモンゴロイド人種に近い。つまり日本人によく似ている人が多い。写真で見ると、シバは少しインド人に近い。しかし、その奥さん（写真8）を見ていただきたい。日本人にそっくりである。

いま（二〇〇一年）から三二年前の一九六九年ではわたしはカトマンズ市ではタルー族に出会ったことがないし、タルー族といっても知っているネパール人はほとんどいなかった。カトマンズ市ではタルー族といっても誰も何も知らないのだ。ひとりだけ、ある知り合い（チェットリ族）

の政府中級官僚（故人）がタルー族を知っていて、わたしに

「タルー族とはネパールのニグロ（Negros、黒人［Blacks］を指す蔑称）ですよ！」

と断定的に言ったのをよく覚えている。しかし、タルー族を知っている人はほかにまったくいなかったので、彼のその「タルー族とはネパールのニグロですよ」という断定的で断片的な情報は、タルー族を探して探検をしようとしていた当時（一九六九年）のわたしには非常に貴重な情報であった。

「ニグロとは何か」をわたしは瞬間的に二つの意味で理解した。一つは「黒い」と言う意味で、もう一つは「奴隷」という意味でだ。確かに、一九六九年に訪れたナワルパラシ県のタルー族は黒かった[2]。チトワン県のタルー族はそれほど黒くはなかった。人種的に見ると、タルー族はモンゴロイド人種のようにも見える。奴隷という点では、このあと述べるが西ネパールのタライ平野にはタルー族のカマイヤー（*kamaiyā*）と呼ばれる「債務農業労働者」というか「農業奴隷」というか、そういう人たちがいる（ネパール語の *kamāunu* には「稼ぐ」「田畑を耕す」という意味がある）。「ネパールのニグロですよ」ということばでわたしには「黒い」と「奴隷」という二つのことばが張り付いてしまった。

そもそも、カマイヤーとは何か。藤倉達郎（たつろう）による「カマイヤ解放運動――起源と現在」の解説は簡便で全体がよくわかる。これに耳を傾けてみよう[3]。

カマイヤとは……タルー語の動詞カマイナ（稼ぐ）の名詞で、もともとは「良く働く者」という意味であったが、一九五〇年代以降、山岳部からの入植者によって土地を奪われて、債務労働に就くようになったタルーの人々のことを指すようになった。……

カマイヤのことが話題になり始めるのは一九九〇年代に入ってからで、INSEC(4)という団体が「ネパール人権報告書」（一九九二年）においてカマイヤ報告書を出して、世上に衝撃を与えてからである。……一九九五年のネパール政府の調査(5)では一万五一五〇世帯のカマイヤが確認されたとされるが、NGOによる別の調査では約三万六〇〇〇世帯いるとされている。……

カマイヤはソウンキ（借金）を返済するまで働かなくてはならず、これは相続されて中には三代続けてカマイヤという例もある。一方、地主は最低限の生活保障をし病気などの面倒を見る義務を負っているが、一日働かなかったら一〇〇ルピーの罰金が課せられ、それがまた債務となる仕組みもある。……

カマイヤ解放運動が浮上するのは二〇〇〇年であるが、……政府も解放宣言を二〇〇〇年の夏に出すにいたった。

解放後に地主のもとを離脱したカマイヤは、耕作地を求めて運動をおこし、土地を守ろうとする地主や行政側と対立、実力で土地占拠を行ったり、最近も座り込みに入るなど、現在に至っても運動は続いている。

なるほど、カマイヤーは「農業奴隷」か「債務農業労働者」とでもいえる。そして、その起源は意外に新しい。次に「解放されたカマイヤー」（*mukta kamaiyā*）の惨状を少し詳しく語る。シバ（三〇歳）も富裕層だし、わたしは後でとびきり富裕層の話ばかりする——ラム＝バブ（男性、三八歳）やシター＝カナル（女性、四二歳）——から、ここではネパールの絶望的な貧困を見ておこう。スンタリ（一七歳）はまだよかった。学校（第七学年）に通って、白いご飯だけでもともかく食べることができた。解放されたカマイヤーは飢えて生きることさえ困難である。

現代の解放されたカマイヤーがどうなっているのか、『ヒマール（हिमाल［*himāl*］）』誌（月に二回、一五日おきに出版されているネパール語の雑誌）のネパール歴（Vikram Samvat）二〇六一年（西暦二〇〇四年）パグン月（二月–三月）の一–一五日号に発行された記事から「解放されたカマイヤー」の惨状を見てみよう。記事は

「カマイヤーの惨状」（*kamaiyā-ko kattabijog*）

と題された記事（二〇–二一頁）で二頁にわたりびっしりとネパール語で書かれている。二枚の写真もある。記者はラメスバル＝ボハラ（*rāmeśvar boharā*）である。

記事によると、ネパール歴二〇五七年（西暦二〇〇〇年）サウン月（七–八月）二日に、当時のシェル＝バハドゥール＝デウバ（首相の名前、「ネパール会議派」党員）政府が「カマイヤー解放政令」（*kamaiyā muktiko ghoṣaṇā*）を出して、その時からカマイヤーは大地主（*jamindār*）

の家に置くことができなくなった。置くなら、大地主に刑罰と罰金とを科して、カマイヤーの全借金を帳消しにするというものである。ほんとうかね。

「しかし、解放された者の困難さやまだ解放されていない者の苦痛は、解放される前よりも大きな恐怖のどん底へと変わった。」これが記事の結論であり、最後尾にある結末の文章である。なぜなら、解放されても食べる手段がないからだ。住む場所も家もない。水道（飲み水）もない。土地さえあればそこを何とか耕して食べられるようになるのに、政府が土地は与えてくれないし、カマイヤーが占有した土地に耕作も認めてくれない。要するに、解放されたカマイヤーは、解放されたゆえに飢えに直面して、その恐怖におののいているというのだ。大地主に罰金や刑罰を科すまえに、解放されたカマイヤーに土地（農地として耕して食料をつくるから）や食料を与えなければならない、援助しなければならない。それがこの記事の主張である。まっとうな記事だ。

西暦二〇〇一年に政府（土地改革省）が調査した結果、解放カマイヤー（*mukta kamaiyā*）は、確かに西タライ平野の、西から東へと順に、カンチャンプール（Kanchanpur）県、カイラリ（Kailali）県、バルディヤ（Bardiya）県、バンケ（Banke）県、ダン（Dang）県に集中している。この五県で合計一万七二一〇世帯の解放されたカマイヤーがいたと政府は報告しているが、ＮＧＯによると解放カマイヤーはこれより多く約四万世帯だと主張している。あとで述べるが、県の土地改革所の役人が解放カマイヤーに身分証明書を出さない。なまけているのか、賄賂がほしいのか。身分証明書がないと政府からの補償や援助もＮＧＯからの援助も受けられない。

藤倉達郎は、政府が発行する身分証明書交付のためには、カマイヤーを雇っていた大地主の署名が必要とされたために、身分証明書の手続きはカマイヤーにとってより困難になったと言っている[6]。ボハラ記者は、カマイヤーがなぜ身分証明書が取れないのかの理由を述べていない。その理由が藤倉の言うとおりだとすると、そういう馬鹿げたことをネパール政府はなぜ平気でするのか。逃亡したカマイヤーたちのために大地主が署名をするだろうか。政府の官僚たちの想像力が貧困なのだろうか[7]。

解放されたカマイヤーは、その五県にまたがっていろいろな土地に野営地を作り、そこを占拠して集団で居住している。記者は、バルディヤ県カーリカー村にある「ジュクティナガル解放カマイヤー野営地」(*juktinagar mukta kamaiyā śivir*)と名付けられた野営地を訪ね、取材し、その写真を撮っている。この野営地には数百世帯、約七〇〇〇人の解放されたカマイヤーが集まっている。写真によると、野営地のわら葺き小屋は大きさは二メートル四方ぐらいで、壁は細い枝を縦にたばねて造られていて、文字通り小さな「わら小屋」で、家畜(ヤギなど)を囲う家畜小屋のように見える。

「このわら小屋では、水を持ち込むのも難しいだけでなく……人が立つことさえ難しい。そのような小屋に家族全員が住んでいる。」……「野営地の周囲には仕事が見つからない。解放されたカマイヤーは、だから、毎日の生活が成り立たない。仕事(肉体労働)が見つからなかった日には、お腹をすかせてただ寝るだけというが、そういう災難が降りかかるのは一体いつまでのことだろうか。一八歳のビモラ＝チョウダリ（女子）は『肉体労働で働けない日には、とてもお腹がすいてすいて。ただ座って居なくちゃいけないの』と言っている。」……。読者にはこの飢餓がどんなにつらいのかわかるために二日間だけぜひ絶食をしてみてほしい。ビモラ＝チョウダリの苦しみがわかるだろう。しかし読者は第三日目には腹一杯ご飯を食べるだろう。しかし、ビモラ＝チョウダリにはそれがない。第三日目にもご飯が食べられる保証がない。絶望的だ。

「カリラム＝タルー（男性）は『ここに住まなきゃ雨宿りする場所もない、どこへ行けばいいのか！』とぶちまける。」……「何より一番の困難は飲料水である。この七〇〇〇人のために二つの飲料水（水道）しかない。それだって、なんとカマイヤーが自分たちでお金を徴収して作ったものだ。」その水道管の補修や管理が大変だそうだ。人手もお金も時間もかかる。しかし、飲料水（水道）がなければ、炊事ができない。それでも政府は何もしない。NGOも何もしない。

この原稿を書いている時点（二〇一六年一一月二七日）で、まったく偶然、キューバのフィデル＝カストロ前＝国家評議会議長（九〇歳）が死亡したというニュースが飛び込んできた。

「キューバを米国の植民地状態から解放した国民的英雄は、米国から見れば自由主義を脅かす独裁者。米国が仕掛けた暗殺計画は六〇〇回に上るといわれるが、カストロ氏は革命政権を半世紀近くも率い、社会主義と平等の理想を追った。

教育と医療の無償化で、高い識字率と長い平均寿命を実現。人種差別はほとんどなく、犯罪率の低い国家に導いた。……

『とりでが包囲された状況では、意見の相違は裏切りだ』と言論の自由を認めず、反体制派からは批判された。」（『東京新聞』二〇一六年一一月二七日）。

キューバを訪れた人によると、キューバの日常はこう報告される。

「街の雰囲気は明るかった。人々は健康で、通学する子供の服装は質素だが清潔だ。国民は教養があり、広場では多様な言語・分野の書物が売られていた。……人種間の融合は南北アメリカで類を見ないレベルに達していた。街には音楽が溢れ、芸術が盛んで、政権に批判的な人もそれを公言していた。米国の制裁で物不足だったが、欧米で報道されるような貧困はなかった。……」（師岡（もろおか）カリーマ「本音のコラム、夢に見たキューバ」『東京新聞』二〇一六年一二月三日）。

医療と教育の無償は憲法で保障されていて「特にワクチン開発に関しては世界的な先端技術を持」っている（『東京新聞』二〇一六年一一月二七日）。わたしは、要するに、ネパールの絶望的な貧困と差別をなくすには、このキューバ型社会主義体制が理想だと思える。読者にはどう思われるだろうか。いまのネパールには、特に貧しい商工業者や農民（三ロパニ以下の農地しか持てない農民）にとっては医療と教育が無償である必要があるとわたしは思う。それがなくては貧困の連鎖が続く。富裕の連鎖も続く。医療と教育の無償など合州国にあるだろうか。合州国にあるのは、勝ちか負けかか、効率か、野蛮な金儲け（金融所得）だけだ。国民医療保険（オバマケア）なども最近できたばかりで、それをさえも最近、トランプ大統領が廃止にしようとしている。

話をカマイヤーのジュクティナガル野営地に戻す。

「仕事を探しにネパールガンジ市（東側隣県のバンケ県県庁所在地）やグラリヤ市（バルディヤ県県庁所在地）、コヒルプール市まで行かなくてはならない。カーリカー村にある『ジュクティナガル解放カマイヤー野営地』はバザールからとても遠いジャングル（原生林）のはずれの土地（政府の綿栽培委員会の土地）にあるので、仕事をするのにその都市へ行くのが大問題である。たとえ行ったとして仕事を探しても仕事にありつけない。」

わたしが貧弱な地図（ネパールには良い地図がない）で見ても、ネパールガンジ市やグラリヤ市に出るのに、なんと二〇キロメートルはある。二〇キロメートルとはわたしの足で五時間かかる。ネパール政府は何をしているのだろうか。何もしていないではないか。

「カマイヤー解放声明が出て以来、政府は毎年、カマイヤーの福祉増進のためにあらゆる種類の工程表を発表している。カマイヤーの生活再構築や再就職のために毎年、膨大な量の経費がかけられている（いくらなのか記事には書いていない＝三瓶注）。いろいろな協会や団体、ＮＧＯも大きな関心を持っている。前に述べた西タライ平野の五県に滞在している解放カマイヤーのために非政府分野から今までに二〇億ルピー（約三二億円）ぐらいの出費がなされている。……などの三〇を超す現地の非政府組織が解放カマイヤーがいる地域で仕事をしに来ている。」

ＮＧＯが外国から来る資金を着服することはすでに述べた。貧困で苦しむ現地の人人に決して届かないとオミラ（四六歳）は断言している（***8***節）。

「ジュクティナガル野営地のカマイヤーには飲料水（水道）すらない。ジュクティナガル野営地にはどこかの非政府組織が来て援助をしているし、政府の役人だって来ている。アニルクマール＝タルー（男性）が言うには、『解放カマイヤーの名前でこのジュクティナガルには沢山のお金が来ていると聞いていますが、水道管を作るのさえも誰も助けてくれません。』」

ネパール政府は何もしていない。ＮＧＯも何もしていない。

「マオイスト（ネパール共産党毛沢東派）のある委員会は一二五㌶の土地を支配している（場所は何県のどこかは記事に書かれていない＝三瓶注）が（西暦二〇〇三年？）サウン月（七月―八月）一五日以降、解放カマイヤーの苦しみに共感を示して、その土地の四五㌶に解放カマイヤーを住まわせている。政府は、危機に陥っている解放カマイヤーたちに土地を与えることさえせずに、この土地（ジュクティナガル野営地）に住まわせるという選択さえしてこなかった（だから、このジュクティナガル野営地は解放カマイヤーが仕方なく土地を占拠している＝三瓶注）。この、マオイストが支配している一二五㌶の土地のうち残りの八〇㌶の土地はすでにマオイストが解放してくれている。『このジュクティナガル野営地も政府（綿栽培委員会）が全部、解放してくれるというよりも、少なくとも耕作を認めてくれていたら、わたしたちは朝晩と働いて何とか生活を維持できたのに……』とアシャラム＝タルー（男性）は言っている。」

政府が何もしないだけではない。県の役人も何もしない。ジュクティナガル野営地の数百にのぼる解放カマイヤー世帯の家族に身分証明書を交付しないのだ。「県の土地改革事務所は解放カマイヤーたちに……身分証明書を交付しなければならない。しかし、ジュクティナガルの……解放カマイヤーの世帯のどこもそうした身分証明書を取得していない。ビサラ＝タルー（男性）が『身分証明書を作ってもらうのに何度も嘆願しましたが、まだもらっていません。土地改革事務所に嘆願した登録番号しかありません』と言っている。政府や非政府組織も、身分証明書を持っている解放カマイヤーにしか生活再構築の準備やほかの種類の援助や便宜を与えてはいない。」

「……バンケ県のペッタプール村にいる八二軒の世帯もジュクティナガル野営地の世帯とまったく同じ状態だ。政府の援助予定は今まで何もなかったし、非政府組織の援助予定もまだ何もない。身分証明書もない。野営地の生活はあまりにもあわれである。八二軒の世帯のために一つの水道があるだけだ。」

「土地改革省は、ネパール歴二〇五八年（西暦二〇〇一年）に、……解放カマイヤーに、身分証明書を発行するために嘆願をするように呼び掛けてはいる。見落とされた者たちのどれほどが土地改革省に嘆願したことか。だが、今にいたるも彼らは証明書を手に入れていない。……」

記事には、どうして解放カマイヤーが身分証明書を手に入れられないのか、残念ながらどこにも書いていていない。

記事には

「もう一度またカマイヤー」

と題する小見出しが記事の最後に続く。

「……ジュクティナガルに住んでいる解放カマイヤーたちは身分証明書が手に入らなくとも大

地主の家から離れる決心をしている。しかし、ジュクティナガルから一時間もないほどの近いところにあるソフラハワ村の住民たち三七軒の世帯の人人は、身分証明書が手に入らなくなった後に大地主の家にカマイヤーとして居とどまる決心を固めた。現地の大地主であるゴパールマン＝シュレスタ（男性、ネワール族＝三瓶注）の家にカマイヤーとして住んでいたビサラ＝タルー（男性）は『何にもできなかったあとに、もう一度また大地主の家に住む決心をしました』と言っている。」

「政府が身分証明書を含めて何もしなかったのちに、彼らはもう一度またカマイヤーとして住まざるを得なかったのだ。シュレスタ（ネワール族＝三瓶注）の家にカマイヤーとして住むために戻ったジト＝バハドゥール＝タルー（男性）が言うには、……といった三人の大地主の家にはそれぞれ六家族のカマイヤーがいたそうだ。ソフラハワ村にはほかの大地主の家にもカマイヤーがいる。カマイヤーは、大地主の田畑を耕したのち大地主の家でまたさまざまな仕事をしなければならない。そうして働いた分について、カマイヤーが田畑で耕作した農作物や得た籾米のうち三分の一が彼らの取り分であり、その取り分で彼らの暮らしを成り立たせなければいけない。こうして、わずかの借金であっても昨日の借金を返せなくて、カマイヤーとして住み続けている。ビサラ＝タルー（男性）は、『大地主から借りた七〇〇〇ルピーの借金がいまもって返せていない。それを返せないで、一体どこへ向かって大地主の家を離れていけるのか！』と言った。」

以上が、記事の大体の全容である。記事にいくつかの問題がある。

第一に、わたしが不思議に思うのはなぜ餓死者が出ないのかということだ。取材が足りないのではないか。病気も蔓延(まんえん)して病死者も大勢いるに違いない。この野営地に医師などいそうもない。薬もないだろう。

第二に、大地主にシュレスタ（ネワール族の姓）という名前が三人も出ていたが、これだと大地主にネワール族が多いのではないかと誤解される。ボハラ（Bohara）記者（チェットリ族である）の記事では書かれていないが、カマイヤーを置いていた大地主にはバフン族やチェットリ族もたくさんいるに違いない。(8) バフン族・チェットリ族・ネワール族は裁判所や警察、官僚を圧倒的に支配する（先ほどカピル＝シュレスタ［ネパール人権委員会委員］が述べている［***14***節参照］）から、土地所有をめぐって何か紛争がおきたとしても、バフン族・チェットリ族・ネワール族は常に有利なのだ。バフン族・チェットリ族もカマイヤーを置くことなど簡単にできただろう。取材が浅い。

第三に、もう一つ記事に問題がある。記事を読むと、カマイヤーは借金のかたに労働を強制させられる債務農業労働者だとある。藤倉達郎もカマイヤーは「債務労働につくようになったタルーの人々」だとおだやかに言っている。しかし、すぐあとでディープ＝ナラヤン君（四〇歳）が語ってくれるが、西部タライ平野には大地主同士でタルー族の赤ちゃんを売買する習慣がある。これであると、成長して子ども（少年期）になってから生まれながらの完璧な「奴隷」が始まる。一生、逃げようがない。「解放されたカマイヤー」には「ほんとうの」奴隷も多いのではないか。

話を転じよう。

わたしが知るチトワン県にはカマイヤーはいない。ただ、チトワン県では借金をかたに山地ヒンズー教徒（バフン族・チェットリ族）から土地を取られるタルー族が多い。貧しいタルー族は字が読めないから、借金の証文に、返せなかったら借金より多額の土地で返すという一言を入れられるらしい。貧しいタルー族は、結局、食事付きだが低賃金で、一年間契約で働くバハリヤー（*bahariyā*、年間契約農業労働者、タルー語）として働く以外に生きようがなくなる。一九七九－一九八〇年には、S村の大地主（タルー族）の家には、バハリヤーが沢山いた（二〇人から三〇人）が、このバハリヤー（年間契約農業労働者）もいまではひとりもいない（***28***節参照）。山地から降りて来たバフン族の司祭がタライ平野（チトワン県）でタルー族から土地を奪い取って（司祭をしてお布施という形で奪う）、どの程度、肥えていく（大地主になる）のかはあとで***33***節で語れるだろう。

いま（二〇〇一年）では、カトマンズ市ではタルー族は何かを知らない人はいない。たとえば、オミラ（四六歳）は二〇〇一年八月二五日（土）に、わたしにこう言った。

「数年前に、なんとかタルーという名前の大臣がいましたよ。いま、美しいので有名なファッションモデルがひとりいて、なんとかタルーという名前です。あした彼女の資料を持っていきますね。」

スンタリ（一七歳）に出会う前日のことだ。その資料はいまだにわたしの手に入っていない。

わたしもオミラも忘れている。わたしがタルー族とは何かとカトマンズで聞きまわっていた一九六九年四月から二二年後の一九九一年八月には、シター（女性、当時三二歳、現在四二歳）の家（夫の家）では、チトワン県出身のタルー族の娘さん（一六歳ぐらい）が使用人（お手伝いさん）として住み込みで働いていたし、シターの実家にもひとり、チトワン県出身のタルー族の娘さん（一八歳ぐらい）が住み込みの使用人として働いていた[9]。そのチトワン県にシターの母の「おじ」、「母のおじ」だから、シターから見ると日本語で「大おじ」が住んでいて、大地主で製粉所を経営している。その「母のおじ」が自分の姪つまり「シターの母」のためにふたりのタルー族の娘さんを紹介してくれたそうだ。それが、そのふたりのタルー族の娘さんだ。このように、タルー族の名はカトマンズ市ではいまでは一般的で誰でも知っている。

ところで、ここでもプルビヤ＝バフン族の大地主（シターの母のおじ）の話が出てくる。バフン族の蓄財能力には凄いものがあるし、山地ヒンズー教徒であるバフン族がタライ平野にも降りてきて大地主になっていることに注意しておきたい。と言うのも、先ほどのカマイヤー債務農業奴隷に関するボハラ記者の記事には大地主としてバフン族の例がなかったからだ。

話を戻そう。こんにちでは、タルー族と言えば誰でも知っているという話だ。

わたしは、チトワン県のS村（この「村」は行政村ではなく自然村）のタルー族なら少しは知っている。しかし、S村に関するかぎり、「黒」とか「奴隷」ということばには縁がない。タルー族の友人、ディープ＝ナラヤン君（四〇歳）が言う。

「チトワン県の農地は非常に肥沃です。カマイヤーの話はチトワン県のタルー族の話ではなく、西部ネパールのタライ平野の話です。チトワン県ではわたしたちタルー族は自由です。しかし、西部ネパールのタルー族は奴隷のようです。地主Aが、タルー族の家族の赤ちゃんを地主Bに売るとします。すると、赤ちゃんは地主Bのもとで奴隷状態で大きくなり、農作業をする奴隷として働きます。」

S村では、たった二つの姓しかなかった。ほとんどはチョウダリ（Chaudhari）で、あとわずかにマハト（Mahato）である。三二〇〇人もいる（シバ［三〇歳］談）S村では、だれでも大体、チョウダリだと姓をなのっている。シバはシバ＝チョウダリとなのっている。しかし、チョウダリという姓を聞いても必ずしもタルー族に限らないとディープ＝ナラヤン＝チョウダリ君（四〇歳）が言う。

「チョウダリという姓は五つのカースト（民族）または社会集団にあります。それは、バラティヤ＝バフン（Bharatiya Bahun、タライ平野にもともと住んでいるバフン族を彼はこう呼んでいた⑩）

マルワリ（Marwari、インド起源の、ネパールにおける財閥的社会集団⑪）

ムサルマン（Musalman、ネパールにおける一つのカーストであるイスラム教徒）

ベンガル人（Bangali、もともとはインド国西ベンガル州から移住してきた社会集団）

タルー族

です。」

先ほどのボハラ記者の記事の中では合計七人のタルー族の名前が出ているが、二人がチョウダリ姓をなのり、五人がタルー姓をなのっている。読者には、チョウダリと聞いてもタルー族とは限らないとだけ覚えておこう。

話を変える。

わたしはS村に行って、前に言ったように、S村で土地所有制に関する調査をしていいかどうかの許可を得たいと思っていた。それをシバに言うと、シバは二〇〇一年九月六日（木）に飛行機でいっしょにS村に行かないかと誘ってくれた。彼がS村でどんな用事があるのかを聞き忘れたが、その提案に喜んで乗った。シバは九月一〇日（月）にカトマンズに戻るそうだ。わたしは、九月一六日（日）にひとりでカトマンズに戻ることに決めた。彼は、S村には一軒だけだが、電話があることを教えてくれた。S村に電話があるとは何という「発展」（ビカス *vikās*）か（！）――ネパールでは一九七〇年代か八〇年代かにはこの「発展」ということばを聞かない日はなかった。そこへ電話をして、シバの父であるラム＝シャラン＝チョウダリ（Ram Sharan Chaudhari）さんに、わたしとシバとが九月六日（木）にS村に行くことを知らせておくと言った。それから、八月二五日（土）の夕方一六時三〇分から一八時三〇分までシバの家で夕食を食べないかとわたしを誘ってくれた。わたしは喜んで承知した。

（1）　このインド＝ヨーロッパ語族もさらに細かく専門的に見ていくと、次のような配列になるらしい。チトワン県のタルー語（Chitwania Tharu）の上位分類を見よう。

Indo-Europian
Indo-Iranian
Indo-Aryan
Eastern zone
Unclassified

である（www.ethnologue.com/language/the、二〇一六年二月六日閲覧）。最後の「Unclassified」は、これ以上は分類できないという意味だ。ここにチトワン県のタルー語が入る。

（2）　三瓶清朝、一九七〇年「釈迦生誕地に住む黒い農奴――ネパールのタルー族」『アサヒグラフ』二四二四号（一九七〇年六月一二日号）朝日新聞社、三七－四五頁。この探訪記はナワルパラシ県のタルー族の村を一九六九年七月に一か月間と一〇月に半月間探報したときの記事である。当時、ナワルパラシ県に入るのにカトマンズからバスと徒歩で片道三日かかった。いまこの記事を読むと、わたしが探報したタルー族はカマイヤーだったと思われる。

（3）　藤倉達郎、二〇〇三年「カマイヤ解放運動――起源と現在」日本ネパール協会『会報』一八〇号（二〇〇三年九月号）、一〇頁。

（4）　電子網によるとINSECとは「Informal Sector Service Center」という、ネパールの人権に関するNGOである。藤倉達郎のいうINSECの報告書とは、INSEC, 1992, *Bonded Labour in Nepal, un-*

der Kamaiya System, Kathmandu: Sanayogi Press だろう（Harald O. Skar [ed.], 1999, *Nepal: Tharu and Tarai Neighbours*, Kathmandu: Ratna Pustak Bhandar, p. 256）。

(5) 「ネパール政府の調査」とは、ネパール歴二〇五一年（西暦一九九五年）、ネパール王国政府労働省（発行）『*kamaiyā-ko ārthik tathā sāmājik sthiti-ko adhyayan prativedan*』（カマイヤーの経済的および社会的条件の研究報告書）であろう（全七五頁）。

(6) 藤倉達郎、二〇〇一年「西ネパールのカマイヤ（債務農業労働者）解放運動」日本ネパール協会『会報』一六六号（二〇〇一年五月号）、一三頁。

(7) 政府官僚の想像力の欠如だけではない。大地主たちの、カマイヤー解放に対する政治的反撃がある。藤倉（二〇〇一年、前掲文献、一三頁）は次のように言う。「地主達はカマイヤを失い、さらに農地改革で定められた上限以上の土地を違法に所有している大地主たちにとっては、それらの土地が政府によって差し押さえられ、元カマイヤに配分されるという可能性もでてきたため、『農民権利擁護フォーラム（forum、公開討論会・会議＝三瓶注）』を組織して、ロビイング（lobbying、議案否決または通過運動＝三瓶注）や法廷闘争を開始し、またカマイヤ権利活動家に対する中傷や脅迫を繰り返した。」

(8) ケシャブ＝L＝マハラジャンは「西ネパールではタルー（族）はバウン（バフン族）・チェットリ（族）のカマイヤ（農奴）であり、あらゆる法律の制定にもかかわらずそれをなくすことは難しい」と語っている（二〇〇五年「第五章　衣食住にみる生活様式・意識の変化」石井溥（編著）『流動するネパール――地域社会の変容』東京外国語大学アジア・アフリカ言語文化研究所、九四頁。

（9）三瓶清朝、一九七七年、既出書（*1*節注2参照）、五九—六九頁。
（10）バラト（Bharat）とはネパール語でインドという意味で、バラティヤ（Bharatiya）とはネパール語でインド人という意味だ。
（11）伊藤ゆきは、この「マルワリという財閥的集団」にはチョウダリという姓があり、「マルワリ財閥的集団」は時に「チョウダリ（Chaudhari）集団」とも称されると言っている（二〇〇〇年「ネパールのマルワリ」日本ネパール協会［編］『ネパールを知るための六〇章』明石書店、七一頁）。

23 タルー族のS村

これから、シバ＝チョウダリ（三〇歳）から聞いた話を語るが、それは
（1）大地主の息子であるシバが大土地所有から企業の資本へと転換させる話と、
（2）S村の現在の概要、つまり人口や大地主（タルー語で *jimdār*、村の首長（しゅちょう）でもある）の役割や農地を借りるさいの契約の形態など
である。

読者はいずれS村に案内されるので、ここでS村の概要を知っておいていただきたい。

シバは、カトマンズの北西、四キロメートルのバラジュ（Balaju）という地域にあるボーディング学校（英語で教える私立学校）を卒業した。だから、英語はきわめて達者だろう。そのあと、チトワン県にある経営短期大学で学んだ（ここでも授業は英語のはずだ）。その後、彼は友人のJ（ネワール族の男性）と組んで企業を興した。シバの父が、自分の土地を担保に一〇〇万ルピー（日本円で一六〇万円）という巨額のお金を銀行から借りてシバが起こした会社に投資した。この借金の利子は一八%で、シバの父は、利子が払えなくなるだけでなくこの元本（一〇〇万ルピー）も失うのではないかと心配していた。つまり、息子が会社をうまく動かせるかどうか、父は心配していた。しかし、わたしの印象では会社はきわめて順調である。会社は、前述したように二〇〇一年八月時点で四〇〇人の常勤職員を擁している。

二〇〇一年八月二五日（土）、夕方、夕食時にシバは、わたしとふたりで行く予定のS村の概要を話してくれた。彼によると村の人口はおよそ三二〇〇人で、二一歳以上の人口はおよそ一二〇〇人、二〇歳以下の人口はおよそ二〇〇〇人だろうという。世帯はというと、八〇〇から九〇〇あるそうだ。

シバの父は八ビガー（五万四一七六平方メートル）の農地を持っている（一ビガーは六七七二平方メートル）。八ビガーは、日本の尺度でいうと[1]約一万六四一六坪で、反でいうと（三〇〇坪＝一反）五四反であり、町に直すと（一〇反＝一町）五町と四反である。このほかにもS村内に一カター（三三八平方メートル、一〇二坪）の宅地を持ち、さらに近くのPバザールに二カター（六七六平方メートル、二〇四坪）の宅地を持ち、そこに大きな建物（店）を構えて六軒の店子を持っている。さらにチトワン県の県庁所在地であるバラトプール（Bharatpur）市に一カター（三三八平方メートル、一〇二坪）の宅地を持っている。バラトプール市に隣接するナラヤンガット（Narayanghad）市（チトワン県では最大の商業都市）にも一カター（三三八平方メートル、一〇二坪）の土地があったが、それはシバの妹が結婚するときにその妹にあげた。

「この、土地をあげたことは花嫁持参金（*dāijo*）のようにみえるがそうではありません。タルー族は花嫁持参金制度を持っていません。この制度はもともとインドにあった制度で、ネパールに入ってきたものです。」

花嫁持参金制度(2)は、結婚をするときに花嫁の父が花婿側に大量の土地やお金をあげる制度である。花嫁持参金は、花婿側が支払う結婚支度金の約六倍にも達する。この制度はバフン族やチェットリ族といった山地ヒンズー教徒の慣習である。シバの父が一カターの土地をその娘にあげたのは、父親としての娘への愛情からであって、もちろん花嫁持参金としてではない。

シバの父は、シバがいま住んでいる四階建てのビルを三〇〇万ルピー（四八一万五〇〇〇円）使って建てた。この資金はどうやって工面したのかまだ聞いていない。銀行から借金をしたのか、(3)それともシバの祖父から父へと受け継いだ一六ビガー（一〇万八三五二平方メートル）と五カター（一六九〇平方メートル）の一部を売って工面したのかわからない。前述したようにシバの父は八ビガーの土地を持っているというので、土地を売って工面したのだろう。

仮に一六ビガーの半分の八ビガー（五万四一七六平方メートル）の土地を売ったと仮定する。当時（二〇〇一年）一ビガーはチトワン県を東西に結ぶ国道道路との距離に応じて三〇万ルピーから四〇万ルピーした。だから、八ビガーで二四〇万ルピーから三二〇万ルピーも手にいれたはずだ。あと、四階建てのビルで、ビルの一階から三階までは賃貸用の事務所か住居なので、投資に見合う資金は取り戻しやすかっただろう。富は富を生む。富裕層は富裕層の子を生むとこれでわかる。

シバによるとS村ではだれもが少なくとも二カター（六七六平方メートル、二〇四坪）の土地と建物（家屋）を持っているそうだ。だから農地無しの農民はS村にはいない。

「しかし、二カターの土地でどのように生きていけるのか？」

とわたしが聞く。シバが言う。

「貧しい農民は畑に野菜を植えて、近くのPバザールでそれを売って、コメを買いコメを食べます。また、Pバザールで日雇いの仕事をしてお金を稼ぎます。また、S村内部でも家を建築するときに臨時に雇われて作業するとかトラクターが壊れたときに臨時に雇われて農作業をするとかで、日雇いで稼ぎます。」

「チトワン県のどのタルー族の村にもジムダール（タルー語で大地主とか首長、ネパール語で*jamindār*）がいます。わたしの祖父（父の父）もS村のジムダールで大きな地主でした。七〇ビガー（四七万四〇四〇平方メートル）も持っていました。ジムダールには二つの役割がありました。

一つは現金を必要としている村人に現金を貸してあげること、(4) もう一つには村人のあいだでもめ事があったときに裁判官のようにもめ事を裁くことです。いま（二〇〇一年八月）はRDがS村のジムダールをしていますが、RDが死ぬとその弟の、わたしの父（ラム＝シャラン＝チョウダリ）がジムダールになるでしょう。」

農地の借地契約に関しては次のように語った。

「借地に関しては二種類あります。一つは、タルー語でバタイヤー（*bataiyā*）といわれるもので、一季節か一年間かを通して作物を五〇％－五〇％で借地（小作）人と地主とで分けるものです。もう一つは、ネパール語でテッカー（*thekkā*）と呼ばれるもので二年間から五年間のいずれかのあいだか、あるいは一年ごとに借地（小作）農民が決められた額の現金かモミ（籾、*dhān*）かで支払いをします。このテッカーでは、たとえ作物（モミ）が取れなくとも、たとえ借地農民が死んでも、その決められた額の現金かモミかを支払わなければなりません。」

さらに言う。

「こういうことはS村に行って、わたしの父か、わたしのいとこのディィープ＝ナラヤン（四〇歳）かに聞いてみたらどうですか。彼らは農業に関して何でも知っています。特にディィープ＝ナラヤンは三瓶さんに答えられる時間がたくさんありますよ。」

あとで、実際に行くことになってから、S村ではこのシバの父とディィープ＝ナラヤン君には徹底的にお世話になった。特にあとの**29**節以降はディィープ＝ナラヤン君なしには何も語れない。もっとも、わたしは二一年前に彼を知っていた。そのとき彼は大学生で一九歳であった。感じの良い青年だったが、その感じの良さそのままに中年のおとなになった。

シバの家での夕食を終えて、わたしは帰ることにした。帰り際に玄関で彼に

「ところで、カトマンズに住むことにどういう魅力があるんですか?」

と陳腐な質問をした。すると彼はこう答えた。

「確かに、S村にいると空気はきれいですし、新鮮で安くて種類が豊富な野菜が手に入ります。しかし、わたしたちは娘たちをボーディング学校に行かせなきゃいけませんし、結局わたしはカトマンズにいるでしょう。」

と卒のない答えであった。一一歳になる上の娘はバネソール地域にあるボーディング学校(私立学校)の第四学年に行かせているそうだ。五歳になる下の娘は、家の近くにあるボーディング学校(私立学校)の第一学年に通っているそうだ。

結局、わたしは、シバがカトマンズで自分の会社を経営しているのがとても幸福なのだと理解した。彼がカトマンズにいるのは自分の娘たちの教育のためだと言っていた。しかし、あとでS村に行ってみてわかったことだが、S村に近いPバザールには一つのボーディング学校ができており、小学校も中学校も高校もあった。何人かのS村の生徒がそこに通っていた。S村にもまた、合州国化(英語化)の大波が押し寄せてきていた。

二〇〇三年三月に再びシバに会ったときに驚いたことだが、中古で買ったと言っていたが、彼

は常勤の運転手付きの四輪駆動車に乗っていた。二〇〇一年八月にはオートバイに乗っていたので、それより格段に進歩した。というより、会社がうなりをあげて儲かっているのだろう。

（1）滋賀県の琵琶湖南岸に住む、わたしの友人である澤好茂氏（彼自身は農業者ではない）によるといま（二〇一六年二月）でも農家は「町」や「反」で面積を計量するという。彼によると大体、一反で九俵（玄米）が取れ、玄米の種類にもよるが一俵（六〇㎏）一万七〇〇〇円で売れるとすると、五四反（五町四反）で年収、八二六万円を稼げるのではないかという。

（2）三瓶清朝、一九九七年、既出書（***1***節注2参照）、二五〇―二五六頁を参照のこと。

（3）MIKAME Kiyotomo、二〇〇三年、既出論文（***2***節本文参照）、一三頁。

（4）この金銭貸与の段階で西ネパールのタライ平野ではカマイヤー（農業奴隷）が生まれたに違いない。チトワン県ではタルー族がジムダール（大地主）だから、そうである限り借金が返せないといっても多分、自分と同一のカースト（民族）の人間を農業奴隷にはできなかったのではないか。あるタルー族の女性が「バフン族というのはサトウキビをしゃぶる人のようです。甘い汁を吸うだけ吸って、吸い尽くすとぽいと捨てます」と冷静に言っていた（三瓶清朝、一九九七年、既出書［***1***節注2参照］、二〇九頁）。つまり、タルー族同士であったなら「吸い尽くすとぽいと捨て」ないだろうと想像される。バフン族は治療費を払わずに逃げるから気をつけろと岩村昇が言っている（***32***節参照）が、バフン族の評判は悪い。バフン族が支配するヒンズー教の倫理（異民族を支配し搾取できる心構え）とバフン族が持つ資本主義の精神（利益［利潤］追求の心構え）との関係はいつか誰かが研究しなければなるまい。

第五章　カマラ＝カント（男性、四九歳）

24 カマラ＝カント＝シャルマ陸軍少佐

わたしがこれから紹介するカマラ＝カント＝（シャルマ）＝サプコータ（Kamala Kant [Sharma] Sapkota）は四九歳、プルビヤ＝バフン族（ブラーマン）でネパール王国陸軍の少佐（major）である。カマラ＝カントの家（借家）には電話がない。オミラもギャヌーもシバもみんな事務所あるいは家に電話を持っていた。だから連絡も簡単についたが、カマラ＝カントだけはなかなか連絡が取れなかった。また、あとで述べるが、彼の移動手段がオートバイや自動車ではない、それを持っていないので会うのもなかなか大変であった。

二〇〇一年八月二七日（月）以降、わたしはシター＝カナル（Sita Khanal）（女性、仮名、四二歳、プルビヤ＝バフン族）と毎日会って面接調査をしていた。一六時三〇分から一七時三〇分までバネソール地域という、カトマンズから東に三キロメートルほどの地域にある彼女の自宅に行って面接調査を開始していた。このときあたりに、わたしは何度もカマラ＝カントの職場（カトマンズ市内にある軍隊の事務所）に電話で連絡を取っていたのだが、なかなかつかまらなかった。電話のそばにいないのだ。

ようやく連絡がついて、彼がホテル＝ヒマラヤにいるわたしに会いに来てくれたのが、八月三〇日（木）の朝、七時三〇分－八時のことだ。カトマンズから北東に一二キロメートルほど離れたスンダリジャル（Sundarijal、「美しい水」という意味でほんとうに清流が流れている、カトマンズ市の富裕層の郊外行楽地である）という名の村から友人のオートバイを借りて、それに乗って来てくれた。その日の翌日、八月三一日（金）にそのスンダリジャルまで昼食を食べに来ないかと誘ってくれた。翌日の一〇時ちょうどにまたホテルまで迎えに来てくれるという。その日はそれで別れた。

あとでわかったことだが、そのスンダリジャルには王国陸軍の弾丸工場があって、かつては彼はその工場で生産される弾薬の品質管理をしていたようだ（これは推測である）。彼は大学では化学を専攻している。わたしは彼のかつての職場も見たかったが、案内はされなかった。当時（二〇〇一年八月）、ネパール王国陸軍はマオイストと内戦中（たまたま停戦中でもあったが）でもあったから工場は軍事機密であったろう。だから、彼の職場についても彼の職務についても彼はあまり詳しく話はしなかったし、わたしも詳しくは聞かなかった。それはそれでよい。あとで、給与生活者としての彼の家計を詳しく語る。

いったい、わたしはこのカマラ＝カントと初めてどこでどう出会ったのか？

残念ながら、それがいまでは思い出せない。思い出すのは一九七九年（？）に彼と会ったということだ。当時、わたし（三四歳）は日本の文部省から派遣されて（「アジア諸国派遣留学生制度」による）ネパールに留学していた。留学といってもどこかの大学に勉強に通うという形ではない。博士論文を書く資料を集めに現地調査をしようというわけだ。研究員といった形だろうか。わたしは当時、カトマンズ市内に小さな借家を借りていた。これまたなんとも偶然にギャヌーの家（前に述べた、牛小屋を改造した家）の、壁一枚をへだてたその隣であった。その借家に彼が毎日来てくれて、一九七九年五月から八月ぐらいまでだろうか、合計で三か月間ぐらい彼からネパール語を習った。

当時、わたしは三四歳であった。カマラ＝カントは二七歳であったから七歳違いだ。いま（二〇〇一年）から二二年も前のことだ。当時、カマラ＝カントは大学生で、カトマンズ市内にあるアムリット（Amrit）科学大学理学部化学科の大学生であった。彼のアパートにも行ったことがある。カマラ＝カントは、カトマンズ市内の旧市街にあるチェットラパティというバザール近くにあるネワール族の古い家屋の二階か三階かに間借りをして、自炊して暮らしていた。彼がひとりで暮らしていたのか、友人と一緒に暮らしていたのか、思い出せない。狭くて背の低い小さな部屋が二部屋あって、一部屋を台所兼食堂として使い一部屋を寝室として使っていた。カマラ＝カントがわたしのためにチヤ（お茶、ネパールでチヤというと牛乳で煮だした紅茶に砂糖と香辛料を入れたもの）を作ってくれたのを昨日のように覚えている。わたしはカマラ＝カントとは非常に気が合う。それは彼が非常におだやかで優しいからだ。そして、とても親切でていねいであるからだ。また彼の笑顔もわたしは大好きだ。わたしは、わたし自身が底抜けに優しく親切だから、こういう優しい親切な人が大好きである。彼からネパール語を習ったときも、わたしは家庭教師をお願いしたつもりでいたので、家庭教師代を支払うつもりでいた。しかし、いざ実際に支払おうとしても彼は決して受け取らなかった。金銭的にはいさぎよいのである。外国人にたかろうとは決してしない。そういう意味でもわたしは彼が大好きだ。

写真 10．カマラ＝カントの母

二〇〇一年八月カマラ＝カントは職業軍人であった。スンダリジャルという村の中の、田んぼの真ん中にあった一軒家の民家を借りて、母（写真10）と妻と二人の息子と合計五人で住んでいた（写真11）。弾丸工場のすぐ近くだ。

カマラ＝カント＝シャルマ（Kamala Kant [Sharma] Sapkota）は、わたしに自分をカマラ＝カント＝シャルマ

写真11．カマラ＝カントとその家族

だと紹介して、だれにもそう言っている。この「シャルマ」にはあるわけがある。

25 シャルマ——三種類のバフン族

モハン＝カント＝シャルマのシャルマは姓ではない。

シタ－＝カナル（女性、四二歳）によると、シャルマ（Sharma）は三つの種類のバフン族に姓のように使われることばだそうだ。どういう基準があるのかわからないが、シャルマ姓をなのる人は多い。

前に言ったように、バフン族は、日本では一般的にブラーマンといったりバラモンといったりする、そのブラーマンでありバラモンである。前にも言ったようにブラーマン（*brāhmaṇ*）という古典語（サンスクリット語 *saṁskṛt*、梵語）はネパール的発音でバフン（*bāhun*、バウンとも聞こえる）と言われる。このバフン族に三種類あって

プルビヤ＝バフン（*purbiyā bāhun*）
クマイン＝バフン（*kumāī bāhun*）
ジャイシ＝バフン（*jaisī bāhun*）

である。このプルビヤ（「東の」という意味）＝バフンはウパディヤ＝バフン（*upādhyāy bāhun*）とも言われている。ウパディヤとは「上級」を意味する名詞である。

突然だが、ここで読者に公式に謝りたいことがある。わたしの前著『ネパール紀行――文化人類学の旅』（一九九七年、明石書店、一〇一－一〇二頁）のなかでウパディヤ＝ブラーマン（*upādhyāy brahmāṇ*）のなかに

プルビヤ＝バフン（*purbiyā bāhun*）と
クマイン＝バフン（*kumāī bāhun*）との

二つがあると言ったが、その後これは誤りであることがわかった。正しくは、ウパディヤ（上級）＝ブラーマンとは

プルビヤ＝バフン（*purbiyā bāhun*）

のことだけを指していて

　クマイン＝バフン（*kumāī bāhun*）

のことを指してはいない。プルビヤ＝バフンとは東にいたバフン族であるという意味でプルビヤ（東の）＝バフンと言われている。この「東の」という意味は、現在のネパール国の「東の」という意味ではなくて、現在のネパール国西端の、インドとの国境にあたる、チベット国境辺から北から南に流れる大きなマハカーリ（Mahakali）河の東側にいたという意味で「東の」である。[1] クマイン＝バフンのクマインとは、インドのウッタル＝プラデッシュ州北部にあってネパール国の西部に隣接するインドの山地をクマウン（*kumāū*）地方といっているが、そこから移住して来たバフン族だからクマイン（クマウンの）＝バフンと言われている。さらについでにいうと、第三のバフン族である

　ジャイシ＝バフン（*jaisī bāhun*）

はカースト制度という階層制度ではプルビヤ＝バフンやクマイン＝バフンと比較すると一段低い序列にある。その理由は、ジャイシ＝バフンの由来が、寡婦が結婚したあとや正規の結婚の儀式を経ずに結婚したあとに生まれたバフン族の子孫だからだ。[2] 寡婦が結婚することや正規の結婚式をしないで結婚することを正統的ヒンズー教徒は好まない。

　プルビヤ＝バフン族とクマイン＝バフン族との間にはどちらが上位かの競合があるが、非バフン族のカーストにとってヒンズー教司祭（*purohit*）を呼ぶときの司祭はプルビヤ＝バフン族の

司祭だけである。ただし、クマイン＝バフン族の内部では司祭はクマイン＝バフン族から出ている。こうして、非バフン族のカーストが司祭を呼ぶというときは必ずプルビヤ＝バフン族から呼ぶことになる。このあたりが、プルビヤ＝バフン族が「ウパディヤ（上級）」をなのれる理由であろう。

これ以上の、バフン族についての議論はここではしない。興味がある読者はわたしの前著の当該箇所を読んでいただきたい。

参考までに、本書におけるプルビヤ＝バフン族とバフン族との違いについて述べる。普通、ネパール人はプルビヤ＝バフン族とクマイン＝バフン族とジャイシ＝バフン族とを区別しない。「Love Green Nepal」の奨学生名簿の一覧表（**12**節参照）においてもオミラ（四六歳）は区別をしていなかった。最新（二〇一一年）の国勢調査でも区別をしていない。ただブラーマン（Brahman）という範疇があるだけだ。わたしは三種類のバフン族をつねに意識して区別する。その結果、本書では、プルビヤ＝バフン族と確認できたものはプルビヤ＝バフン族であると書いた。ただし、オミラが語るパンチカル村の奨学生名簿にのったバフン族はどの種類のバフン族であるかはわからない。奨学生名簿の五番目のPant姓（氏族名）はクマイン＝バフン族である。また、故＝岩村昇がいう「バフン」族（**32**節参照）はどの種類のバフン族をさしているのか不明であるが、岩村はキリスト教徒であるからヒンズー教司祭になれるバフン族を強く意識しているはずだ。もしそうなら、岩村のいうバフン族はプルビヤ＝バフン族のことである。いずれにせよ、三つのバフン族の違い、および姓（氏族名）についてはいまのわたしにはわからない。いつか誰かが徹底的に調査しなければなるまい。詳しく知ろうとすると、わからないことがかえって出てくる。

シャルマの話に戻そう。

シター＝カナル（女性、四二歳）によるとシャルマの姓は三つのバフン族によってなのられる。いずれにせよ、カマラ＝カントはシャルマをなのっているが、それはカマラ＝カントの父がそうなのっていたのを引き継いだだけだろう。カマラ＝カントの姓（氏族名）はサプコータ（Sapkota）であり、これは確かにプルビヤ＝バフンの姓（氏族名）だそうだ（シター談）。彼は西ネパールの中部山地バグルン（Baglung）県のある村で生まれた。その村は、壮麗なヒマラヤ山を一望に眺めることができる観光地として有名なポカラ（Pokhara）市から西一六キロメートルのところにあるそうだ。

カマラ＝カントの父は、いま（二〇〇一年）から八年前の一九九三年に死んだ。父の一番目の妻は息子を産まずに娘をひとり産んだだけだったので、一番目の妻がいるのに同時に二番目の妻をめとった。妻がいるのにさらに別のもうひとりの妻をめとるのは合法的なのかどうかはわからないが、ネパールではどこでも見られる、よくある慣習である。その二番目の妻が四人の息子と四人の娘を産んだ。カマラ＝カントはその四人の息子の第二番目である。カマラ＝カントは、父の最初の妻を「*jeṭhī āmā*（文字通りには年上の母）」と言及していた。自分の母は「*kānchī āmā*（文字通りには一番年下の母）」と言及して、呼びかけるときは「*āmā*（母）」と呼びかけていた。

父は、四人の娘たちのためにそれぞれ二〇万ルピーから三〇万ルピーの花嫁持参金を支払った。花嫁持参金はもともとはインドの慣習であるが、いまから二〇―三〇年ぐらい前にはその山間地でもその慣習が根付いていたことがわかる。四人の息子たちには、それぞれ平等に一ロパニ（*ropanī*）（五〇八平方メートル、一五三坪）の土地（田畑）が与えられた。典型的に、土地の、息子たちへの均分相続である。カマラ＝カントはそれを一五年前（一九八六年ごろ）に一〇万ルピーで売却した。いま（二〇〇一年）その土地はバグルン県で一〇〇万ルピーするというから、一五年で一〇倍になった計算である。カマラ＝カントはその土地を売り、貯金をして、チトワン県に四カター（*kaṭṭhā*、一三五二平方メートル、四〇九坪、一カターは三三八平方メートル）の土地（農地）を買った。五三歳で退役したら、そこに家を建てて住む予定だ。その土地はタディ＝バザールから北に四キロメートルほど行ったところだそうだ。読者は、大学卒の平均的な賃金労働者（軍役ではあるが）がどう生きるのか参考にしてほしい。またチトワン県が出てきたが、それはまったくの偶然だ。

また、カマラ＝カントがなぜ軍役を選んだのかは聞いていないので、わからない。わたしの考えでは多分ほかに職がなかったからだろうと思う。大学を出ても職がないのがいまのネパールの不幸である。

カマラ＝カントの母は六月から九月の雨季にはカトマンズ盆地のカマラの家に住んで、一〇月から二月の涼しい乾季にはタライ平野の、カマラ以外の息子の家に住むそうだ。では、三月から五月にかけての酷熱の乾季（熱季）にはどこに住むのか、わたしは聞き忘れた。日本のことわざに「子は宝」というのがあるが、ネパールに「息子は宝」というのがあるのかどうか聞いていない。いずれにせよ、親の老後という問題に息子たちがどうかかわるのか、少し垣間見ることができたではないか。

（1） 三枝礼子、一九九七年『ネパール語辞典』（大学書林）五六一頁、「*purbiyā*」の項。
（2） 三瓶清朝、一九九七年、既出書（***1***節注2参照）、一〇二－一〇三頁。

26 カマラ＝カントの家計

カマラ＝カント＝シャルマ（四九歳）陸軍少佐の月給は七〇〇〇ルピー（一万一〇〇〇円）で賞与はない。この七〇〇〇ルピーは、先ほど述べた、オミラの事務所の女性事務員の月給一万ルピーより低く、男性事務員の六〇〇〇ルピーより多い。だから、この六〇〇〇ルピーから一万ルピーというのが大体、ネパールでの大学卒の平均的月給だとわかる。軍服はもちろん支給され、日に二回の食事（ご飯）が無料で提供される。五三歳が定年で、それを超えると退役して年金生活に入る。年金額は、彼が五三歳で勤めている時の給与の半額である。カマラ＝カントはいま四九歳なので、あと四年勤めて定年になるが、給与は八〇〇〇ルピーぐらいにあがるのだろうか。そうすると、年金は月額四〇〇〇ルピーということになる。小学校教員の給料である。

彼の給料で五人（彼を除くと四人）の食事がまかなえるのか？　彼の収入は給料だけか？　給料だけでないのなら、ほかにどんな財産があるのか？　あるとすると、どこに、どれほどあるのか？

彼は、カトマンズ盆地のスンダリジャル村に一ロパニ（五〇八平方メートル、一五三坪）の田んぼを持っている。四二歳のネワール族の農民が四ロパニ（二〇三二平方メートル、六一五坪）の田んぼを持っていて、その自分の田んぼと一緒にカマラ＝カントの田んぼを耕している。この農民との間ではアディヤー（*ādhiyā*）（半分取りという意味）と呼ばれる借地契約を持っていて、それは地主と借地人とのあいだで五〇％－五〇％で作物を分配する仕組みである。先ほどタルー語でバタイヤー（*bataiyā*）といわれるものを紹介したが、それと同じだ。カマラ＝カントは地主として籾を受けとる。彼は

二ムリ（*murī*）（一ムリは約九〇リットル）の籾をもらう。それは何キログラムになるのか、また、精米すると何キログラムになるのか、いまのわたしには正確にはわからない。

一方、カマラ＝カントは、チトワン県にも四カター（一三五二平方メートル、四〇九坪、一カターは

三三八平方メートル）の灌漑された農地（田んぼ）を持っている。ジャイシ＝バフン族の男（四五－四八歳）が――この男自身は一〇カターの農地を持っている――この四カターのモハン＝カントの土地をアディヤー契約（半分半分契約）の小作で耕している。この契約で、モハン＝カントは、毎年、

八ムリ（七二〇リットル）の籾

二ムリ（一八〇リットル）のトウモロコシ

一〇パティ（*pāthī*、一パティは四・五リットル）の菜種

をもらっている。トウモロコシも粒ではなくて穂だろうが、二ムリは何キログラムになるのか、いまのわたしには正確にはわからない。菜種（カラシ菜）は種でもらうのか油でもらうのかわからない。菜種はトーリ（*torī*）といってネパールの家庭では必須の調理用植物油である。この籾やトウモロコシ、菜種は売るのか自家消費するのかわからないが、カマラ＝カントの家計の大きな助けとなっているに違いない。

ふたりの息子はボーディング学校には行っていない。ふたりは公立の高校に通っている。前にも言った（9節注1）が、公立学校の授業料をチトワン県の例でいうと、第九－一〇学年の高校ではひとり年額七〇〇－八〇〇ルピーの授業料がいる。ボーディング学校では、一〇年前の一九九一年のことだが、八歳の子どもが通う第四学年で月額一一〇〇ルピーの授業料が必要であった。[1] わたしは調べてはいないが、二〇〇一年ではボーディング学校の授業料は学年によって異なるだ

ろうが、想像するに高校程度で月額二―三〇〇〇ルピーは必要ではないだろうか。カマラ＝カントの給与、月額七〇〇〇ルピーではふたりの息子をボーディング学校に通わせるのは無理だろう。彼には、また、借家代が必要であり、カマラ＝カント自身は軍隊から糧食が支給されるとして、ほかの四人が生きる野菜やコメの代金も必要であるし、五人の衣服代も必要である。だから、オートバイを買う余裕はないし、電話を置く余裕もない。陸軍少佐のモハン＝カントの家計はこんなところである。

（1）三瓶清朝、一九九七年、既出書（*1*節注2参照）、七三頁。

27　ダリット（被抑圧層・不可触民）

二〇〇一年八月三一日（金）、朝の一〇時に、わたしが泊っていたホテル＝ヒマラヤにカマラ＝カントが迎えに来るという約束であった。わたしは一〇時には玄関のロビーに出て待っていたが、彼は五〇分は遅刻した。わけを聞くとこうだ。友人のオートバイを借りてホテルに向かおうとしたが、オートバイが動かない。オートバイを直そうとしたが直らず、結局、バスで来たそうだ。バスは一時間に二本はある。スンダリジャルとカトマンズ間のバスだ。

わたしたちふたりは一度、カトマンズ市に出て、中央バス発着場からスンダリジャル行きのバスをつかまえる。スンダリジャルまで、バスは一時間以上かかった。スンダリジャルでは、軍隊の弾丸工場の横にある、鉄筋コンクリート製の平屋建ての建物に向かった。これは将校用の客用宿舎だという。草原のなかにポツンと建っている。そこで昼食をとるという。

わたしはギョッとした。彼の家で食事をするものとばかり思っていたので、大いにあわてた。というのも軍人の料理人がどういう衛生観念で料理を作るかわからないからだ。ギャヌーの家もホテル＝ヒマラヤも安全であった。（あとで聞いたことだが、ギャヌーの家では水道水を三〇分間煮沸して、さらにフィルターを通して毎日新しく飲料水を作っていた。それで料理を作りもし飲料水にもする。）わたしは下痢をしていない。ところが、ここで食べた食事で下痢をするのはいやだった。将校用の宿舎はまず食堂があって、その隣が台所である。料理は鶏肉料理の豪華な立派なものであった。

わたしは思い切って台所の偵察に出た。昼食は、三人の兵士がじかに床の上で調理していた。床の上でじかに調理をするのはネパールの家庭では普通のやり方である。さきほど、シバの奥さんが立って調理をしている写真を読者に紹介したが、それは欧米式で異例である。兵士だとわかったのは彼らが制服（軍服）を着ていたからだ。台所のなかは非常にきたなく見えた。これでは、調理人が調理前に手を洗ったかどうかも疑わしい。わたしは結局、出された生野菜と果物と水とを残して、ご飯と鶏肉のカレーだけをいただいた。生野菜を食べる習慣はネパールの家庭ではまったくない。漬物以外には何でも必ず煮る。だから、わたしは結局、煮てあるものだけを食べたことになる。下痢はしなかった。

そのあとカマラ＝カントの家に向かった。将校用宿舎から村のバザールを通って約五分の道のりであった。途中でわたしはダリット（Dalit または *dalit*、被抑圧層のこと、不可触民を含むかあるいは同義）がどこかにいないか、聞いた。するとカマラ＝カントはバザールの道の真ん中でひとりの女性を指さして、あれがそうだと言った。背の高いきれいな人で、サルキ（Sarki、皮革職人カースト）だという。二五歳ぐらいだろうか。この女性はカマラ＝カントと一言、二言、明るくことばをかわしていたので知り合いなのだろう。わたしがダリットに興味を持ったのは、わたしは八月二三日（木）以降『カトマンズ＝ポスト』紙（*the Kathmandu Post*）という、ホテルに置いてある英語新聞をよく読んでいたが、毎日のようにこのダリットの人権問題に関する記事が掲載されていたからだ。

たとえば『カトマンズ＝ポスト』紙の二〇〇一年八月三〇日（木）付け、写真付き、第一面の大きな記事――記事の見出しは「ダリットが集団でパシュパティナート寺院に入る」――によると、こうである。

カトマンズ、八月二九日発＝

低い階級の社会集団であるダリット（Dalits、被抑圧層）の二〇〇人を超える人人が、カーストに基づいた差別を廃止するというシェル＝バハドゥール＝デウバ（Sher Bahadur Deuba）首相の「革命的」宣言を受けて、今朝、聖なるパシュパティナート（Pashupatinath）寺院とグヘショリ（Guheshori）寺院に入った。

寺院に入る前に、元の大臣や現在の国会議員、ダリット協会の指導者たちを先頭にした人人の大集団が、ダリット学生組合が持つ看板や赤い旗とともに寺院の前の大通りを行進した。警察官は看板や旗は入口の門で取り下げさせようとしたが、行進そのものは制止しなかった。

チャビ＝ラル＝ビショウカルマ（Chhabi Lal Bishowkarma）――解放社会ネパール（Mukti Samaj Nepal）の議長――はこう言っている。「寺院に入れたことは、ダリットをどの寺院にも入ることを禁じている正統的ヒンズー教に対するわたしたちの勝利であることを象徴している。」……

という次第である。

この記事はわたしには衝撃的であった。ダリットがパシュパティナート寺院に入ったのが衝撃的だったのではなく、ダリットがパシュパティナート寺院にいままで入れなかったことを知って、衝撃だったのである。二〇〇一年八月二九日までダリットはパシュパティナート寺院に入ることができなかったのか！

一九九〇年九月における民主革命（これによって絶対的君主制が倒され立憲君主制に変わった）が起きたあとにできた、立憲君主制を規定した『ネパール王国憲法 二〇四七年（西暦一九九〇年）』ですら、第一一条四項でこう言っている（*Constitution of the Kingdom of Nepal 2047*（*1990 A. D.*）, Legal Research Associate: Kathmandu, p. 6）。

> いかなる人といえども、不可触民といったカーストを理由に差別したり、不可触民といったカーストを理由に公共空間に入ったりすることを禁じたり、不可触民といったカーストを理由に公共機関の使用を禁じたりしてならない。この規定を破る者は法律によって罰せられる。

この場合の「不可触民」とはわたしたちのいうダリット（被抑圧層）である。ダリットということばが使われていないだけだ。公共空間つまりパシュパティナート寺院に入ることを禁じてはならないと言っているではないか。それでも、この一九九〇年憲法公布後、一一年間も寺院の中には入れなかった。ネパールに「法律なんてあるもんですか」、ないわ、と言ったシター＝カナル（四二歳）のことば[1]を思い出す。

ネパールでは法律に基づいて物事が決まるのではなくて、相手を知っているか、相手が友達であるか、親類であるかどうかで、なんでも決まります。

二〇〇一年八月二九日まで、二〇〇人の集団で看板や赤旗を持って行進しなければダリット（不可触民）はパシュパティナート寺院に入れなかった。先ほどの、「Love Green Nepal」の現地事務所でダヌワール族のおじいさんとスンタリ（一七歳）が家屋の中になかなか入れなかったことを思い出していただきたい。ダリット（被抑圧層・不可触民）は他人の家屋に入らないことを強く学習している。それはバフン族に強制されているからだ。

パシュパティナート寺院はカトマンズ市の北東端にあって、ヒンズー教の神であるシバ（Siva）神の化身であるパシュパティ（Pashupati）を祭る寺院である（-nath は神の意味）。わたしは詳しくは知らないが、そこはヒンズー教徒にとってはネパール随一の聖地だと知られている。インドからも大勢の参詣人が来ると聞いた。ダリットは入ることが禁じられている。外国人も入れない――門の前に英語でそう書いてあった（一九六九年）。二〇〇一年八月二九日はその寺院のなかにダリットが入ったという歴史的に記念すべき日であった。

スンダリジャルのバザールに戻ろう。

サルキ（皮革職人）族の女性は、バザールの通りで歩きながらほかの通行人や店の店主らとおだやかに明るく笑いながら話をしていた。その優雅さはギャヌーに似ている。わたしは、サルキ族の女性がバザールの外れに消えていくのを見送った。サルキ族は不可触民だといわれている。

前述したように、「不可触民」と「ダリット（被抑圧層）」との違いはいまのわたしにはよくわからない。不可触民がダリットといまは呼ばれているのか、それとも不可触民を核としてその周辺にダリットと呼ばれる被抑圧カースト（民族）が含まれているのか、わからない。さきほど、オミラ（四六歳）もダヌワール族はダリットであるが、不可触民かどうかわからないと言っていた。石井溥もダリットの範囲ははっきりしないと言っている（**10**節注４参照）[2]。

わたしは一九六八年九月以来、二〇〇一年まで三三年間もネパールと付き合いながら、このダリット（被抑圧層）出身の人との付き合いは一度もなかった。付き合いはいつも中間層に限られている。なぜなのか？

それは、わたしの立場（二〇〇一年当時、大学教員）が中間層なので、それに見合う応接態度や経済的心理的余裕を持てる人人だけが友人、知り合いになれるからだろうと思う。だから、かなり強く意識して取りかからないと、ダリットには友人、知り合いとして出会えないし、調査対象にもなりえない。このときも

「ダリットはどこかにいないか？」

というわたしの意識的問いがあったからこそダリットに出会えたのであって、その問いがなかったら絶対に会えなかった。少なくともわたしには外見からはダリットか否かはわからない。ただ、

ダリットには伝統的な職業を持っている集団があるので、鍛冶屋（カミ族）や皮革職人（サルキ族）、仕立て屋（ダマイ族、何かの儀式のときに音楽も奏する）はその職業柄、その職をおこなっていれば、それぞれカミ族だな、サルキ族だな、ダマイ族だなと、ダリットであるとすぐわかる。たとえば、都会でも田舎でも生地屋（呉服屋）の前の軒下に裁縫ミシンを置いて、ズボンやシャツを裁縫している男性がいると、それはダマイ族（仕立て屋）であるとすぐわかる。しかし、スンダリジャル村のような田舎のバザールを歩いているひとりの女性がサルキ族であることなど、わたしにはわかりようもない。この三つのカーストは不可触民だといわれている。

これで、ダリットの話は終わる。興味がある読者は、ヒンズー教の骨格たるカースト制度を規定する聖典『マヌの法典』（田辺繁子訳、一九五三年、岩波文庫）を参照されたい。ヒンズー教では、ただ一つのカーストであるバフン族（ブラーマン）だけがカースト制度の頂点に立てる、ヒンズー教で司祭になれるのはバフン族だけだと書いてある。ヒンズー教の背骨であるカースト制度（身分制度）がどんなに厳しいものであるか、バフン族がどんなに偉大で、不可触民（被抑圧層）がどんなに賤しいか、バフン族がどんなに厳しく不可触民を差別すべきか、書かれている。差別すべきことが規定され奨励されているのだから、これが聖典なのであるから、ヒンズー教は恐るべきというか、非常におもしろい宗教だとわたしは思う。

一方、仏教の開祖であるゴータマ＝ブッダの人間観は賢しく、のびやかである。バラモンがバラモンであるのは生まれによってではなく、行為によってである、非バラモンが非バラモンであるのは生まれによってではなく、行為によってであると述べているのだから革命的だ。インド哲学者の中村元（一九一二－一九九九）は「原始仏教は……バラモン教と批判的に対決せざるを得なくな」ると述べている。ヒンズー教的カースト制度を嫌う低い階層のカースト（民族）は、マルクス主義か仏教かに向かうだろう、逃げるだろうことは簡単に想像できる。現在のところ、なぜかキリスト教には向かっていない。[3][4]

最近のネパール政治では、ネパール共産党が二つもあり――ネパール共産党毛沢東派（マオイスト）とネパール共産党統一マルクス＝レーニン派――、そのどちらも、国会議員選挙では得票率や議席数を見ると、だいたいそれぞれ三分の一から四分の一ずつ取り合う強い政党なのだ[5]。山地少数民族で低いカースト地位を与えられているマガル族などにはマガル族は仏教徒だと言おうという主張もある[6]。

読者には***10***節で述べたダヌワール族を思い出していただきたい。バフン族に動物（犬）以下に対するのと同じことば（対称詞）「*tã*」を使われる低い階級の少数民族や不可触民がどこに向かうのか？

しかし、このあたりの議論はもう終わる。

スンダリジャル村に戻ろう。

カマラ＝カントの家でわたしは彼の家族全員に会った。彼の母や妻、ふたりの息子である。長男が少し日本語をしゃべる。父のカマラ＝カントがわたしと友人であるという影響だろう。聞くと、私立の日本語学校に通って日本語を習っているという。漢字も少し書けるので、驚いた。また、カマラ＝カントの魅力的な笑顔は母からきていることがわかった。彼の家には一時間ほどいたろうか。カマラ＝カントはわたしをカトマンズ市まで送ってくれることになった。スンダリジャルからカトマンズにバスで戻ることになり、カトマンズ市内までバスは一時間以上かかった。わたしは、どうしたことかバスに乗っているあいだぐっすりと眠ってしまった。カトマンズ市内の終点に着いてもまだ眠っていて、カマラ＝カントに揺りおこされて終点に着いたと知らされた。わたしはホテルまでタクシーを拾った。彼はまた一時間以上もスンダリジャルまでバスで戻る。彼の親切さに頭が下がった。

これで、カマラ＝カント（四九歳）の話は終わる。わたしは、この二〇〇一年八月以来、ネパールに出かけたのは二度で次は二〇〇二年三月と二〇〇三年二月－三月である。二〇〇二年には彼に会ったと思うが、二〇〇三年には会えていない。電話で話もできていない。カマラ＝カントは当然、二〇〇五年をもって五三歳で退役しているはずだ。

カマラ＝カントはいまどうしているだろうか。チトワン県で家を作り、無事に元気に生きているだろうか。

（1）三瓶清朝、一九七七年、既出書（***1***節注2参照）、二六五頁。
（2）石井溥、二〇一一年、既出論文（***3***節注1参照）、四四八頁。

（３）（作者不詳）一九五八年『ブッダのことば（スッタニパータ）』中村元訳、岩波文庫、一一七―一一八頁。
（４）中村元、二〇一五年『ブッダ伝――生涯と思想』角川ソフィア文庫、一五頁。
（５）二〇〇八年制憲議会における各政党の得票数および得票率については、マハラジャン＝ケシャブ＝ラル・マハラジャン＝パンチャ＝ナラヤン、二〇一五年「市民の至上権は新しいネパールにおける包摂的政治の道しるべとなるか――二〇〇八年制憲議会における各政党の得票の動向から」南真木人・石井溥（編著）『現代ネパールの政治と社会――民主化とマオイストの影響の拡大』明石書店、三三一頁に詳しい。
（６）南真木人、二〇〇三年「民族ないし先住民運動とマオイスト問題――マガールの事例から」日本ネパール協会『会報』一七九号（二〇〇三年七月号）、一〇―一一頁。

第六章　バリヤ（男性、四五歳）

28　S村の変貌

わたしは二〇〇一年八月二三日（火）夕方にカトマンズに降りたって以来、一五泊と一六日をカトマンズで過ごしたのち、二〇〇一年九月六日（木）、シバ（三〇歳）と一緒に一一時三〇分ごろにチトワン（Chitwan）県のバラトプール（Bharatpur）空港に降り立った（写真12）。バラトプール市はチトワン県の県庁所在地である。チトワン県最大の商業都市ナラヤンガット（Narayangadh）はこのバラトプール市の北西二キロメートルのところにある。

わたしたちはバラトプール空港から東に向けてPバザールまで約四〇分、路線バスに乗った。Pバザールではラム＝サネヒ＝チョウダリ（五五―六〇歳）さんに、彼が経営する生地屋（呉服屋）の店で出会った。彼はS村のわたしの古い知り合いで、S村では最も教育のある人のひとりである。二〇〇二年三月に作った三瓶奨学金では引き出しに必要な署名をする三人のうちのひとりに彼をお願いした。ラム＝サネヒさんとは二一年間も会っていなかった。しかし、会った瞬間、ラム＝サネヒさんだ――名前は出てこなかったが――とわかった。人間の顔認証能力は凄いもの

写真 12．バラトプール空港

だとわかる。彼の髪の毛は少し白くなっている。彼の店のなかでお茶（チヤ）を飲んでいると、突然、大雨が降ってきて、一時間半も居続けなければならなかった。雨季（六月－九月中旬）の終わりによくこういう豪雨が降る。わたしたちは、雨が止むと同時に出発し、Pバザールから南に向けて約一五分の道のりを歩いてS村に到着した。村は、タライ平野に見られる典型的な村であった。この村にわたしは二一年ぶりに到着したのだ。

S村では、シバ（三〇歳）の父であるラム＝シャラン＝チョウダリ（Ram Sharan Chaudhari、五九歳）さんに会った。村では彼には食事と部屋とのお世話になった。また、ディープ＝ナラヤン＝チョウダリ（Deep Narayan Chaudari、四〇歳）君に会った。彼はわたしの良き友人で、今回も村と土地所有と村人の情報についていろいろと教えてもらい、ラム＝シャランさんともども徹底的にお世話になった。このふたりにはおよそ一〇年前にカトマンズ市で何度か会ったことがある。また、ラム＝シャランさんの妻（五二歳）や、たまたま実家にもどっていた、ラム＝シャランさんの娘さん（二六歳）にも会った。このふたりには一九八〇年以来、二一年ぶりに会った。二一年前にはその娘さんは五歳であった。彼女はいまでは一歳になる赤ちゃんを抱いていた。ディープ＝ナラヤン君の妻（三〇歳）にもその息子たち（一四歳と一一歳）にも会った。ラム＝シャランさんの兄であるRD（六〇－六五歳）にも会った。RDは完全な白髪になっていて、いまはS村のジムダール（*jimdār*、タルー語で首長）である。RDの妻であるMG（六〇－六五歳）にも会った。すっかり、おばあさんだ。このMGがわたしのこの本のカバー写真を飾る女性である。

一九八〇年以来、二一年ぶりにS村にやってきて、九月六日から一六日までの一一日間ほどの滞在で、合計七点の、村がどう変貌を遂げたかの外面的な特徴を見つけることができた。もう一度いうが「外面的」な特徴である。

（1）電気が来ている。想像するに、村の全戸に電気がきていると思う。夜は戸ごとに電気の明かりがともり、道にも蛍光灯が光っている。二一年前には、夜は戸ごとの、戸内の菜種油の灯（ともしび）しかなかったので、外の夜は漆黒の闇であった。だから昔は蛍の灯がきれいだったが、いまでは屋外の蛍光灯の明かりで、明るいは明るいがなんだかうっとうしい。

（2）村には七軒か八軒の鉄筋コンクリート製の、一階建てか二階建ての家がある。二一年前には鉄筋コンクリート製の家はジムダール（シバの祖父）の家一軒だけ（三階建て）であった。

写真13．タルー族の村の手こぎ井戸

七軒か八軒ある鉄筋コンクリート製の一階建てか二階建ての家は、カタール（Qatar）国（中東にある）に出稼ぎに行った者が建てたという。

（3）全戸を調べたわけではないが、ほとんど全戸に手こぎ井戸がある（写真13）ようだ。二一年前は、手こぎ井戸は一個だけ、ジムダールの家の庭にしかなかった。それ以外には、ところどころに大きな公共の井戸があって、どの家もバケツを井戸のなかに落として、そこから手で水をくんでいたものだ。大きな公共井戸からは女たちが素焼きの大きな水壺[1]に水（一五リットルは入ったのではないか）を入れて、頭上に置いて（頭上にはわらの固い束を丸くしたものを置いてその上に壺を置く）ゆらゆらと頭を動かしながら運ぶ[2]のがタルー族の村の詩的な風景であった。小さな女の子は、わらの固い束の輪を頭において、小さな水壺をそのわら束の輪のうえに置いて、水壺を運ぶ練習をして遊んでいた。先ほど述べたラム＝シャランさんの娘さん（当時、五歳）もそうやって遊んでいたのをわたしはなぜかよく覚えている。いまはその詩的な風景がない。なぜなら、どの家の庭にも手こぎ井戸があるので、水を水壺に入れて頭にのせて運ぶ必要がないからだ。実際にわたしは水壺を頭にのせて運ぶ女性を一度も見なかった。

（4）わたしはS村で萱葺（かやぶ）きの家を一軒も見なかった。いまではどの家も瓦葺きか、ごくまれにトタン屋根である。二一年前には、ジムダールの家の鉄筋コンクリートの家を除いてどの家も分厚い萱葺きの屋根であった。この分厚い萱葺きの屋根と、萱を芯にした泥壁とが、タライ平野のタルー族の村に来たという印象を深めていたのに、それがない。分厚い萱葺きの屋根はタルー族に伝統的なものである。それがタルー族の村だという印象を作り上げていたので、わたしは最初、S村に来て、その萱葺きの屋根が瓦屋根に置きかわっていたので、タルー族の村に来たという感慨が湧き起こらなかった。萱（日本と同じ萱かどうかはわからない）は、S村の南にある東西に連なる低い丘陵のなかの草原にあり、そこで萱がとれたそうだが、ここを政府が「チトワン国立公園」に組み込んだので、いまは萱の採取が禁止されていて、萱葺きの屋根は作ることができないそうだ。瓦屋根では酷暑の季節（四月－六月）は暑くて大変だろうと思う。

（5）バハリヤー（*bahariyā*、タルー語）といわれる「年間契約の農業労働者」がひとりもいない。バハリヤーは、男であれ女であれ、一年間契約で農業労働者として働く人のことで、彼らは一年にわたって大地主の土地で農業や料理、その他あらゆる用事をこなす。[3] それに対して、大地主は一日二食のご飯を与え、一年に二回、衣服を与え、病気で必要なら薬を与え、年に一回、二〇〇パティ（*pāthī*）の籾（一パティ＝四・五リットルだから九〇〇リットル、二〇〇一年時点で三六〇〇─四〇〇〇ルピーの価値がある）を一年間の給与として与える。いまやだれもバハリヤーを労働力として雇うことができない。雇うことができないというのは、一九七九─八〇年当時、大地主で五三ビガー（*bighā*）（一ビガーは六七七二平方メートルで五三ビガーは三五万八九一六平方メートル）というような広大な土地を持っているときにはバハリヤーを雇うことは可能であった。いまでは、富裕な農民で、せいぜい、三ビガー（二万〇三一六平方メートル）持っている程度である(4)から、バハリヤーは雇えない。もう一つの理由は、もうだれもバハリヤー契約を望んでいないということがある。貧しい農民が望むのはバニハラー（*banihārā*、タルー語で一日契約の農業労働者）か、バタイヤー（タルー語で*baṭaiyā*）、つまり五〇─五〇％の収穫物分配をおこなう小作人（借地農業労働者［ネパール語で*ādhiyā*］）かであるという。バハリヤーは、土地がない農民は別として普通の農民にはバタイヤーほどの利益がないのであろう。この「土地相続による農業所有地減衰」と「労働力としてのバハリヤー慣習の消滅」との関係をいつか調べてみたいと思った。（このうち、「土地相続による農業所有地減衰」に関しては、わたしは論文［MIKAME、二〇〇三年、既出論文、本書**2**節本文参照］を発表している。）しかし、バハリヤーなしの村ではタルー族の村ではないようにわたしにはみえる。というのも、一九七九年九月から一九八〇年三月にかけておよそ（断続的に）五─六か月間ほどS村に住んだわたしには、バハリヤーの息吹やその光景がわたしの脳裏に深くしみ込ん

写真 14. タルー族の年配の女性

でいるからだ。わたしは、ジムダールの家（シバの父の父の家）に住み込んで、毎日、二〇人ほど(?)のバハリヤー（男女、半半ぐらいか）に囲まれて、バハリヤーが働くのを見ながら過ごした。わたしは、いつも一軒の大きな萱葺きの食堂専用家屋の中でバハリヤーと一緒にご飯を食べた。こうして、バハリヤーの農業労働の風景やバハリヤーの食事風景がわたしの脳裏に焼き付いている。バハリヤーなしには、どうもタルー族の村に来たという感じがしない。そういう日日とひとりひとりのバハリヤーの顔とが懐かしく思い出される。あとで、彼らとの出会いを語ろう。

（6）伝統的なタルー族の白い服装の習慣がなくなっている。昔は、年配のタルー族の服装は白い綿布と決まっていたが、いまはそうではない。それでも何人かは伝統的な白い綿布を着けていた（写真14、写真15）。

（7）伝統的医療者グロウ（gurau）が消えている。いない。医療という場での伝統的文化が消えることは二重の意味で惜しいことだ。一つには、タルー文化という一つの多様性を生きる人人を支えてきた「医術」が消えるのも惜しい。もう一つには、マラリアを恐れてタルー族以外、誰も住まなかったタライ平野の先住民族であるタルー族にはマラリアの免疫があるのではないかと言われているので、医学的に見て、グロウ（伝統的医療者）が何を大事にしてどう診断していくのかの事物や技術[5]のなかにひょっとしたらマラリアにきく事物や技術があるかも知れないからだ。もう一度言う——なんとも惜しい。西洋医学だけが医術ではない。いまでは、日本の伝統的医術である漢方医術または東洋医学も西洋医学の中で威力があ

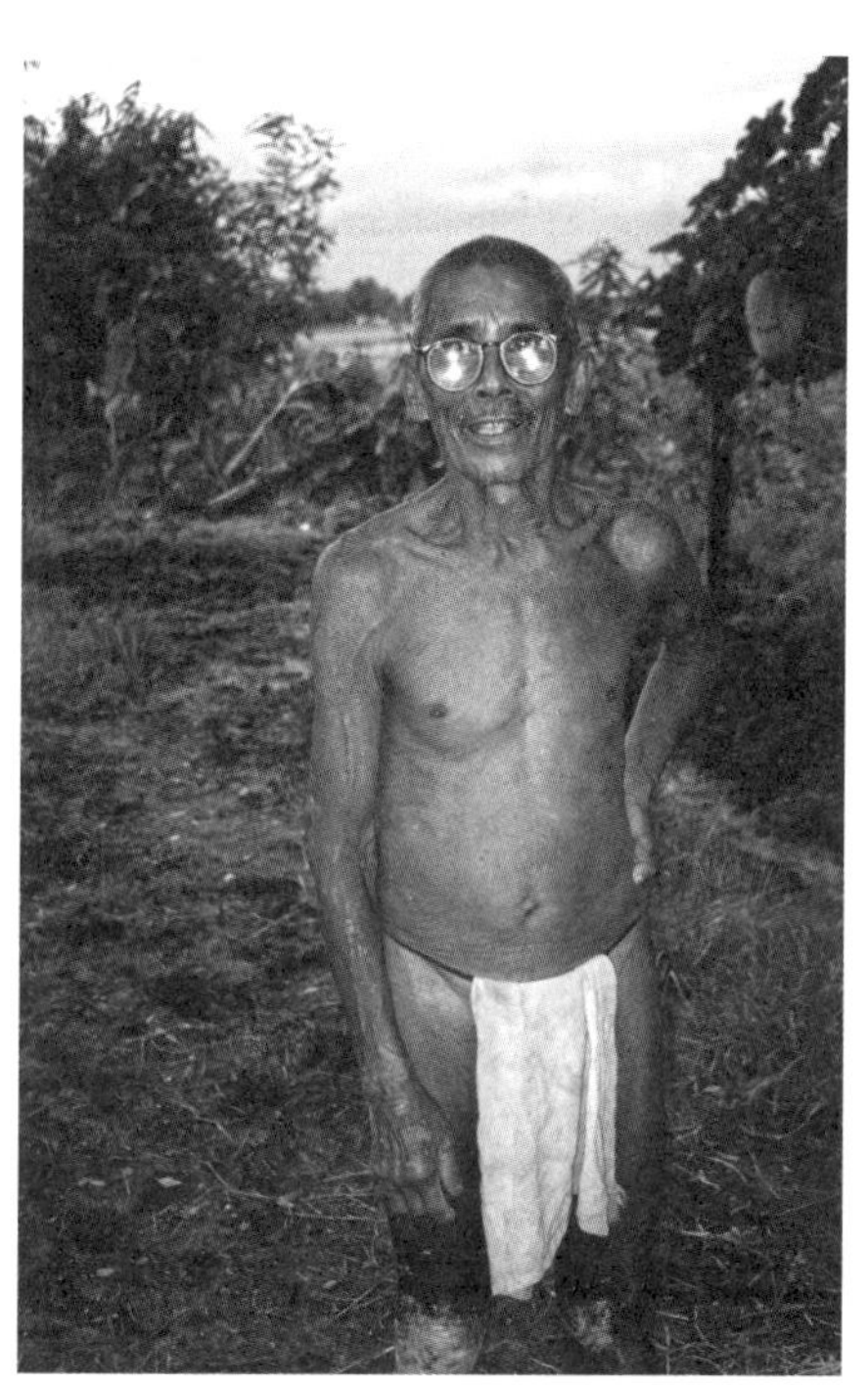

写真15．タルー族の年配の男性

るのと同じことだ。

（1）三瓶清朝、一九九七年、既出書（*1*節注2参照）、六一頁に写真が載っていて、コンクリート造りの公共井戸（右端）と水壺とタルー族の娘さんが写っている。
（2）三瓶清朝、一九七〇年、既出文献（*22*節注2参照）、三七頁の写真参照。この写真ではタルー族の女性が水壺を縦に二つも重ねて頭の上にのせている。
（3）MIKAME、二〇〇三年、既出論文（*2*節本文）、一〇一一一頁。
（4）MIKAME、二〇〇三年、前掲論文、一五頁。
（5）三瓶清朝、一九八二年「タルー族における伝統的医療者に関する覚え書き」『社会人類学年報』八巻、弘文堂、一一五－一二五頁。

29　古い知り合いたち

ラム＝シャランさん（五九歳）は、自分の家族専用の二階建ての鉄筋コンクリート製住居を新しく建築していた。彼は一九八五年に二人の兄弟との合同家族（joint family、結婚したあとも兄弟一緒に住んで家計を同じくして暮らす家族）を解体して独立した。その新しい住居の二階にシバの部屋があって、わたしにその部屋を提供してくれた。大きな部屋で、二人用の寝台があった。もちろん、シバもその家族もカトマンズにいるので、だれも住んでいない空き部屋だ。そこがわたしの寝室になった。ラム＝シャランさんの自宅の一階には客室があって、ソファもあり食卓もあり椅子もあったので、わたしは毎晩、ここで古い知り合いたちと会った。わたしは、ほとんどひとりでこの部屋を占有した。（電気代もかかったろうな、いまでは申し訳なく思う。）隣には食堂専用の別棟があって、わたしはそこで床にべたりと座って食事をとった。お尻の下には敷物を敷いた。

　わたしがS村に着いた翌日、二〇〇一年九月七日（金）になって、S村からの帰りのために飛行機の切符を買う必要があって、バラトプール空港の近くにある、ある航空会社の切符売り場に切符を買いに行った。シバ（三〇歳）がわたしのためにオートバイを用意して空港まで連れて行ってくれた。わたしが手にいれたのは九月一六日（日）の切符で、それでわたしはひとりでカトマンズに戻る予定である。切符を買ったあと、シバはわたしをナラヤンガット市（写真16、チトワン県最大の商業都市）に連れていってくれた。

　その日の夕方の一九時三〇分にはシバとわたしは、S村から南に歩いて約一〇分ほどにあるB村に出かけて、シバの妻の実家におもむいた。シバの妻の父、つまりシバの舅（しゅうと）（五〇－五五歳）はタルー族のB村のジムダールである。政府の役人もしていて、いまは何とかという所に住んで

写真 16. ナラヤンガット市遠望

いるが、三日間の休暇をとって里帰りをしているところであった。彼は、シバを夕食に招待していた。シバの里帰りの目的のひとつにこの舅に会って「共食（きょうしょく）」（共に食べること）することがあったかもしれない。シバの舅はシバといっしょに夕食をとった。わたしもこの夕食に招待された。彼らは、食べて、話して、よく酒を飲んだ。給仕はもっぱらシバの姑であった。性別役割分業がよくできている。シバもよく飲み、よく食べ、へべれけに酔った。共食やよく酔うことがタルー族では大切な行儀作法だということがよくわかる。シバは帰ることを忘れたようだった。二二時三〇分になって、シバの舅がわたしに

「シバを連れて帰ってくれませんか。」

と言う。わたしはもちろん快諾した。わたしは酒を飲まないので酔っていなかった。家の外に出ると、家の前の大きな広場でタルー族の若い女性たちが歌

をうたいながら輪になって踊っていた。その踊りで、わたしは、女性たちが「聖なる話」（何の話かは不詳）を聞くタルー族の祭りが近いのだと二一年前を思い出した。二三時ごろ、舅の家のひとりの男がわたしたちを巨大なトラクターで安全にS村まで送ってくれた。漆黒の空には星が美しく瞬いていた。

シバといっしょにB村に行った翌日のことだ。その翌日以降、古い知り合いたちがわたしを訪ねてきてくれた。

九月八日（土）の昼ごろ、ラム＝バブ＝ギミレ（三八歳、プルビヤ＝バフン族）が五歳の息子を連れてわたしを訪ねてきてくれた。彼はS村の西方一五キロメートルほどにあるソウラハ観光地にわたしを招待してくれた。九月一一日（火）にわたしをS村まで迎えに来るという。このソウラハ訪問記はあとで***32***節で語る。同じ日の二〇時から二二時まで前述した（***28***節）Pバザールの生地屋（呉服屋）のラム＝サネヒさんがわたしを訪ねてきてくれた。ディープ＝ナラヤン君（四〇歳）が毎夕、二時間ぐらいおしゃべりに来てくれた。彼とは、彼が農作業をしていないときには午前中といい午後といい、よくおしゃべりをした。また、いつかは忘れたが、ラングレージ（Rangrej、男性、六〇歳ぐらい）が訪ねてきてくれたのはうれしかった。彼とはとても気が合う。彼は、一九七九－八〇年にはS村のジムダールの、さきほど述べたバハリヤー（一年契約の農業労働者）であった。彼は、いまや、二－三ビガーの土地持ちであった。ディープ＝ナラヤン君も三ビガーの土地を持っているのだから、ラングレージは中間的な農家だといえる。彼はS村のジムダールに対して批判的な意見を持っていた。この話をわたしはまだ聞いていないが、その話はもう聞けないだろう。

村の中の通りで偶然、バハリヤーをしていたバドゥワ（Badwa、男性、四五歳ぐらいか）に出会った。しかし、彼はわたしを一瞬見ただけで目をそらし、わたしを無視した。わたしは非常にがっかりした。というのも「タルー族の死と葬礼についての覚え書き」という報告書[1]をわたしは書いているが、その報告書が書けたのは、わたしがバドゥワの父の葬礼について実際に二週間というもの彼にぴったりと張りついて一連の葬儀を観察した結果だからである。「馬が合わない」というのはこのことだろう。わたしはなつかしく思っていても相手がまったくそうでないのだから、どう仕様もない。しかし、ひとりぐらいに無視されたからといって、どうしてそんなにがっかりするのか。そんなことではいい仕事はできない[2]。

バドゥワと対照的に、バリヤ（Bariya、男性、四五歳ぐらい）がわたしを訪ねてきてくれたのはとてもうれしかった。わたしたちは瞬間的に打ち解けた。なぜなのかはわからない。一九七九－八〇年には彼はジムダール一家のバハリヤーであった。わたしはすっかり忘れていたことだが、一九八〇年三月に、わたしが寄宿していたジムダールの家を離れて帰国しようというときに、わたしの部屋で何人かのバハリヤーの男性に感謝の気持ちを込めて、自分が着ていた何枚かのセーターを贈ったことがあると彼は言う。タライ平野も冬の夜は寒い。そう言われると、そんなこともあったかなあと何となく思い出す。そういえば、バリヤやほかの何人かのバハリヤーの男性が夜、わたしの部屋をよく訪れてきて、おしゃべりをした記憶がある。

バリヤが二〇〇一年九月六日（木）にわたしを訪れてから、彼は毎晩わたしを訪ねてきた。……毎晩である。わたしもなんとうれしかったことか。そういう友人を持てたということは。

（１）MIKAME Kiyotomo、一九九〇年「A Note on Death and Mourning Customs among the Tharus of Nepal」『鹿児島女子大学研究紀要』一一巻一号、一三五―一五四頁。

（２）石井溥氏は村落調査をおこなうとき全世帯のカースト帰属意識や全世帯の親族関係、全世帯の家族構成、全世帯の全成員ごとの基礎的情報（続柄、年齢、学歴、職業など）、全世帯の土地所有などを詳しく聞き取り観察しながらおこなう（石井溥、二〇一五年「ネワール村落調査と文献資料――探したもの、利用できなかったもの」『明日の東洋学』二〇一五年三月号（三三号）、東京大学東洋文化研究所付属東洋学研究情報センター報、二頁）。

30　「協同家族」の財産と家計

バリヤ＝チョウダリ（Bariya Chaudhari、男性、四五歳ぐらい）とはあらためてすっかり仲良くなった。このとき彼は何をしていたのかというと、一年契約でRD（男性、六〇－六五歳、当時のS村のジムダール）の巨大なトラクターの運転手をしていた。バリヤの人生と家計とは読者にも興味を持っていただけると思うので、次に語ろう。彼は、RDの家での夕食を終えると、一九時ごろには決まってわたしのいる客間に顔を出した。

彼の給与は月額で一二〇〇ルピー（約一九二〇円）である。年収は一万四四〇〇ルピー（約二万三〇〇〇円）である。それは季節によって忙しいときでもそうでないときでも変わらない。そして、一日に二食のご飯が賄われる。また、一年に二回、シャツとズボンをもらう。彼はいつもトラクターを動かしているわけではない。トラクターの運転以外に農作業や雑用もする。たとえば、灌漑用の水が正確に田んぼに流れているのかの点検や、RDが飼っている魚（売るためと自分で食べるために飼っている）を池から取ってくることや、肉にするのに鶏をしめて（首を切り落として殺して）お湯につけてから羽根をむしり取ることや、トラクターの整備である。

彼は以前にS村以外の、あるパハリヤ（Pahariya、文字通り「山地民」のことでバフン族やチェットリ族をタルー族はこう呼ぶ）の家で仕事をしないかと誘われたことがある。その給与は月に一五〇〇－二五〇〇ルピーだという。しかし、食べる時間や眠る時間を与えられずに仕事をさせられるので、彼はパハリヤの家で仕事はしたくないそうだ。

彼には妻、ピラリ（Phirali、三五歳）がいるが、子どもはいない。彼は同じ家屋に彼の妹のミヌ（Minu、四二歳）やその夫のマガラ（Magara、四三歳）、その子どもたちで一一歳と七歳に

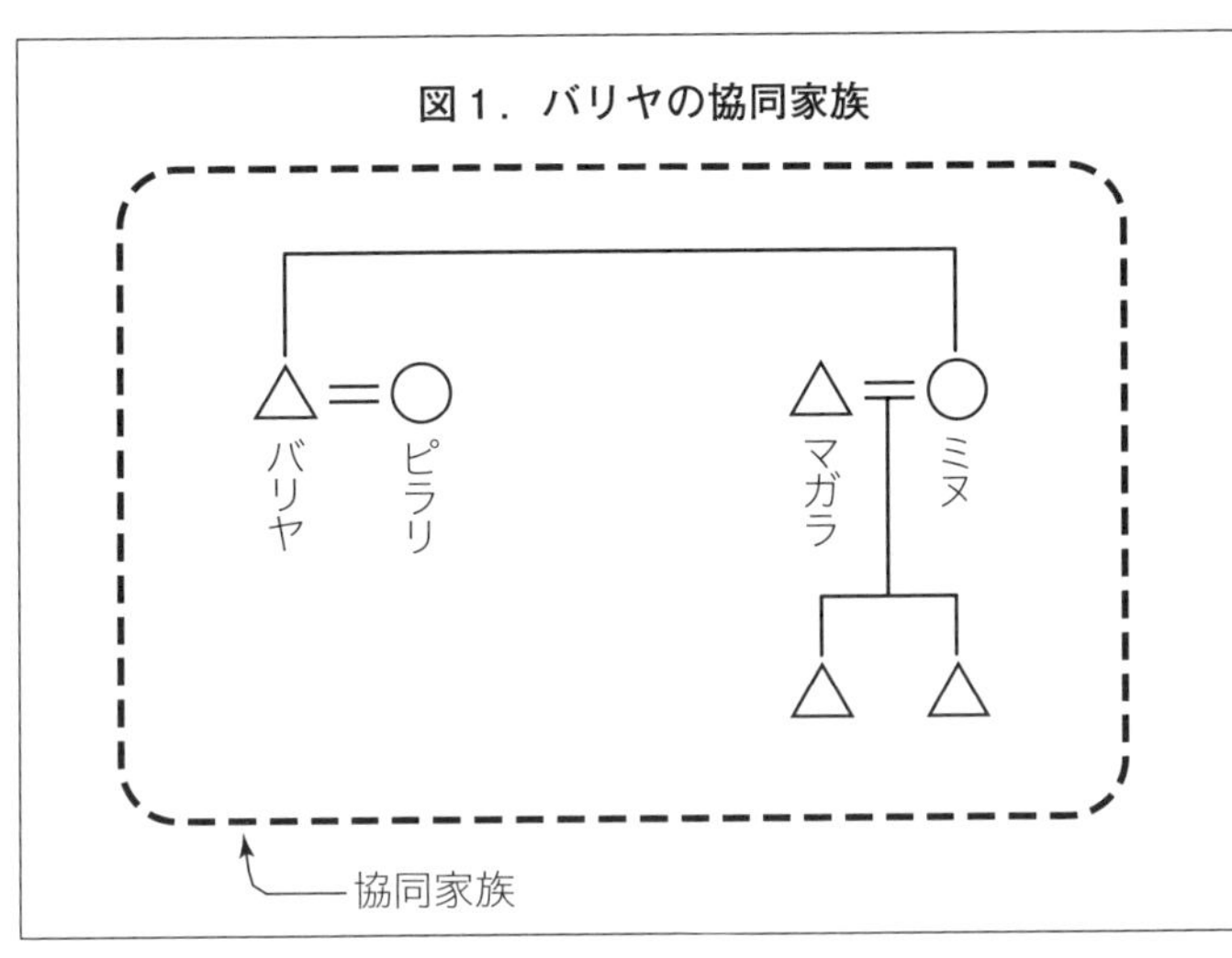

図1．バリヤの協同家族

なる男の子どもたちといっしょに住んでいる（図1）。この家には二家族がいて、二部屋と一つの台所があり家族はそれぞれ一部屋を持っているが、台所（兼食堂）は共有で共同使用である。二つの家族は一つの家計で運営されている。

家屋が立っている土地は四ドゥールあるそうだ。一ドゥール（*dhur*）が一七平方メートルだから四ドゥールで六八平方メートルである。四ドゥールのうち二ドゥールをバリヤが土地登録して、あとの二ドゥールをマガラが登録している。この小さな土地にバリヤとマガラが協力して家屋を建てて（写真17）、二家族で一世帯分の家計（費用）と一つの台所（兼食堂）を共有している。

こういう世帯の運営方法をわたしは初めて聞いた。いわゆる「合同家族（joint family）」という家族がインドやネパールにはあるが、それは父親とその息子たちが、息子たちが結婚して子どもを

写真 17．バリヤとその家

持っても全体として一世帯としてやりくりする世帯のことだ。それと似てはいるが、このバリヤの例はきょうだいで連合して、一世帯としている形である。これを仮に「協同家族（combined family）」と呼んでおこう。それは、「きょうだい」（兄のバリヤと妹のミヌ）がそれぞれの配偶者といっしょに家計や台所を一つにして一世帯として暮す形態である。詳細はわからないが、個人として働くのであれほかの誰かと共同で働くのであれ、この「協同家族」の家計は同一で、必要なものはこの同一の家計から出費される。台所はひとつで調理道具は共有である。また、手こぎ井戸もあり、電気も持っていた。三頭のヤギも飼っていた。ヤギは、現金が必要なときに売って現金を得るために飼っている。

わたしはこれから、この、バリヤの「協同家族」の家計と農業労働とを述べるが、資料が十分ではないので、わかる限りの簡単な記述だと読者は承知していただきたい。大体、S村の貧しい農民はこんなところで生きているとわかっていただけたらと思う。

バリヤは合計で

五カター（一六九〇平方メートル、一カターは三三八平方メートル）の農地と

一カターの家庭菜園

とを持っている。五カターの農地のうち、三カターは灌漑されていない農地であり、そこに野菜や菜種を植える。残りの二カターは灌漑されているので、三月から一一月の稲の収穫期には合計で二回、稲を収穫できる（二期作である）。稲の収穫期以外には菜種を植える。この五カターの農地と一カターの菜園とは、バリヤとマガラとの二人で所有しているのかどうか、わたしはまだ確かめていない。多分、半半で所有しているのではないか。

また、バリヤとマガラとは、収穫物を五〇％－五〇％で折半する小作人（バタイヤー）契約をして、

一・五ビガー（一万〇一五八平方メートル、一ビガー＝六七七二平方メートル）から

二ビガー（一万三五四四平方メートル）

の田んぼを耕している。ただし、この契約はチャイト月（三月から四月）に田植えをする稲だけである。ふたりは、この契約で五〇％の量の籾、一五〇〇キログラム－二〇〇〇キログラムを手にする。チャイト月に植える稲の収穫量についてはアサル月（六月から七月）に植える稲より収穫量が少ない[1]。こ

の、チャイト月に植えた稲の籾は、年によって多少変動するが、一キログラム、約一〇ルピーで売れる。だから、バリヤとマガラとは、この小作地で約一万五〇〇〇から二万ルピーを稼ぐ。この小作地に関して、バリヤはRDの巨大なトラクターを自由に無料で使える。また、自分たちの五カタハーの農地に関してもそれを自由に使える。

バリヤの妻のピラリが何をしていたのか、マガラの妻のミヌが何をしていたのか、いま（二〇一六年二月）のわたしにはわからない。想像するに、固定的な仕事をしていたのではなく、自分たちの五カタハーの田畑と一カタハーの菜園とを耕し、バリヤとマガラとが借りていた一・五－二ビガーの小作地（田んぼ）を耕して、その合間に、日雇い農作業をするとか家を建築する際の日雇い労働をして暮らしていたのではないか。これはあらためて調べないとわからない。

以上が「協同家族」のだいたいの家計である。バリヤがもらっている月額一二〇〇ルピーの給与以外に、収穫物を五〇％－五〇％で折半する小作人（バタイヤー）契約でえる約一万五〇〇〇から二万ルピーの稼ぎは大きいとわかる。

ところが、あと（二〇〇二年二－三月）になって、このバリヤの家族構成には根本的な誤りがあると知って、わたしは驚愕した。ディープ＝ナラヤン君によると、ミヌはバリヤの妹ではないというのである。あとで語るが、これは、バリヤが嘘をついたと考えるべきではなくて、きまりが悪いのでわたしには真相を言わなかったというべきことであろう。

（1） MIKAME、二〇〇三年、既出文献（**2**節本文参照）、八頁。チャイト月に植える稲はアサル月の稲にくらべると酷暑と乾燥がわざわいして収穫量が落ちる。

31 語られなかった家族の話

ディープ＝ナラヤン君によると、真相はこうである。

バリヤ（四五歳）とマガラ（四三歳）とはある時、共同で一軒の家を建てる土地を買って（前述したように土地登録は別別である）――二〇年も前のころと推測できるだろうか――、一軒の家を建てた。それから、二人はそれぞれの妹と結婚した。バリヤ（四五歳）はマガラ（四三歳）の妹、ピラリ（三五歳）と結婚し、マガラはバリヤの妹、マンガリ（Mangari、四〇歳）と結婚した（図2）。

この、ふたりの男性がそれぞれの姉妹と結婚するやり方をわたしは「姉妹交換婚（sisters' exchange marriage）」と呼んだことがある[1]が、それは、二つの家族間で花嫁持参金を相殺する

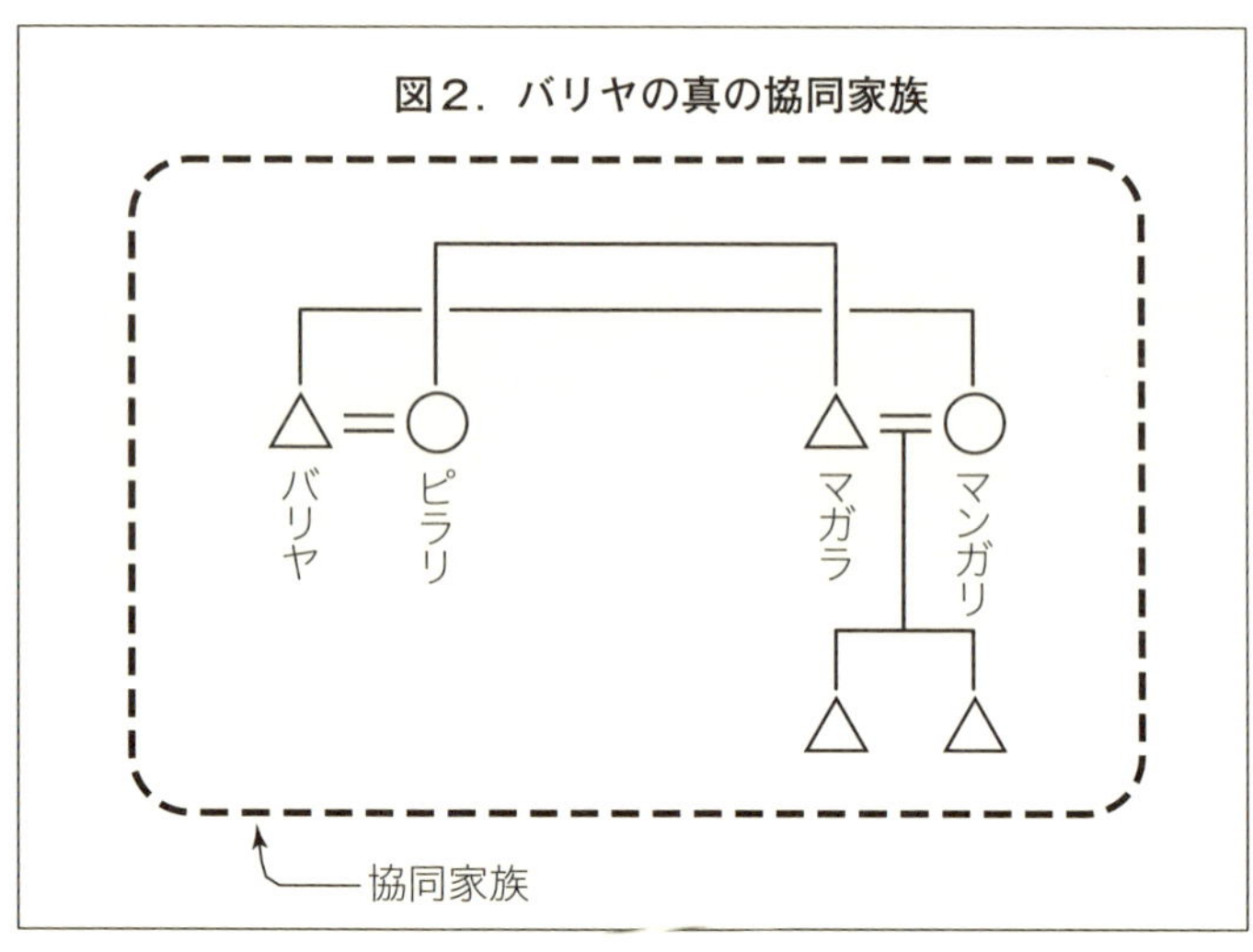

方法で、少なくともプルビヤ＝バフン族ではよく使われる方法だ。年も違い、姓も違うAとBという男性がいるとすると、年上のAは、年下のBの姉と結婚し、年下のBはAの妹と結婚する。だから、バフン族の親族関係名称体系では自己たるAの妻の弟の妻を「バイニ（*bahini*）」（妹）と称しているが、Aにとってそれは実際の妹だからである。バイニが正しい親族関係名称となるくらい、バフン族では「姉妹交換婚」がごく当たり前であることがわかる。しかし、このバフン族における「姉妹交換婚」では、世帯は別別である。バリヤ（四五歳）とマガラ（四三歳）の「姉妹交換婚」では、世帯をひとつにする「協同家族」である。

さて、わたしはタルー族のあいだにこういう「姉妹交換婚」が普通にあるのかどうかも知らないし、タルー族の親族関係名称も知らないが、バリヤとマガラとのあいだの「姉妹交換婚」を耳にして、バフン族のあいだでのその慣習を知っていたわたしはそれをすぐ理解できた。

こうして、バリヤとマガラとはそれぞれの妹と結婚をして、一軒の家に住み、台所を共有して、家計を共有して、わたしの言う「協同家族」を構成した。マガラとマンガリとの間には二人の息子がいる。マガラとマンガリは六、七年間、夫婦生活を送ったが、そのあと、マンガリはＳ村に住むあるタルー族の男性に恋をして、二人の息子とマガラを置き去りにして家を出たそうだ。「置き去り」にせざるを得なかった理由はある。女性は、その子どもをどんなに愛していても子どもを養育する権利がないのだそうだ。タルー族の慣習によると、子どもを養育する権利は父にのみある。マンガリが家を出るに際して、マガラとマンガリとのあいだに口論や喧嘩はなかった。というのも、マガラは、優しく静かで、しかもまじめでタバコも酒もやらずにただひたすら重労働に耐えるような男だからだ。日本語で朴訥（ぼくとつ）そのものだ。しかし、マガラの妹のピラリはマンガリとその恋人に対して激しく怒ったという。この激怒した、または激怒できたことは、この事件がタルー族の規範（道徳）に反していたことを物語る。マンガリはバリヤの妹であるから、バリヤは、妹の奔放で恥ずかしい――つまり規範や道徳に反した――出来事をわたしに率直に言えなかったのだろう。

一方、ミヌ（四二歳）は、二人か三人の子どもを残して、ナワルパラシ県（チトワン県の西隣り）の彼女の夫の家から夫の配偶者間暴力でＳ村に逃げてきた。夫が大酒飲みで、酔ってはミヌを殴っていた。ミヌはその男の第二の妻であった。彼女はＳ村のジムダールであるＲＤのもとに身を寄せて、毎日、泣いていた。なぜ、S村のRDのもとに来たのかは、いまのわたしにはわからないが、ミヌはS村出身であったのかもしれない。ミヌの夫がミヌのもとに来て、もう二度と殴らないから帰って来てくれと頼んだが、ミヌは戻らなかった。その代わりに、ミヌは耳輪（金製）や鼻輪（金製）、首輪（銀製）、腕輪（銀製）、手首輪（銀製）を夫に戻した。こんにちでは、それをしなくてもよい。ミヌが元夫の家を出たのは、いま（二〇〇一年九月）から一六年か一七年前である。

ミヌはRDの家に来て一年間ぐらいたってから、マガラと結婚した。こんにちでは、出ていく元妻に元夫が子どもを委託することができるが、当時はそういう慣習もなく、ミヌの元夫はそうしなかった。いまでは、新しい夫であるマガラとのあいだに一一歳と七歳になる二人の息子をもうけている。マガラがマンガリとのあいだにもうけた二人の息子はいまでは二四歳か二〇歳になって、それぞれ独立している。

こうして、バリヤとミヌはきょうだい（図1）ではないことがわかった。しかし、新しく、ピラリとマガラとはきょうだいであることがわかった（図2）。この協同家族では、要するに、マンガリがミヌと入れ替わっているだけである。この、バリヤの隠し事は大目にみるべきことであろう。しかし、現地調査の面接の難しさを浮き彫りにしている。調査される人は「嘘」を付くというよりきまりが悪いことや都合の悪いことを隠そうとする。わたしたちだってそうではないか。わたしたちはだれでもいつでもどこでもそうする。面接調査で何かがわかったときに「裏を取る」

（確証する、to corroborate information learned in field interviews）ことの重要性を文化人類学者の石井溥氏（東京外国語大学名誉教授）が強調していたことがある（談）が、文化人類学の面接調査とはほんとうに困難なものだ。

タルー族についてわたしがしている話にもう一つ付け加えていうと、タルー族の年齢を「六〇―六五歳」というように幅を持ってわたしが語っているが、それはタルー族には年齢がわからない人や気にしない人がほとんどだからだ。だから、聞いても無駄であるか、誤っていることが多い。バリヤ（四五歳）とかピラリ（三五歳）とか、わたしが断定的に言っているのは、ディープ＝ナラヤン君に聞いて大体そんなものだと理解して特定した。

なぜタルー族には年齢がわからない人や気にしない人がが多いのかだが、もちろん戸籍がないという行政的な側面もあるが、伝統的には多分、タルー族の住む土地には一年が一回変わるという季節性がないからではないか。その土地にはきびしい冬がない。雪が降らない。日本は日本の昔（一九五七年ごろまで）はおばあさんに年齢を聞くと「数え歳」（正月が来ると一歳増える）で答えるおばあさんが半分はいたものだ（神奈川県川崎市で）。

（1）三瓶清朝、一九九七年、既出書（*1* 節注2参照）、二五〇頁。

第七章　ラム＝バブ（男性、三八歳）

32　ソウラハ観光地とチトワン国立公園

二〇〇一年九月一一日（火）、雲の多い日の一一時ぐらいに、ラム＝バブ＝ギミレ（Ram Babu Ghimire、三八歳、プルビヤ＝バフン族）がわたしとディープ＝ナラヤン君を迎えに小さな箱型の自動車でやってきた。これから述べることは、九月八日（土）昼頃にわたしを訪ねてきたラム＝バブが、世界的にもネパール内的にも有名なソウラハ観光地（Sauraha resort）に行こうとわたしを誘ってくれたその続きである。

ソウラハ観光地とそれに隣接するチトワン国立公園は有名である。特にチトワン国立公園はネパールに二つしかない、ユネスコの世界自然遺産の一つである。有名な観光地、国立公園がS村の近くにあることは、行ったことのないわたしには気になることだ。気になるのを鎮めるにはそこに一度、行ってみることである。だから、大きな事件ではないが、読者もわたしと一緒にソウラハ観光地とチトワン国立公園に行ってみてはどうか。

ソウラハ観光地とは、チトワン国立公園の北側のすぐわきにある地点（町）で、特に欧米の観

写真18．ソウラハ＝バザール

光客に人気の観光地である。S村からソウラハまで西に向かい、車で一時間かかった。わたしたち三人はチトワン国立公園の門の前まで行き、そのすぐ隣にある観光地ソウラハに行った。ソウラハには約五〇軒ほどの店が並んでいて、まるで小さなバザール（商店街）のようであった（写真18）。店は食堂や本屋、土産物屋である。その周囲にホテルが散在する。このソウラハ観光地にある看板はほとんどが英語で書かれてあった。しかし、わたしがバザールの通りで見た外国人はたった一組の白人夫婦であった。それもそのはずで、いまは観光の季節ではない。観光の季節は一〇月から五月の乾季である。六月から九月までは雨季で、観光客はあまり来ないはずだ。

　国立公園の門とソウラハ＝バザールの通りに面して、南側にラプティ河が東から西に流れていて、河に沿って砂浜があった。この砂浜から、ラプテ

写真 19. 象の水浴び（奥に見えるのが原生林）

ィ河の対岸（南岸）にある原生林（ジャングル）の上に太陽が沈むのを見るのが、欧米から来る白人観光客のお目当てだそうだ。何がよいのか？わたしにはわからない。わたしたちは夕日が沈むのを見るかわりに、一頭のインド象が川に沈んでいるのを見た。水浴びをしていて、象使いに体を洗ってもらっているのを見ることができた（写真19）。その写真の背景にチトワン国立公園の原生林（ジャングル）が見える。わたしたちはソウラハ＝バザールのなかで昼食をとった。

それから、わたしは象の背中に乗って、国立公園のすぐ外側（北側）に広がる広大な草原や疎林を三時間、「ジャングル＝サファリ（jungle safari）」をしてきた。この草原や疎林は国立公園から外である。ジャングル（jungle）とはヒンディー語起源の「原野、原生林」である。サファリとは、野生動物を見物するか狩猟することを目的にした、もともとは東アフリカでの旅行のこと[1]で、このソウラハ観光地の場合は野生動物を見物することを目的にした、象の背中に乗っての三時間の小旅行である。およそ一メートル四方の木製の箱を象の背中に括り付けて、その中に数人の客が箱の枠の外に両足を出して乗る。外の草原や疎林を見ながら、三時間、象の背中で揺られるというわけである。この「ジャングル＝サファリ」はわたしには初めての経験であった。象の背中に乗るのも生まれて初めてだ。象の背中があまりにも大揺れするので、心地よい経験ではなかった。三頭の象が並んでジャングル＝サファリに出ていた。それぞれの象に、三人の白人の女性観光客（写真20）と、白人観光客の男女ふたり連れと、白人観光客の男女ふたり連れが乗った。わたしは、最後の男女ふたり連れといっしょに象の背中に乗り込んだ。見たものは、二頭の野生のインド犀（サイ）や二頭の鹿、一頭の猪（いのしし）であった。あとはひたすら草原や疎林を見て、大揺れする木の箱に三時間も必死に（！）つかまっていなければならなかった。ほんとうに疲れたあ。もう二度と乗りたくない。このジャングル＝サファリにいくら料金が取られるのか知らないが、わたしは取られなかった。ラム＝バブのもてなしだろう。

わたしたちは国立公園の門から中には入らなかった。三人はだれも中に入ろうと言わなかった。

写真20．ジャングル＝サファリ（三人の白人女性客）

なぜ入らなかったのかというと、一つには入園料が五〇〇ルピーか一〇〇〇ルピーと外国人基準が設定されており馬鹿げたほど高かったからだ。もう一つには、わたしは既に（一九六九年二月）、三二年も前にタライ平野の野生の大自然をいやというほど見ているから、わざわざ入る気がしなかったからだ。

…………

一九六九年二月、わたしが二三歳のとき（三二年前）だが、わたしは故＝岩村昇医師（***11***節および***17***節参照）とパルパ（Palpa）県の山地とナワルパラシ（Nawalparasi）県のタライ平野を現地診療旅行（Field Health Trip と言っていたか）をした経験がある。全行程、徒歩旅行――一部では筏でナラヤニ河を東から西に下り、ルパンデヒ（Rupandehi）県北部のブトオル（Butwal）市からバスに乗ってタンセン町に帰った——の旅で、合計二一日間であった。岩村が四三歳のときである。パルパ県の県庁所在地がタンセン（Tansen）という、山（標高一三〇〇メートル）の上にある町で、そこにキリスト教プロテスタント派の「ネパール合同布教団」（United Mission to Nepal）が地方の一拠点病院を持っていた。そこで岩村は結核やコレラ、マラリヤ、天然痘、ハンセン病（癩病（らい））、赤痢、性感染症などのなんでも診る、あるいはなんでも診なければいけない医師として派遣されて、三年目を迎えていた。ネパールではネパール人医師が都会カトマンズ市にしか集まらないので、大部分が山地であるネパールの田舎の村にはあらゆる種類の病気が蔓延して野放しで村人を苦しめていた。

一九六九年二月、岩村は、わたしと、Oさん（当時、二七歳）という日本人の写真家との計三人の日本人と、五人のネパール人の荷担ぎ人夫（これがわたしたちの寝袋・着替えや診療器具や薬を持っていた）とで、診療の旅に出た。最初は、タンセン町から東に向かって、一度、ナラヤニ河の支流のカリガンダキ河畔におりてから、また山に登り、毎日、山地を歩いて進んだ。わたしはインド製のズック靴をはいて山歩きが快適であったが、岩村は足先の部分に鉄の板が入っている安全靴（日本製）をはいていた。それで、一〇〇〇メートルや一五〇〇メートルの標高差の山道をすたすた登る[2]。この元気の良さにわたしは驚いた。わたしは二三歳で若く、ヒマラヤを歩きまわってきた強い体力を持っていたが、四三歳の中年の岩村が重い安全靴をはいて、わたしに負けないのだから、岩村はあきれるような体力を持っていたわけだ。これには驚いた。足下の地面を見ながら、歩きながら驚いたことをいまだによく覚えている。

宿泊は村村（むらむら）の村長の家に泊った。泊るたびに、岩村はあらゆる種類の病気の診療をして、手術までして、治療した。Oさんはひたすら、岩村が活躍する写真を撮っていた。この時の岩村の活躍の写真が岩村昇・岩村史子（ふみこ）（共著）『わがふるさとネパール――ネパール通信2』（一九七〇年、新教出版社）の最初に出てくる七枚の写真に載っている。残念ながら、この本には、わたしが経験した二一日間の「診療の旅」については一言も載っていない。岩村は、この、わたしが経験した診療の旅を何も語っていないのだ。しかし、この本の最初に出てくる七枚の写真はすべて、この二一日間の診療の旅のときの写真である。七枚の写真のうち、最初の段段畑の写真の光景はわたしの記憶にない――それは、ネパールではどこでも見られる光景である――が、その他の六枚の写真の光景はすべて鮮明に覚えている。また、本の中ほどに写真群がある。その写真の頁の一一頁と付いている写真に、岩村一家がタンセン町の一角を歩く姿が載っているが、まさしくこれが当時の岩村昇であり、岩村一家の姿だ。いまとなってはただ懐かしいばかりだ。

この診療の旅でわたしが何をしたのかというと、わたしは診療する岩村の横に陣取り、薬局係りとして岩村が処方する薬を大量の薬の中から選んでそれを患者に渡す役をしたし、診察代・治療代・薬代の徴収の役をしたし、時時は岩村の指示で注射もした。注射をしたのはほんとうである。だから、わたしは結構忙しかった。薬剤師と会計（診療費や薬代の徴収）と看護婦（当時は看護師とは言わなかった）の役をしていたからだ。岩村の大きな仕事の一つに村人に結核の予防注射であるＢＣＧを打ちまくることがあったから、それをわたしも手伝って、パルパ県の山地ではわたしもたくさんの村人にＢＣＧを打った。「三瓶君は日本の看護婦さんより注射がうまい」などとおだてられて……。

わたしは、ある時は梅毒の赤ちゃんのお尻にペニシリンを打った。尾骶骨と、お尻の山の頂点にある骨との中間に注射針を静かに刺していって、こつんと骨に当たったら一センチ引いて、そこで静かにかなりの量のすべてのペニシリンを打ち込むと教えられて、そのとおりに上手にやった。また、ナワルパラシ県のタライ平野の、天然痘が今まさにはやっている村に入る直前には、岩村がわたしの肩に、わたしが岩村の肩に天然痘の予防注射を打った。針で細かく何度も刺す注射である。ふたりとも天然痘の予防注射を打っていたが、天然痘がはやる村を前にさらにもう一度、予防注射を打ったのだ。岩村はあらゆる種類の病気の治療をした。ある時は、腹水が腹にたまって腹がふくらんだ男の腹を二センチほど切り開き、切ったところにピンセットを差し込んで、ピンセットの先から腹水をじゃあじゃあと外に流して手術をしていた。豪快である。ある時は、歯が痛いという患者がいて、ペンチで歯を抜いていた。その時、患者の後ろにまわって、首から上の頭を腕で羽交い絞めにして、岩村が歯を抜くのを手伝ったのはわたしだ。

あるいは、パルパ県の山地で岩村は若い美しい女性（チェットリ族）の梅毒の治療をしていた。岩村はある時、村長の家に呼ばれた。わたしも一緒に行こうとすると、岩村は、患者が若い女性だから一緒に行くのはだめだと言った。治療から戻った岩村が女性は梅毒だと教えてくれた。村長に、若い娘を夜は外に出ないように監視しなきゃあだめじゃないかと岩村は言った。でも、どうしても外に出てしまうと村長は答えたそうだ。パルパ県の山地の道中で道に落ちていた藁（わら）と花との小さな固まりをこれはマガル族における逢引（あいびき）の合図だと岩村が教えてくれた。生きるということは食べることと恋をすることである。パルパ県の山地ではマガル族における恋の駆け引き（逢引）が活発だった。

　ナワルパラシ県のタライ平野の原生林のなかにある集落でのことである。ある裕福な民家で結核患者（三〇歳代の男性）の治療をした。あとで、岩村はこう言っていた。患者は裕福だから、ネパール人かインド人かの医者がわざと結核を治さないのだそうだ。そして長期間、治療代や薬代をむさぼる。ありえることだと思った。またある時は、原生林のなかに忽然と大きな木造人家が現れ、行くと、キリスト教徒の白人女性たちが七、八人いて、布教のために診療所を経営していた。いま思うとカトリック教徒だったかなと思う。このように、自然の大自然のなかには次から次へと飛び切りにおもしろい物語が隠れていた。だから、観光地を目指す人の気持ちがわたしにはまったくわからない。

　岩村の診療治療代や投薬する薬代は有料であった。だから、いちいち、わたしが診療治療代・薬代を徴収した。現金がなければ、替わりに大根とか菜っ葉といった農作物で物納してもよい。この物納された農作物はわたしたちを泊めてくれた村長に分け与えたものと思われる。貧しい農民たちは農作物を持ってきて物納した。しかし、岩村がいうにはバフン族には気を付けろ、彼らは診療代を出さないでこそこそと逃げるから、追いかけて診療代を取ってくれと言う。だから、その場合にはわたしが追いかけていって診療代を払わせた。

パルパ県からナワルパラシ県にまたがる山地から東に向かって降りてくると、さらに東にあるチトワン県との境界にあるナラヤニ（Narayani）河という巨大な河にぶつかる。当時、河には橋がなく、一度、西側のナワルパラシ県側から東側のチトワン県側に河を丸木舟で渡り、さらに五キロメートルほど徒歩で下って、チトワン県側（東側）からもう一度、ナワルパラシ県側（西側）に丸木舟で渡り、タライ平野の広大な原生林（文字通りジャングル）に突入する。そして、人が歩く道だけを頼りに何日も歩いた。そのとき、タライ平野の原生林（ジャングル）とはどういうものかを見たし、ナラヤニ河の対岸（南岸）に二、三〇頭近く（！）の、鼻先の細長い鰐（インド＝ガビアル［Indian gharial または Fish-eating Crocodile］、いまでは絶滅危惧種）が陸上でずらりと並んで日光浴をしているのを、ナラヤニ河を筏でくだりながら見た。また、わたしたちは寝袋の中ではねる蚤と格闘した（これはパルパ県の山地でだった）し、わたしたちの下着に付く虱も取った（これはナラヤニ河を筏でくだったときのことだ）し、いまでは絶滅した天然痘という病気も見た。『わがふるさとネパール――ネパール通信２』（一九七〇年）の最初にある七枚の写真のなかで二枚目の写真に、岩村が男の子を背中から抱くようにして診察している写真があるが、それは天然痘にやられて熱が出ている子どもを岩村が診察している写真である。また、わたしは、梅毒の赤ちゃんの尻に咲く、梅の花のような梅毒の潰瘍も見たし、原生林のなかに忽然と現れるタルー族の萱葺き屋根の村も見たしで、インド象とベンガル虎とインド犀以外には大抵のもの、野生の大自然を既に見ている。

この二一日間に渡る診療の旅を終えて、タンセンの町に帰ると検便をさせられたが、わたしの結果は大便に回虫や蟯虫（ぎょうちゅう）、十二指腸虫、ジアルジア（giardia）原虫、アメーバ赤痢原虫の五種が見つかったというものだった。この五種は岩村との「診療の旅」だけでかかったものではない。わたしは一九六八年九月にネパールに入国してヒマラヤ山やその山麓を歩いているから、そういうときにかかったものの蓄積だろう。岩村は、いまどき（一九六九年）日本の若い医師は回虫や蟯虫など見ることもできないので、この大便を日本で売ることができると冗談に言っていた。しかし、この五種の寄生虫・原虫は岩村からもらった薬で駆逐してしまった。わたしは「健康保菌者」（無症候性の感染者）といって、原虫をばらまきながら本人は下痢（ジアルジアやアメーバ赤痢は激しい下痢をおこす）もせず健康でいられる人間だそうだ。若かったんだ。

ナラヤニ河のほとりに忽然と現れる（タルー族の？）村に泊まったときのことだ。翌朝、朝食を終えて祈りを終えて、岩村がわたしに静かにこう言った。

「三瓶君、聖書にこう言っているところがあるんです。それは、他人の長所を見たらそれをその人に言ってあげないのは罪であるというのです(3)。だから言いますが、君はこれから文化人類学という学問の道に進んだらどうですか。」

これは驚いた。わたしは実はその時、学部の学生であったが、日本に帰ったら本格的に勉強をして文化人類学を学びに大学院に進もうとひそかに決意していたからだ。わたしは一九六八年四月に大学を休学して、ヒマラヤの未踏峰を目指していた。初めはパキスタンの北西辺境州（土侯国）チトラル最北にあるヒンズーラジ山脈の未踏峰（六八〇〇メートル程度）を目指して、三人で五頭のロバと一頭の馬を雇い、二か月のキャラバンをした(4)。山麓の集落にいた小銃を持つ屯田兵に邪魔されて（山登りはだめだと言われた）未踏峰は登れなかったが、同年九月にはネパールに入って、さらにまた一〇月から一一月にはヒマラヤのL峡谷にある未踏峰を今度はひとりで――二人のシェルパ族（案内人と料理人）と五人の荷担ぎ人夫を雇って――目指した(5)。このようにヒマラヤ気違いであったわたしはなぜかヒマラヤの麓の山地に広がる村村で住民と接するのがそれは楽しくて、ネパール語もなぜかぺらぺらとしゃべれるようになっていった。岩村との診療の旅に出たときも、ある村――山の上にあるタンセン町からカリガンダキ河に一度降りて、その河畔にある村であった――に出て、そこで泊まったとき、その村のバフン族の若い村長（三〇歳代）が、わたし（三瓶）に嫁を世話するからこの村にずっと住まないかと言っているぞと岩村から聞いた。村長が、なぜかわたしを気にいってくれたのだ。そこに住めば良かったといまでは思う。農業でもやって、婿さんと言われて威張って暮らし（**42**節参照）、子孫を増やしていたろうか。嫁もふたりぐらいは欲しい。

　わたしが大学院に進んで文化人類学をやろうと決意したきっかけは、カトマンズ市で故＝黒田信一郎（一九三九－一九九一、元＝北海道大学助教授）に出会ったことであった。黒田（当時、三七歳）は当時（一九六九年）、日本の文部省派遣の留学生としてトリブバン大学に所属して、ネパール西部山地にいるグルン族を調査していた。黒田の話を聞いていると、黒田がやっている学問である文化人類学は田舎の村に住んで、そこのことば（グルン語）を覚えて、村人の社会や文化を調査し研究することだという。村人と接するのが大好きなわたし向きではないか。また、黒田は登山とは関係がなかった人である（山を登る奴は野蛮人であるというのが彼の口癖であった）から、田んぼのあぜ道さえもよく歩けないこと（本人はあとで否定していた）を知って、わたしだったら登山家だから、文化人類学は余計わたしに向いているように思えた。また、黒田の人柄も権威主義的でなく、非常に好感を持てたのも良かった。要するに、わたしは、岩村から君は文化人類学の道に進んだらどうかと言われる前に、黒田の影響を強く受けて文化人類学の道に進もうと心ひそかに決意していた。だから、岩村からそう言われて非常に驚いたのだ。

…………

話をチトワン国立公園の入口に戻そう。

要するに、チトワン国立公園の森林の中にある門（入口）に立って、だれも中に入ろうとは言わなかった。だから、わたしたちは公園の中には入らなかった。入ってもただ原生林が広がっているだけだっただろう。

一八時三〇分ごろ、その夜はソウラハに泊まるかどうかの相談になった。わたしは、ラム＝バブ（三八歳）にはソウラハには泊まらないと言ってあった。しかし、ラム＝バブが泊まるように強くすすめるので、ソウラハに泊まることにした。わたしたち三人は、その夜、「the Safari

Wildlife Lodge and Camp」という名前の、ロッジ（別荘）でできた高級ホテルに投宿することにした。それは、高齢のドイツ人によって所有され運営されている有名な、値段の高いホテルであった。一軒の棟（受付と食堂がある）があって、その周囲にいくつかのロッジがある。そこに客が泊る。ホテルの支配人はラム＝バブの妻の弟であった。わたしたちは宿泊料を請求されなかった。支払ったら、高額であったろう。一九時三〇分になって、ホテルで夕食をとった。それから、わたしたちは二〇時一五分から二一時まで、チョウタリ文化館という所で民族舞踊を見た。タルー族の男性が一二人ほどの集団で踊りを踊り、タルー族のほかにも踊り手がいて、六人ほど（三人の男たちと三人の女たち）が踊っていた。この六人はマガル族かグルン族か（いずれも西ネパールの山地少数民族）と思われた。二種類の踊りとも、何かの行事のときに踊るという踊りの必然性がないのに舞台で踊る、まことにつまらない踊りにしかわたしには見えなかった。

さて、寝ようというときに蚊取り線香（中国製）を持っていくことになったが、わたしは中国製蚊取り線香が苦手である。蚊がとれないのに煙だけあがり、わたしはのどを痛める。わたしはホテルの支配人に

「部屋には蚊がいますか?」

と聞いた。蚊がいれば眠れない。すると彼は即座に

「いませんよ!」

と断言した。これを聞いて、わたしはわたしに当てがわれたひとつのロッジに直行して、寝台に

飛び込んで寝た。ところが、ロッジには何匹かの蚊がいて、わたしはその夜、一睡もすることができなかった。ひどいものだ。わたしはS村に乾電池で動く携帯用の蚊遣り（日本製）を持ち込んでいたが、ソウラハでは泊まる予定がなかったので蚊遣りを持ってきてはいなかった。泊る予定であったら、それを持ち込んでいたのに……。

あくる日の朝、ラム＝バブに、わたしは

「昨日の夜は蚊がいて全然眠れませんでしたよ。」

と言うと、彼は非常に驚いて、舌を噛むまねをした。この、長く出した舌を噛むまねをするのは、非常に驚いたことを示すネパール独特の仕草である。彼とディープ＝ナラヤン君とは一つのロッジでふたりでぐっすり眠ったという。蚊はいたが、天井にある扇風機を回して、それぞれが毛布を体にぐるりと巻き付けて寝たそうだ。扇風機がまわっていると蚊がこれない。しかし、扇風機の風で寒いので毛布を巻き付けるというわけだ。なんという良い考えだ。それを誰も教えてはくれなかった。それはそれとして、支配人がわたしになぜ嘘をついたのかわからない。こんなことでは「the Safari Wildlife Lodge and Camp」はやがてつぶれるだろう。

二〇〇一年九月一二日（水）、〇九時、わたしたちはホテルで朝食をとり、〇九時三〇分にはホテルを出て、ジープに乗ってタディ＝バザール（Tadi Bazaar）に向けて出発した。タディ＝バザールとスノウリ観光地との間にあるコンクリート製の橋のところまで行くと、橋が壊れていて歩いて渡らなければならなかった。歩いて渡ると、そこにはたくさんの大型バスが待っていた。

（1）西に向かって、約八〇キロメートル先のスノウリ（Snauli）というインドとネパールとの国境の町行き、
（2）北西に向かって、約五〇キロメートル先のポカラ（Pokhara）というヒマラヤが見える都市（観光地）行き、
（3）東に向かって、約八〇キロメートル先のカトマンズ市行き、

であった。どのバスにもたくさんの白人旅行者が群がっていたので驚いた。この人人はどこから湧いて出てきたのか、わたしはいまだに正確にはわからないが、多分、わたしたちが泊った高額のホテル以外の安い宿（宿は五五軒あるとあとでラム＝バブに聞いた）に大勢いたのではないかと思う。わたしが象に乗ったときにも三組の白人がいたではないか。大型バスは、ゆったりと座れるように座席が後ろに大きく倒れる豪華なバスだったので、わたしはこれにも大いに驚いた。ネパールではこんな豪華なバスが走っていることを初めて知ったからだ。わたしたちはタディ＝バザールまで二、三キロメートルを無料で行くバスに乗って、タディ＝バザールまで出た。

そこで知ったことだったが、タディ＝バザールにある電気器具屋のテレビに人人が群がり、そのテレビにはニューヨーク市が「九月一一日テロ攻撃（the September 11 Terror Attack）」（あるいは「アメリカ同時多発テロ事件」）にやられて世界貿易センタービルが崩壊する映像が流されていた。この映像は衝撃的であった。映像を見ている人人は騒然としていた。この日は、ネパールでは二〇〇一年九月一二日（水）であったが、日付け変更線によって一日遅れの合州国

では九月一一日（火）である。

「九月一一日テロ攻撃」も衝撃的な映像であったが、わたしには以前、広島市にある「広島平和記念資料館」で見た、一九四五年八月六日に広島に落とされた原子爆弾の結果ほどの衝撃はなかった。広島市の広報によると（http://www.city.hiroshima.lg.jp/www/contents/1111638957650/index.html、二〇一六年二月一六日閲覧）、一九四五年一二月三一日までに一発の原子爆弾で約一四万人が死んでいる。「九月一一日テロ攻撃」で死んだのは三〇〇〇人弱に過ぎない。規模が違う。

わたしたちは一〇時三〇分にラム＝バブ（三八歳）の自宅に到着した。そのあとの一時間三〇分間、わたしは、彼の家族構成や財産、父から土地を相続した経緯、彼の商売について彼に聞き、ノートに記録するのに忙しかった。わたしは大いに空腹であったが、ラム＝バブは昼食をとろうとは言ってくれなかった。話が終わると、彼はわたしをオートバイに乗せて、わたしをS村まで送ってくれた。S村に着いたのが一二時三〇分である。ディープ＝ナラヤン君は路線バスの小さいバスに乗ってPバザールまで来て、あとは歩いてS村に戻った。S村ではディープ＝ナラヤン君が昼食を招待してくれた（写真21）。昼食のために鶏が一羽しめられていた（あるいは鶏肉をPバザールで買ったのかもしれない）。鶏を一羽しめるというのはネパールでは非常に贅沢なことだ。わたしを重んじてのもてなしである。ナラヤン君が裕福な農業者であることがわかる。裕福でない場合には、客をもてなすのに鶏卵ひとつである。さらに貧しい農民は人を招く習慣がまったくない。余裕がないのだ。だからバリヤ（四五歳）はわたしを一度も食事に招いていない。と

写真 21．昼食を食べようとする著者（左がディープ＝ナラヤン君）

もかくその昼食を食べてから、わたしは一五時から一九時まで眠りこけた。昨晩は蚊のせいで寝ていないからだ。その日の夜はS村では「九月一一日テロ攻撃」の話題で持ち切りであった。

　これでソウラハ観光地の話は終わる。S村にいるとソウラハ観光地やチトワン国立公園がすぐ近くにあるので、どんな所かとても気になる。一度行けたので、わたしは気にならなくなった。そこは、わたしには本当にたいしたことがない所であった。そんな所になぜ世界中から観光客が集まるのか、不思議だ。

　わたしはなぜか、むかしもいまも観光地が大嫌いである。だから、たとえば東京ディズニーランドなどと聞くと頭痛がするほどいやだ。人が嫌いというのではなくて、きっと、人混みや、人を集めるために造る人工物（土産物屋やホテルやチョウタリ文化館を思い出してほしい）や、集まる観光客からお金をむしり取る資本主義的構造が嫌いなのだろう。わたしは文字通り自然が好きだ。

（1） HORNBY A. S., 1995, *Oxford Advanced Learner's Dictionary of Current English*, Fifth Edition, Oxford: Oxford University Press, 'safari'.

（2）岩村は、岩村が書いたどこかの本で「山登りが好きだからネパールに行った」と書いている。山登りの好きな人はネパールに行きたがる。

（3） 聖書にそう書いてあるところはないと、あとで知り合いのI氏に日本で聞いた。岩村は「人の長所を見つけて人を励ます」のが大好きな人間だ。わたしは、岩村であれ、後で述べる黒田信一郎であれネパールではなぜか良い人と出会えて感謝している。特に岩村の人格は抜群に良かった。

（4） 三瓶清朝、一九七〇年「ヒンズークシの金髪娘――ギリシャ人の末裔カフィール族を訪ねて（パキスタン）」『アサヒグラフ』二四四二号（一九七〇年一〇月一六日号）朝日新聞社、五四－六一頁。

（5） 三瓶清朝、一九七〇年、題名はおぼえていないが、わたしは雑誌『山と渓谷』（何月号に載っているのかは不明）にこのL峡谷登山記を一五頁ぐらいに渡って書いている。このヒマラヤ山登山の中で標高五〇〇〇㍍付近の雪の尾根上に大きな足跡（複数）に出会った。中年のシェルパ族案内人がこれを雪男の足跡だといって震えたのはこの時である（本書「まえがき」参照）。その時の「足跡」の写真もこの登山記に載せている。

33　一代で大地主になる

ラム＝バブ＝ギミレ（三八歳）はプルビヤ＝バフン族である。わたしが一九七九－一九八〇年にS村にいたころ、S村でわたしに会ったという。その時、彼は一六歳か一七歳であった。それから彼は一九八九年から一九九〇年にかけて日本に行って、東京にある日本語学校で二年間ぐらい日本語を勉強したそうだ。その時、彼は二六歳か二七歳であった。一九九三年にわたしがカトマンズで彼に会ったとき、彼は九州東海大学農学部に行こうとしていたころで、わたしに助言を求めていたそうだ。

次にわたしに会ったのはS村で、わたしが今回、S村に到着した二〇〇一年九月六日（木）の翌翌日の九月八日（土）のことだ。わたしは、彼がなぜ九州東海大学に行かなかったのかを聞いた。

「九州東海大学で何が起きたんですか？」

「九州東海大学はわたしに受け入れの手紙をくれました。しかし、ちょうどそのころ父が持っていた土地を相続するという難しい問題が起こり、日本に行くのをあきらめました。それからB村（S村の南隣り）にある土地を売って、わたしがいま住んでいるタディ＝バザールに土地と家屋を買って、ソウラハ観光地にホテルを買い、象を一頭買いました。わたしはいま、ふたりの常勤の従業員をかかえていて、一〇月から五月の観光の季節（乾季である）には四人の非常勤従業員を雇います。」

つまり、彼はいまソウラハでホテルを持ち、その所有者でもあり経営者でもあるというのだ。では、なぜ九月一一日（火）に彼のホテルに行かなかったのか。多分、雨季だから閉めていたのであろう。

彼の父は、中部ネパール山地のゴルカ（Gorkha）県で二五―二六ロパニの土地を持っていた。一ロパニが五〇八平方メートルだから、

一万二七〇〇平方メートルから

一万三二〇八平方メートル

である。シェル＝バハドゥール＝デウバ（二〇〇一年当時の首相、7節参照）が出していた「土地改良法」の山地における所有上限が三〇ロパニであるから、二五―二六ロパニは富裕な土地持ちであったろう。彼の父は、六〇年以上も前の一九四〇年代に山地のゴルカ県から平野のチトワン県B村に下りてきた。

父がB村に降りてきたときB村のジムダールはタルー族で一五〇―二〇〇ビガーの土地を持っていた。一ビガーは六七七二平方メートルだから、

一〇一万五八〇〇平方メートルから

一三五万四四〇〇平方メートル

の土地を持っていた計算になる。当時のB村のジムダールは相当に裕福であった。

さて、ラム＝バブの父は農業者としても稼ぎ、ヒンズー教の司祭（*purohit*、ネパール語）としても稼ぎ、最終的に一三―一四ビガーを所有した。つまり、

八万八〇三六平方メートルから

九万四八〇八平方メートル

の土地を所有した。これは、タライ平野でも富裕層の農業者だといえる。父は、その七八年の生涯（一九二〇―一九九八）にタライ平野に下りてきてから、元の土地の約七倍の土地を得たことになる。大地主になった。

「司祭としての父の仕事（祭礼時の神礼拝や、通過儀礼の時の神礼拝）と交換に、ある時は牝牛を、ある時は土地をもらっていました。」

とラム＝バブは語っている。S村でおこなわれた葬儀に関するわたしの「覚え書き」によると、司祭は南に帰っていったから、多分、S村の南にあるB村の司祭、つまり、ラム＝バブの父である可能性が高い。この司祭がもらった物は「現金といろいろな物」[1]であるが、現金とはいったいいくらの現金だったのか、また「いろいろな物」とは具体的に何であったのかがわからない。これもしっかりと記録すべきであった。わたしの記憶によると、「いろいろな物」のなかには鍋・釜や「子牛」（牝牛）が入っていたような記憶がある。また、土地をもらったのかどうかも調べ

るべきであった。

わたしは、「貧しいブラーマンが山からタルーの村に下りてきて司祭をすることで土地をもらい金銭をもらいして稼ぎ、一代で大地主になった例をわたしは身近に知っている」と言っている[2]が、このブラーマンとは、この葬儀の時のブラーマンのことを言っている。しかし、その具体的な手法や具体的な数値はわかってはいなかった。この、ラム＝バブの話で具体的な数値が明らかになった。また、「貧しいブラーマン」というのは誤りであることもわかった。ゴルカ県ですでに二五－二六ロパニの土地を持っていたのだから、「山地では裕福なブラーマン」に訂正すべきだろう。しかし、「山からタルーの村に下りてきて司祭をすることで土地をもらい金銭をもらいして稼ぎ、一代で大地主になった」というのは間違いがない。山から下りてきたときから約七倍の土地を得ている。

しかし、まだわからないことがある。生涯で約七倍の土地を得たというが、それは農業者として稼いだ分と、司祭として稼いだ分と、それぞれがどういう割合であるのかがわからない。司祭をしない農業者であったら、二五－二六ロパニの農地をタライ平野で生涯に約七倍に増やすことが可能かどうか、またいずれ、ディープ＝ナラヤン君に聞いてみなければならない。いまのわたしにはわからない。「司祭になればそれなりの収入の道が開ける。何十軒かの施主（檀家、*jajmān*、ジャジマン）をかかえるとある程度の安定した収入が得られる」とピルビヤ＝バフン族の友人に聞いたことがあるので、多分、増やした分の半分ぐらいは司祭の仕事のおかげではなかったか。

（１）　MIKAME、一九九〇年、既出論文（**29**節注１参照）、一五二頁。
（２）　三瓶清朝、一九九七年、既出書（**1**節注２参照）、二〇九頁。

34　資本の運用（ホテル経営者）

以下は、ラム＝バブ（三八歳）の資本運用の物語である。ソウラハに合計で五五軒あるホテルのうち、その一軒のホテルを運営するひとりがどうホテル運営に着手して、どう経営し、どう稼ぐかの参考にしていただきたい。

ラム＝バブの父はふたりの妻を持っていた。ひとりの妻の息子がラム＝バブで、B村に住んでいた。もうひとりの妻は四人の息子を持って、Pバザールに住んでいた。一九九一年に（?）、ラム＝バブは農地を二ビガー一〇カター、宅地を六カター相続した。前に述べたように（**7**節）、一ビガー（六七七二平方メートル）は二〇カターで、一カター（三三八平方メートル）は二〇ドゥール（一ド

ウール＝一七平方メートル）である。つまり、彼は農地で、

　一万六六九二四平方メートル

を相続し、宅地で

　二〇二八平方メートル（六一四坪）

を相続した。一九九五年に、彼はこの農地を二五〇万ルピーで売り、宅地を五〇万ルピーで売り、合計三〇〇万ルピー（四八一万五〇〇〇円）を手にした。

　一方、彼は、一九九一年にタディ＝バリールに一カター一三ドゥール（合計、五五七平方メートル、一六八坪）の宅地を二〇万ルピー（三二万一〇〇〇円）で買い、そこに三階建ての鉄筋コンクリート製の建物を、七〇万ルピー（一一三万一〇〇〇円）使って建てた。三階建ての建物のうち上階の二階と三階を彼が使って、家族（妻、二人の息子、母）と五人で住んでいる。一階は貸家として店に貸し出していて、賃貸料が月に九〇〇〇ルピー入る。彼の家は東西に走る国道（ネパールではハイウエイと呼んでいる）に面していて、立地条件はきわめて良い。

　一九九四年（?）に、彼はソウラハ観光地に一〇カター（三三八〇平方メートル、一〇二四坪）の土地を五〇万ルピーで買い、（いくつかのロッジ［別荘］からなる）ホテルを一一〇万ルピーで買った。一九九五年に彼はそこに一〇棟のロッジ付きのホテル（その名前はわからない）を開いた。ホテルは六月から九月は雨季なので閉まっていて、開けるのは乾季の一〇月から五月までである。ホテルはソウラハ観光地に五五軒もあるが、彼がホテルを開いて五年後の二〇〇〇年になって、

急に儲かり始めた。なぜなら、観光客はインドからも来はじめたし、ネパール全土のボーディング学校から生徒の集団が遠足か修学旅行かで来はじめたからである。二〇一六年、中国から観光客がソウラハ観光地に押し寄せて来ていると想像される。ラム＝バブのホテルも大儲けだろう。

彼がいつ象を買ったのかは、わたしのノートには記録がない。多分、ホテルが軌道に乗ってから買ったのであろう。彼は、四五歳になるメスの象を一頭、三五万インド＝ルピー（一インド＝ルピーは一・六ネパール＝ルピーだからネパール＝ルピーで五六万ルピーした）で購入した。いまや、ホテルの利益は、従業員の給与を除いて年に三〇万ルピーから五〇万ルピーになるという。わたしたちが泊った例の「the Safari Wildlife Lodge and Camp」などは、ドイツ人が運営するホテルとして有名だから年に一〇〇万ルピーを稼ぎだすと彼はいう。そこでは一本一〇ルピーのミネラル水を三五ルピーで売るのだそうだ。

彼は、二年前の一九九九年にはソウラハ観光地の中心地に一カタハー（三三八平方メートル、一〇二坪）の宅地を二〇万ルピーで買い、三〇万ルピーをかけて一階建ての鉄筋コンクリート製の建物を一棟たてた。この宅地と建物の費用はホテルからの利益でまかなった。建物は左右に二つの部分（店舗）からできていて、向かって左の店は月に五〇〇〇ルピーで貸してある。右の店はいま準備中で、店のもうけの半額を家賃としてもらうように予定している。

要するに、彼は相続した土地を元手に三〇〇万ルピーを手にした。それを元手に九〇万ルピーで自分が住む家を買い、一六〇万ルピーでホテルを買い、五六万ルピーで象を買った。この費用は合計で三〇六万ルピーである。

彼は、タディ＝バザールの、自分が住む家屋の一階にある店から毎月、九〇〇〇ルピーを手にするから、一年間で一〇万八〇〇〇ルピーを手にする。また、ソウラハ観光地の貸家の一軒から毎月、五〇〇〇ルピーを手にするから、これで一年間で六万ルピーを手にする。さらに、毎年、ホテルから従業員の給料を引いて三〇万ルピーから五〇万ルピーの利益が入る。この二軒の貸家代とホテルの利益とをたすと、一年間に四六万八〇〇〇ルピーから六六万八〇〇〇ルピーのお金がはいる。（ただし、これには象からの利益と、貸家の右部分の賃貸料が入っていない。）

この四六万八〇〇〇ルピーを月額になおすと月に三万九〇〇〇ルピーになり、六六万八〇〇〇ルピーを月額になおすと月に五万五〇〇〇ルピーになる。これが、ソウラハ観光地のホテル所有者兼経営者の月額の収入である。オミラ（四六歳）の事務所における大学卒の事務員の月額給与である六〇〇〇ルピーや一万ルピーと比較していただきたい。

親に財産があると、その子どもも――決断力と実行力があるなら――裕福である。ラム＝バブの父親の財は司祭ができるプルビヤ＝バフン族ゆえに築かれた。ヒンズー教はプルビヤ＝バフン族だけに司祭の資格を認めている。

第八章　シター＝カナル（女性、四二歳）

35 シターＩカナルとの付き合い

シターＩカナル（Sita Khanal、女性、仮名、四二歳、プルビヤＩバフン族）は一九六九年六月以来、三二年前からの知り合いである。出会ったとき、シターは一〇歳のかわいい少女であった。わたしはそのとき二四歳であった。わたしは、一九六九年四月から六月までの三か月間、カトマンズ市内にある世界言語大学（Biswa Bhasa College）で日本語の臨時講師をしたことがある。Ｏさんという常勤の日本語講師（日本人男性）が用事で三か月間ほど日本に行くことになり、その間、依頼されてその代役を勤めた。日本語の学級は早朝の一学級しかなく、それは上級コースで、生徒はひとり、女性であった。

その女性生徒はミタ（仮名）という名前で二三歳であった。彼女は自分の母の兄、つまり日本語でいう「おじ」の家に住んでいた。この、母の兄や弟をネパール語でママ（*māmā*）というが、そのママの家に二歳から住んでいた。ある時、このミタがわたしを自宅（ママの家）に食事に招待してくれた。ミタがわたしを食事に招待してくれた時に、わたしは初めて一〇歳のシターに出会った。シターはミタのいとこだと紹介された。シターはママの一人娘であった。ママには息子はいなかった。

読者はお気づきだと思うが、ネパールでは、ある人に世話になったとか、ある人に感謝したい、お付き合いを強めたいというときに自宅に食事に招待することが多い。外食ではなくて自宅である。自宅の食事は安全である。下痢をしない。カマラ＝カント（四九歳）の場合は軍隊の将校用宿舎での食事であったし、ラム＝バブ（三八歳）の場合はホテルでの食事であったが、それは例外である。それにしても、わたしにとって外食は鬼門だ。下痢をする可能性があるから、とにかく避けたい。また、バリヤ（四五歳）はわたしを食事に招待していないが、それは彼が貧しいからである。人を客として招待する、招待できる金銭的余裕や習慣がまったくない。

一九八〇年六月、シターが二一歳のときに、ラム＝カナル（Ram Khanal、二二歳、仮名）と結婚した[1]。わたしは、一九八二年にも一九八四年にも一九九一年にも一九九三年にもカトマンズに調査に出かけていたが、その機会にシターに会っている。シターはバネソールというカトマンズ市内の東にある地域で、その夫と、夫の両親と一緒に住んでいた。

一九八四年八月－九月にわたしが調査でカトマンズに滞在していた時、シター（当時、二五歳）はある日本人老夫婦が経営していた木戸ゲストハウスの受付をしていた。というのも、彼女は、その受付の仕事の前に世界言語大学（いまではキャンパスという）で二年間の日本語課程を終了していて、日本語がよくできたからである。いとこのミタのあとを追って日本語を勉強したわけだ。シターは、ネパール随一の名門女子大学であるパドマカンニャ（Padma Kannya）女子大学で（オミラ［四六歳］もここを卒業している）二年間学んでトリチャンドラ大学（Tri-Chandra College）に移り、そこで政治学を学んで卒業した。大学で使用する言語は英語であった。シターは、ゲストハウスの受付の給与が安いとわたしにこぼしていた。受付の仕事は、一時間、六一八ルピー（九円－一二円）の時給だという。これにはわたしも驚いた。というのも、彼女は、ネパール語はもちろんのこと、英語はできるし、日本語はできる。そして、非常に親切だし、明るいし、何よりもてなし上手であるからだ。これは、雇い主がシターの能力を高く買っていなかった証拠である。

一九九一年七月から八月、シターは三二歳であった。彼女は専業主婦をしていて、八歳の娘と五歳の息子を持っていた。この時、わたし（当時、四六歳）はネパール語の親族関係名称を調査していて、シターに、それをわたしに教える家庭教師をお願いした。二か月間、毎日、午前中に一時間、シターの実家（プタリサダク地区にあった）で親族関係名称を聞いて調べた。その調査は非常に単調なものだったが、その調査が終わってから、シターの母が出してくれたお茶（チヤ）を飲みながら三〇分ほどシターとおしゃべりをするのが楽しみであった。シターは明るく親切で、ことばの感覚が精密で、ユーモアの感覚が豊かであった。この時のシターとの対話がのちに『ネパール紀行――文化人類学の旅』（一九九七年）という本を生んだ。

一九九三年八月－九月、シターは三四歳であった。その時、彼女は主婦であり、同時にドイツ系製薬会社の常勤事務員をしていた。この時、朝の七時から八時まで一時間、シターの実家でシター相手にネパール語の、親族間における「自称詞・対称詞」の調査をした。そのあとシターは出勤した。

「自称詞」とは、簡単に言うと対話をする時に自己に言及することばで、たとえば日本語では「お父さんは行かないよ」という時の「お父さん」とか、「先生のほうを向いてね」と言う時の「先生」とか、「わたし」とか「ぼく」「おれ」のことである。また、「対称詞」とは、対話をするときに話し相手に言及することばで、たとえば日本語では「お母さんはきれいだね」と言う時の「お母さん」とか、「先生は背が高いですね」と言う時の「先生」とか、「あなた」とか「きみ」「おまえ」である。この自称詞・対称詞についてはあとで（***39***節）でもう少し詳しく説明する。

これから、シターの財産や仕事、プルビヤ＝バフン族の通過儀礼のいくつかを述べる、まず、シターの財産である。シターの財産は土地という形で保有されていて巨大である。

（1）三瓶清朝、一九九七年、既出書（***1***節注2参照）、三七－三八頁。

36　財産と仕事

二〇〇一年八月–九月、シター（四二歳）は、一九九三年と同じように同じ製薬会社で常勤の幹部事務職員として働いていた。そして同時に主婦であった。シターはカトマンズ市の東、約三キロメートルにある「古いバネソール（Baneswar）」という高級住宅街（町）にある一軒家に彼女自身の両親とともに住んでいた。彼女の両親は、一九九四年にプタリサダク地区という、カトマンズ中心街（旧市街）の東一キロメートルの地区にあった土地と家を売って、いまの町に引っ越してきた。二〇〇一年八月–九月には、そこに彼女の夫（四三歳）と娘（一八歳）と息子（一五歳）が彼女の両親と一緒に住んでいた。父は八〇歳になり、母は六二歳になっていた。このバネソールの家は鉄筋コンクリート製の三階建てで、土地は一ロパニ（*ropanī*、五〇八平方メートル）と五アナ（*ānā*、一ロパニ＝一六アナだから一アナ＝三一平方メートルで五アナは一五五平方メートル）、つまり合計六六三平方メートル（二〇一坪）である。家は中古住宅である（写真22）。

シターの、プタリサダク地区にあった昔の家は、一ロパニ（五〇八平方メートル、一六三坪）の土地と三階建ての古い鉄筋コンクリート製の家屋と鉄筋コンクリート製の三軒の貸し家（一階建て）がある。それを一九九四年に一四二〇万ルピー（二二七九万円）で売ったそうだ。同じ年にこの

写真22．シター（家の玄関で）

バネソール町の一ロパニと五アナ（六六三平方メートル、二〇一坪）の土地とそこに建つ三階建ての家屋と一階建ての家屋の二つの家屋がある中古住宅を五五〇万ルピー（八八二万円）で買った。新しく購入した家はシターの夫の両親の家の近くだそうだ。一四二〇万ルピーと五五〇万ルピーとの差は八七〇万ルピー（一三九六万円）である。これがどうなったのかはまだ聞いていていない。

バネソール町に購入した土地と家とは父の名前で登録された。母の名前で登録することもできるそうだ。ネパールの法律では両親の土地は息子だけの均分相続である。しかし、シターはひとりっ子であるから、もちろんこの財産を相続する。また、シターの父は二〇〇三年三月に八二歳で亡くなった。シターの母がその後、どうしているのかまだ聞いていない。二〇一六年二月現在、わたしはシターとは音信不通である。電話も携帯電話も電子郵便も通じない。何年か前には、バネソール町からカトマンズ市北の郊外にあるマハラジガンジという町に引っ越したと聞いている。それから彼女とは音信が途絶えているが、オミラ（四六歳）に聞けば電話番号はすぐわかるはずだ。

バネソール町の、彼女の両親の土地と家だが、一階の一部がアパートとして貸し出されていた。アパートは二部屋の寝室と台所兼食堂と風呂兼便所（a bath-toilet room）とからできている。このアパートは月に三〇〇〇ルピー（四八〇〇円）の家賃で、五年前からプルビヤ＝バフン族の三人家族に貸し出されている。その借り主の男性は人権に関するＮＧＯに勤めているそうだ。

シターの家屋における一階にはアパート以外の別の部分が三部屋あり、それはシターが使っている。一部屋は立派な客間であり、もう一部屋はシターの夫の書斎（研究室）である。シターの夫は保健関係の専門家[1]（疫学または流行病学）であるが、二〇〇一年八月－九月は失職中であった。一階にはもう一部屋あって、それは風呂兼便所である。

シターは、以上の家屋以外にもう一軒、敷地内に一階建ての鉄筋コンクリート製の家屋を持っていて、それはチェットリ族の家族（四人）に七年前から貸してある。この家族には、シターの両親の世話をするという交換条件で家を無料で貸し出している。この家族の夫は学校の幹部事務員をしている。この家族とはシターもその夫も昔からの親しい友人だそうだ。

まだシターの財産がある。それはカトマンズ盆地のどこかにある六アナ（一八六平方メートル、五六坪）の土地である。シターはこれを一七〇万ルピー（二七二万八〇〇〇円）で買い、彼女の名前で登録してある。いつ買ったのかはわたしにはわからない。二〇〇一年八月−九月にはシターはこの土地を売ろうとしていたが、少なくとも二〇〇四年一月現在ではまだ売れていなかった。

シターの仕事について述べよう。

シターはここ一〇年間、H会社という名前の、ドイツ系製薬会社の幹部事務員をして働いている。事務所は製薬工場の中にあって、工場は約三〇種類の薬を作っている。製薬工場はティミ（Thimi）町という、カトマンズ市から東に八キロメートルばかりのところにある町にある。工場の労働者数はわたしにはわからないが、本部事務所に勤める職員は六五人いる。シターの月額給与は一万ルピー（一万六〇〇〇円）である。賞与が年に一度、三〇〇〇−六〇〇〇ルピー出る。シターは管理運営（具体的に何かは不明）の係りをしていて、その係りの長をしている。彼女の下に四人の事務員がいる。この工場の社長はインド人である。

一般的にいうと、特に政府の役所では勤務時間は〇九時から一七時であり、休日は土曜日と日曜日である。ネパールは伝統的に土曜日が休日であったが、新しく日曜日が付加された形だ。それに対してシターの工場では休日は土曜日一日だけである。前に述べたオミラ（四六歳）の職場では土曜日一日だけが休日で、平日の勤務時間は一〇時から一八時である。通勤で混雑する時間をずらしている。勤務時間について、シターの工場では以前は一〇時から一七時三〇分が勤務時間であったが、いまでは〇八時から一五時三〇分が勤務時間である。だから、夕方、安全に帰宅することができる。「安全に」というのは、当時（二〇〇一年八月−九月）ネパールは政府（警察および軍）とマオイスト（ネパール共産党毛沢東派）との内戦の真っ最中であったから、世の中は物騒であった。この勤務時間体制は従業員が望んだものだそうだ。工場は、カトマンズ市とティミ町との間に往復バスを走らせている。片道、四五分かかる。だから、シターは〇七時にバネソールの自宅を出て、一六時一五分には自宅に帰ることができる。これが、一六時三〇分から一時間の、シターとの面接調査がわたしに可能だった理由である。

次にシターの職場の勤務時間体制を述べる。

（〇八時から勤務が始まるのに）〇八時三〇分から〇九時まで「お茶の時間（tea time）」で休憩である。お茶（チヤ）とビスケットが配られて無料である。昼食時間は一一時〇〇分から一二時三〇分までである。この昼食は会社から支給される。従業員はこの昼食のために月に四五〇－四七五ルピー支払う。それから一四時から一四時三〇分まで再度の「お茶の時間」がある。一五時三〇分になると従業員は会社を出てよい。随分、休憩時間が長い。お茶の時間が合計一時間あって昼食時間が一時間三〇分であるから、拘束時間は七時間三〇分だが、実働は五時間である。また、シターは時時、二〇時まで仕事をしなければいけないことがあるが、この時は夕食が出るそうだ。この七時間三〇分の拘束時間が工場労働者もそうなのか、シターが勤める本部事務職員だけがそうなのか、いまのわたしにはわからない。

しかし、こうした勤務体制が、私企業のだいたいの勤務時間体制ではないかとわたしは思う。勤務条件はとてもよい。

（1）epidemiology（疫学または流行病学）の専門家で、ベルギーにあるUnversite libre de Bruxelle（ULB、ブリュッセル自由大学）の文学修士号（MA）を持っている。epidemiologyという学問になぜ文学修士号が出るのかはシターにもわたしにもわからない。

37　家族と使用人

シター（四二歳）は、いまの彼女の実家に父（八〇歳）と母（六二歳）と夫（四三歳）と娘（一八歳）と息子（一五歳）とで住んでいる。三世代、合計六人である。

シターの夫（四三歳）は、名刺によると「Health Development Analist」というもので日本語にすると「健康増進分析家」ということになるが、日本ではそれに対応するものがないのではっきりしない。彼は一九九一年以来、定職を探しているが、まだない。しかし、なくとも彼には少なくとも月に七〇〇〇ルピー（一万一二三五円）の家賃収入がある。

彼は、彼の父の土地に接続して土地と建物を持っていて、その土地の大きさは一四アナ（一アナ＝三一平方メートルだから四三四平方メートル、一三一坪）である。その土地と建物とは学校に貸してあり、そこから月に七〇〇〇ルピー（一万一二三五円）の家賃（兼土地代）が入る。また、彼の父（六二歳）はこの高級住宅街の「古いバネソール」に二ロパニ（一ロパニ＝五〇八平方メートルだから一〇一六平方メートル）八アナ（二四八平方メートル）、合計で一二六四平方メートル（三八三坪）の土地とそこに建つ家とを持っていて、そこに住んでいる。この土地の大部分は学校（多分、ボーディング学校［教室内使用言語に英語を使う私立学校］だろう）に貸してある。学校はいくつかの教室をこの土地に建てている。賃料は一万五〇〇〇ルピー（二万四〇〇〇円）である。シターの夫は遅かれ早かれこの土地を相続する。彼はひとり息子で、彼には妹がいる。しかし、彼の妹は既婚者で、花嫁持参金という形で相続が済んでいるから、両親が死んだら彼ひとりが父の土地を相続する。

シターの娘（一八歳）は大学生で経営学を学んでいる。息子（一五歳）は高校生である。シターの娘ハジュラ（Hajura、仮名）は大学生でありながら、すでに『*Teenagers' Magazine*』（『一〇歳代誌』）という、ニュースを専門に扱う英語の商業雑誌をカトマンズで発行する出版社を起こしていて、編集長でもあった。彼女はその後、ロンドンの、ある大学院に留学して、ロンドンで結婚して子どももいるという話であった（二〇一四年、シター談）。息子は、アメリカ合州国の大学（学部）に留学して暮らしているということであった。富裕層や中間層の願いは子どもたちを連合王国（United Kingdom、日本語でいわゆるイギリス）かアメリカ合州国に留学させることであるので、それが実現している。ふたりとも前に述べたオミラの弟さんとは違い、私費留学であろう。

シターの家の敷地には一つの掘っ建て小屋がある。その中にグルン（Gurung）族の、二〇歳と一二歳の兄弟がふたりで住んでいる。グルン族は、西ネパールの山岳地帯（ポカラ市北方および東方）に住む、チベット＝ビルマ語系のグルン語を母語とする少数民族である。二〇一一年の国勢調査によると、ネパールの総人口二六四九万四五〇四人のうち、グルン族は五二万二六四一人いて、一・九七％しかいない（Central Bureau of Statistics, 2013: 31）。グルン語を母語とする人たちはさらに少なく、三二万五六二二人（一・二三％）である（Central Bureau of Statistics, 2013: 28）。グルン族という民族意識を持つ人のうちグルン語を母語とする人は六二％しかいない。およそ二〇万人のグルン族がグルン語という母語を捨てて、ネパール語を母語としていると思える。グルン族とは先ほど述べた故＝黒田信一郎が一九六八－九年に調査をしていた、西ネパール山地の少数民族である。グルン族はマガル族とともに世界最強の傭兵軍隊であるグルカ兵の核をなす少数民族である。

シターの家にいるグルン族兄弟のうち兄（二〇歳）はシターの会社の常勤職員である。シターの会社は職員を五段階で分けていて（なにを基準に分けているか不明であるが、多分、学歴だろう）、この兄は一番低い第五段階の職員である。彼は第六学年（日本における中学校の一年生）を終えている。この兄（二〇歳）の、会社での仕事は庭仕事である。給与は月に二七〇〇ルピー（四三二三円）である。

弟（一二歳）は第七学年（中学校の二年生）である。彼は、二年前からシターの家のいろいろな雑用をこなしている。雑用とは、庭の草花に水をやること、ときどきお茶（チヤ）を作ること、シターの家の二匹の犬の世話をすること、シターの家族がおこなう神礼拝のために庭の花を取ってくること、シターの息子（一五歳）の部屋を掃除することなどである。こういう仕事（雑用）と交換に、シターはこの弟の食事や学校授業料、教科書、ノート、筆記具、衣服、必要なときに病気の診察代・薬代などを負担する。シターはこの弟に現金をあげることはしない。この兄弟の世帯は食べるのに困ることはないが、弟を学校に行かせることはできない。

この兄弟の母が腰痛を訴えていて、時時、田舎からカトマンズ市に出て来て、医者に腰痛を診てもらっている。この母がカトマンズ市に出てくるときにはいつも、シターはこの母に診察代や薬代として五〇〇ルピー（八〇〇円）をあげている。二〇〇一年八月二八日（火）にもたまたま、この母がカトマンズ市に来ていて、この兄弟の小屋に泊まって、翌日には帰っていったそうだ。わたしは全然気が付かなかった。

ひとり、チェットリ族の中年女性がシターの家に来て、鍋釜や食事の皿（大きな金属製）を洗っていく。〇五時から〇六時三〇分までこの女性が来て、シターの家族が前日に使用した鍋釜や食器を洗う。さらに一一時から一二時まで、あるいは一三時までまた来て、その日の朝食の鍋釜や食器を洗う。彼女は朝、来たときにその日に作った朝食（これを作るのはシターの母である）をもらい、それに加えて月に一〇〇〇ルピー（一六〇〇円）の給与をもらう。シターの家にはほかに、四人の子どもたちが来て、衣服を洗濯する。この子どもたちに月に五〇〇ルピー（八〇〇円）支払っている。この子どもたちのカーストは聞きそこなったが、ネワール族にドビ（Dobi）と呼ばれる洗濯カーストがあるので、多分それだろう。洗濯は、カトマンズでは一般的に「最低の」（とバフン族はいう）カーストがおこなう職業である。

便所兼風呂場はだれが掃除をするのか。シターが育った元のプタリサダク区域の家では毎日、チャーメ（Cyame）と呼ばれる、ネワール族の掃除カーストの中年女性が便所掃除に来ていた。チャーメは街路掃除や便所掃除を専門的職業とする、ネワール族のカーストである。ネワール族はネワール族内に独特のカースト制度を持っている。

シターの家では、いまだれが便所兼風呂場を掃除するのか。いまのシターの家ではだれでも手があいている者が、シターであれその夫であれ娘であれ息子であれ掃除をすることになっている。わたしが見たかぎり、シターの家の便所兼風呂場は清潔であった。

石井溥氏はいつかわたしに、カトマンズの富裕な家庭が使う使用人のカースト間関係を調べたらおもしろいですねと言っていたことがある。ほんとうにその通りである。石井氏の関心はいつも徹底的にカースト間格差である。石井氏は問題をいつもカースト間格差に設定しているからこういう問題が問題として出てくる。しかし、わたしには出なかった。せっかくだからこのとき（二〇〇一年）シターの家庭におけるこの使用人のカースト間関係をもっとよく調べることをすればよかった。わたしはカースト間関係についての問題意識が低い。そして当然ながら、それこそそのカースト間関係におけるそれぞれの自称詞・対称詞・他称詞の使われ方をこのとき（二〇〇一年）に調べればよかったではないか。二重の意味でわたしはだめだ。

ついでに言うと、シターの家では自家用車は持っていなかった。

38 通過儀礼のいくつか

バフン族やチェットリ族の人人は少なくとも二種類か、多い場合には三種類の名前を持っている。バフン族やチェットリ族の人人はだれでも「ヌワラン」(*nwārān*) の名前を持っている。ヌワランとは、生まれて七日目にヒンズー教の司祭によって執りおこなわれる「名付け式」である。[1]この日は大勢の親戚が集まり、ヌワランは大変にぎやかにとりおこなわれる。

占星術の知識に基づいて「ヌワランの名前」(*nwārān-ko nām*) が授けられる。このヌワラン名はその人を深く特定する。このヌワラン名に呪いがかけられると、その人は病気になったり死んだりする。だからその呪いの可能性を避けるために、ヌワラン名は、家族や親戚、夫婦の間でも教え合わない。ヌワラン名は文字で書かれて封印されて保管される。

ある人が死ぬときに、ヒンズー教の司祭がその人のヌワラン名をたずねる。すると、そのまさに死のうとする人のヌワラン名を、その妻か親戚が司祭の耳元にそっとささやく。だから、ヌワラン名は人が生まれ死ぬときにのみ出番がある暗証番号みたいなものである[2]。人は普通、自分のヌワラン名を知らないものだそうだから、夫婦の間でも教え合うことができないわけだ。

さて、生まれてから男子は生後六か月か八か月後に、女子なら生後五か月か七か月後に「食い初め式」（*pāsnī*）がおこなわれる。それは、赤ちゃんに初めてご飯（おかゆだろう）を食べさせる儀式である。その時に両親がその子に、古典などを参考にして良い意味を持った公式名（official name、*aphis-ko nām*）を与える。この公式名が学校や職場に名前として登録される。また、政府機関や地方自治体に登録され、税金の支払いや選挙登録、土地登記などにも使われる。この公式名が家族や親戚、地域共同体の中で使われる。この公式名はこの世に生まれてから持つ第二の名前である。

シターは、息子の「食い初め式」の時に五〇〇人の客が来たと言っている。どれほど人があふれかえっていたか、想像するに余りある。それを実家（妻の実家、*māitī ghar* あるいは *māitī*）でおこなった。その金銭的負担はシターの実家であろう。それが普通のことなのかどうかはわからないが、もし普通のことであるなら、花嫁持参金といい、「食い初め式」といい、ことあるごとに女性（妻）がその実家に金銭的に支えられる構造がある。「食い初め式」は一四時に始まって、二〇時に終わったそうだ。たくさんの客で足の踏み場のないほど混雑していて、終わってみると

「うちのミノルタの写真機がなくなっていたわ」だそうだ。

さて、ヌワラン名や公式名のほかにさらに愛称というか幼名というか、公式名とは別の名前を持つ人もいる。この名前は家族が「愛情を込めて呼ぶ呼び名」(*māyā garera bhanne nām*) で、非公式な、しかし日常的な名前である。日本語でいう「あだ名」とも違う。この呼び名は「食い初め式」の前に付けられることもあるし、後に付けられることもある。この呼び名(非公式名、幼名)のおもしろい所は公式名と同時に混ぜて使われるのではなくて、公式名と非公式名とが二つの交差しない軌道をえがいて、まったく違う社会的場面で完全に入れ替わることである。家族や親戚、地域共同体という私的な社会的場面と、学校や職場、政府機関という公的な社会的場面で二つの名前が完全に入れ替わる。

たとえば、シターの息子(一五歳)はマントゥ (Mantu) という非公式名(幼名)を持っていて、家の中ではいつもそう呼ばれている。わたしもそう紹介された。しかし彼の公式名はヴェダンタ (Vedanta、「聖典の最後のところ」という意味) であり、それはわたしも知らなかった。マントゥがまだ小学生のころのことだが、ある日、学校の友人たちがヴェダンタを訪ねて、家の近くまで遊びに来た。しかし、シターの家の近所の人人はだれも彼の公式名であるヴェダンタを知らなかった。ある店の主人が

「この辺にはヴェダンタなんていう子どもはいないよ。」

と言った。そこで、友人たちはヴェダンタの家を探すのをあきらめて帰ってしまった。この話は

シターがおかしがってよくする逸話である。
18節で、わたしがギャヌー（五〇歳）を勤め先の銀行に訪ねようとしたときに、ギャヌーと言ってても銀行ではだれもわからないから、必ず「ニーナ」と言うようにと注意してくれた話があったが、それと同じことである。勤め先ではニーナであるが、家庭ではだれもニーナとは言わずにだれもがギャヌーと言う。

まとめていうと、バフン族やチェットリ族のあいだでは、誰もが少なくともヌワラン名と、「食い初め式」時に付与される公式名の二つを持っている。それに加えて、ある一部の人は「呼び名」（非公式名、幼名）を持っている。公式名は学校や勤務先、政府機関で使われ、呼び名（非公式名）は家族や親族、地域共同体で完全に入れ替わって使われる。

これ以外にも「愛称」とでもいうべきものもある。たとえば、シターの娘のハジュラ（一八歳）は「*muso*（ネズミ、*musā*ともいう）」という愛称で呼ばれることもある。彼女が赤ちゃんのとき「チュウ、チュウ」とよく泣いてかわいかったそうだ。両親はネズミのようだと思い、愛情をこめて彼女を「*muso*」（ネズミ）と呼んだ。あるとき、ハジュラが小学生のころ父母会があって、学校で授業参観があった。何かの催しがあって、ハジュラが活躍したのだろう。父が思わず、がんばれよという意味をこめて

「エーッ、ネズミ（*muso*）！」

と叫んで呼んだら、

「はい（*hajur*）！」

という返事が大声で返ってきた。あとでハジュラが家に帰ってから父に

「どうして、わたしのことをネズミと呼んだの？」

と言った。あとで学校では級友や先生から「あなたの名前はネズミなの？」と大いにからかわれたと言う。

「ごめんね。忘れていた。でも、なぜ『はい』と答えたの？」

と父が言ったそうだ。これ以外に愛称の例をわたしは知らない。

さて、プルビヤ＝バフン族のカーストへの加入儀礼はどうなっているのか。

シターの息子は九歳のとき（一九九五年）にプルビヤ＝バフン族への「加入儀礼」をおこなった。その儀礼はブラタバンダ（*vratabandha*）とかウパナヤナ（*upanayana*）とも呼ばれている。その儀礼で男子は聖紐（*janai*）を授けられる。聖紐は白く細い木綿の紐をたばねたもので、左肩から右脇の下にかけてぐるりと回してゆるやかに懸けられる。聖紐はバフン族とチェットリ族の男子だけに懸けられる。聖紐は木綿の紐をたばねたものだが、カーストによって紐の数がちがう。バフン族は六本の紐を、チェットリ族は三本の紐をたばねたものが与えられる。このヒンズー教の世界ではいつもこうして身分差別がいまでも存在する。

シターはわたしに言う。

「この儀礼で一二万ルピー（一九万二〇〇〇円）かかったわ。八〇〇人の客が来たわ。」

それは、常勤職員としてのシターの月給の一二倍の金額ではないか。ひとりの人の年収をかけているわけだ。これはシターの実家でおこなったのか、それとも婚家でおこなったのか、うっかりまだ聞いていない。「食い初め式」の例から想像するに実家であろう。それにしても八〇〇人の客とは凄い数だ。来た客は夫側の親族や妻側の親族、夫婦の友人たち、会社の同僚たちであろう。

（プルビヤ゠バフン族の）男性は七歳ごろになると聖紐をかける式という成人式のような儀式をおこなう。この聖紐式を終えるまではその男子のつくるご飯は「けがれ」（*bitulo*）ているが、その式を終えた男子のつくるご飯は「けがれ」ていない。このようにして女性は結婚式を境に、男性は聖紐式を境にしてカーストの一員として正式に認められ、その人たちのつくるご飯は「けがれ」なくなる。(3)

女子のカースト加入儀式は「結婚式」である。結婚をしないとカーストに加入したと認められない。

シターのカーストであるウパディヤ゠バフン（プルビヤ゠バフン族）では未婚の女性がご飯をつくることが禁じられていた。昔は彼女たちのつくるご飯は「けがれ」（*bitulo*）ていると言われて、このカーストの女性たちは結婚するまでご飯をつくることがなかった。いまではそういうことはほとんどなくなって、多くの女性たちが結婚前でもご飯をつくる。しかし、シターの父はとくに敬虔なヒンズー教徒だったので、シターは二一歳で結婚するまでそういうことは許されなかった。シターの例はいまでは極端に例外的だと言えるが、ともかく昔のやり方はそんなものであった。結婚式を終えたあとの女性がつくるご飯は「けがれ」ていない(4)。

シターは結婚前に、つまり二一歳までご飯をつくったことがなかったから、結婚した後に夫の家でご飯をつくるのにまごついて手間取って本当に大変な思いをしたと言っていた。実家で一度もご飯をつくったことのない人がどうして婚家(こんか)で急にご飯をつくれるようになるのか不思議に思っていたが、多分、結婚前に実家で母にご飯をつくるやり方を実地に見せられながら、母に何度も教えられたのだろうと最近、了解した。

さて、次に、前に触れた(**2**節、***11***節)「自称詞・対称詞」について少し詳しく説明する。

(1) ヌワランは産後、一一日目におこなうという記述もある〔三瓶清朝、一九九一年、既出論文〔***14***節注4参照〕、三九三頁〕。

(2) 三瓶清朝、一九九七年、既出論文(**2**節本文参照)、一七頁。

（３）三瓶清朝、一九九七年「家族とカースト」石井溥（編）『暮らしがわかるアジア読本　ネパール』河出書房新社、一三七頁。
（４）三瓶清朝、一九九七年、前掲論文、一三八頁。

39　自称詞と対称詞と他称詞

「自称詞」（terms for self-reference）とは、対話の最中に話し手が自分自身に言及することばのすべてである。[1] たとえば、「わたし」「ぼく」「おれ」（以上は一人称代名詞）、あるいは「お父さんは行かないよ」の「お父さん」（親族関係名称）もそうだし、「先生はそう思うよ」の「先生」（地位名称）も、「電気屋さんは忙しいんだよ」の「電気屋」（職業名）もそうだ。日本語ではこうして、西洋の文法学者のいう一人称代名詞（first-person pronoun）だけでなく親族関係名称も地位名称も職業名も自称詞になりうる。だから、日本語を考えるときには自称詞・対称詞という新しい概念（基準）が必要なのだ。自称詞は英語では一人称代名詞である「I」一語である。

「対称詞」（address terms）とは、対話の最中に話し相手に言及することばのすべてである。

たとえば、「あなた」「きみ」「おまえ」（以上は二人称代名詞）、あるいは「お母さんはきれいだね」というときの「お母さん」もそうだし「先輩は変ですよ」とか「電気屋さんはどう思いますか」というときの「お母さん」「先輩」「電気屋さん」もそうだ。日本語では西洋の文法学者のいう二人称代名詞（second-person pronoun）も親族関係名称（お母さん）や地位名称（先生や社長や先輩）、職業名（電気屋さん）も対称詞になりうる。また、日本語では相手が目上である場合、二人称代名詞は使わない。「先生」に向かって「あなた」と言う人を見たことがあるだろうか。対称詞は、英語では二人称代名詞である「you」一語である。

対称詞には二種類の用法がある。まず、第一に相手に注意をうながしてこちらに向かせるとき（呼びかけるとき）に使う「呼格的用法」（vocative use）（以下、「呼格的対称詞」とも「呼びかけ語」ともいう）である。第二に、一度こちらに注意を向けた相手に代名詞的に言及する「代名詞的用法」（pronominal use）（以下、「代名詞的対称詞」とする）である[2]。

さきほど、ギャヌーの家族が父を呼ぶときに「王よ！」と呼ぶ例を出したが、それが「呼格的用法」である。「王」がこちらを向いてからは「王」を特定する「代名詞的用法」は、敬意を示す「*tapāī*」（あなたさま）かそれより敬意が深い「*hajur*」（あなたさまさま）である。「あなたさまさま」は日本語としてはいかにも変だが、日本語には深い敬意を表する二人称代名詞がないので、こうしておく。

英語では、わたしがかつて友人（男性のスコットランド人、中間階級、三〇歳）の親族間における事例を詳しく調べたかぎり、目上の親族に呼びかける「呼格的対称詞」には親族関係名称が使われる。目上の親族でも母方の目上親族には個人名の呼び捨てである。目下には個人名の呼び捨てである。ここでは、その例を出すと複雑になるし、紙幅が取られるので、英語の例は出さない。もちろん、英語では「代名詞的対称詞」は一貫してyouである。

さて、二種類の用法を持つ対称詞のほかに「他称詞」（terms for third persons）があり、これは会話のなかに登場する第三者を言及することばのすべてである。「あれはぼくの父です」とか「ぼくの父が笑った」というときの「父」である。もちろん父は「おやじ」でもよい。

整理してみよう。わたしがいま述べたことは

（1）自称詞（terms for self-reference）
（2a）呼格的対称詞（vocative address terms）
（2b）代名詞的対称詞（pronominal address terms）
（3）他称詞（terms for third persons）

である。

2節ですでに述べたように、わたしは、一九九三年（当時、シターは三四歳）にシターの実家でシター相手にネパール語の、親族間における「自称詞・対称詞の使われ方」の面接調査をすで

にしていて、すでに述べたように（**2**節本文参照）一つの論文（「ことばと社会構造――ネパール語における自称詞・対称詞の使われ方をめぐって」）に結果を発表している。[3] すでに論文にまとめているというのにまた再度同じ問題でシターに面接調査をしたかったのは、**2**節で述べたように親族間における一般的に使われる「自称詞・対称詞の使われ方」をまとめたけれども、シター独自の個人的な実例・具体例を確認したかったからだ。

シター独自の個人的な実例をいう前にすでにまとめてある論文で述べた、一般的に使われる（プルビヤ＝バフン族において使われる）ネパール語の、親族間における「自称詞・対称詞の使われ方」とその結論を見てみよう。以下は論文の概要と結論である。

一九九三年におけるシターへの面接調査の結果、プルビヤ＝バフン族が使うネパール語における自称詞・対称詞の、親族（血縁・姻戚）内における使われ方の規則性がかなりよくわかった。他称詞は調べていない。

【自称詞】は、いつでもどこでも相手がだれであろうと何の話しであろうと、たった一語 *ma* しかなく、例外がない（*ma* は日本語では「マ」ではなく「モ」と聞こえる）。

【対称詞】には、目上・目下の分極による「年齢序列制」（seniority）の組織原理がまず出現する。

自己の血縁親族内における【呼格的対称詞】の使われ方は単純である。目上（上の世代と、同

世代では年上の者）には
　親族関係名称
が使われ、目下（同世代では年下の者と、下の世代）には
　個人名（○○）
が使われる。

　自己の血縁親族内における【代名詞的対称詞】についても使われ方は単純である。三種類の人称代名詞と一種類の名詞が使いわけられる。

目下　　　　　　*tã*（おまえ、人称代名詞）
目下・同等程度　*timī*（おまえ・きみ・あなた、人称代名詞）
目上　　　　　　*tapāī̃*（あなたさま、人称代名詞）
最高級の敬意　　*hajur*（あなたさまさま、名詞）

の四種類が使いわけられる。目下に *tã* を使うか *timī* を使うかは人により家庭による。目上に *tapāī̃* を使うか *hajur* を使うかは人により家庭による。

　一方、自己の配偶者を通しての、自己の姻戚親族に対するの使われ方はやや複雑だ。自己が女性であるか男性であるかによって使われ方が異なる。これを詳細に語るのは煩雑すぎるし読者にも退屈だろうと思われるので、ごく簡単に述べる。

【呼格的対称詞】であれ【代名詞的対称詞】であれ、自己が【女性】である場合、相手が目上

の者にも目下のものにも最高級の敬意を表する*hajur*を使う。自己が【男性】である場合、相手が目上の者には最高級の敬意を表する*hajur*を使うが、目下のものには自己の血縁親族の場合と同じように目下扱いをする。

この、自己の姻戚親族において使われる対称詞の、男性女性の違いの規則性をどのような組織原理で説明できるのか。

わたしはこれを最初――前述した一九九七年の論文では――、男性優位女性劣位（男尊女卑）の「男性支配制」（patriarchy）で説明した。しかし、このわたしの論文を読んだ石井溥氏（東京外国語大学名誉教授）が、男性支配制では（1）姉が弟に敬語を使わないことや（2）舅が婿に最高級の敬意を表して接する（世代が違うのに対等に対称詞を使う）ことが説明できないから、男性支配制ではなくて「妻取側優位と妻与側劣位」の社会組織原理をあてはめて説明したほうがよいとの意見をくださった[4]（一九九八年、手紙）。わたしはいま（二〇一六年）では男性支配制よりもこの「妻取側優位と妻与側劣位」の組織原理で説明するのが良いと思うので、ここではそれを採用して説明する。

結論をいう。

プルビヤ＝バフン族が使うネパール語における親族間の対称詞の使われ方を見ると、目上・目下の分極による「年齢序列制」の組織原理がまず出現し、さらにそれを下敷きにしながら「妻取側優位と妻与側劣位」という優位の組織原理が出現する。ことば（対称詞）の使われ方にはこの二種の組織原理が組み込まれているから、ことばを交わせば交わすほどこの二種類の組織原理（社会構造）が人人のこころに刻み込まれ、だから同時に、二種類の組織原理（社会構造）がことばによって再生産される。

以上がわたしの論文（一九九七年）の概要であり結論である。対称詞の使われ方がカースト階層制度におけるカースト間の上下関係でどう出てくるのかはこの三瓶論文ではまったく扱っていないが、わたしはいまでも非常に興味を持っている。

今回（二〇〇一年）わたしが望んだのは「一般化された」血縁親族や姻戚親族との対話ではなくて、「実在する」人物との対話のなかでシターがどういう自称詞や対称詞や他称詞を使うかであった。これが、二〇〇一年八月−九月における「自称詞・対称詞・他称詞の使われ方」の調査の課題であった。わたしは、ひとりの人物の実際の具体例を調べていなかった。以下で述べるシター（四二歳）の実際例のなかではシター以外の事例でもシターの娘ハジュラ（一八歳）やシターの夫ラム（四三歳）の事例も少しだけだがわかるかぎり付け加えた。いずれにせよ「実在する人物との対話のなかで使われる自称詞・対称詞・他称詞」が今回の調査の重要な点である。

わたしは、二〇〇一年八月二七日（月）から九月五日（水）までの一〇日間と九月一八日（火）から二二日（土）までの五日間を毎夕、一六時三〇分から一七時三〇分までをシターの家で面接調査をして過ごした。シターの家までの往復（片道、約四キロメートル）はタクシー（二〇ルピーか三〇ルピーだったと思う）を使った。この調査期間（時間）は短かすぎて資料が完全ではなく結果を論文という形にはできないが、その部分的な結果を次節以下に述べよう。なお、調査資料はかなりあるからそのまま結果を提示しても読者には退屈なだけであるので、この本では以下、核となる家族・血縁親族・姻戚親族のみを提示する。それは、シターの

父の母
父・母
息子・娘
夫
夫の父・母
夫の妹
夫の妹の息子・娘

である。

では、シターは一体、こうした実在する人物との対話のなかでどういう自称詞・対称詞・他称詞を使っているのか。

（1） 鈴木孝夫、一九七三年、既出書（**2**節本文参照）、一三四頁、一四六頁。
（2） 鈴木孝夫、一九七三年、前掲書、一四六―七頁。

（3）「発表している」といっても、大学の『研究紀要』に載った論文の抜き刷りをたったひとりだけ石井溥氏に送っただけだ。これでは発表にならない。わたしがこの論文を石井氏以外に送らなかったのには理由がある。それは、この論文が道草や脱線が多い、かなり長い論文であった（B五判縦書き二段組みで全三五頁）ので、もっと簡潔にして書き直そうとわたしは考えていたからだ。それも結局できなかった。

（4）「妻取側」と「妻与側」という漢字の読み方は石井氏もわからないと言っているので、わたしが暫定的に「つまとりがわ」と「つまよがわ」とした。なお、この「妻取側優位と妻与側劣位」の組織原理はネワール族社会ではカースト（ネワール族内に独自のカースト制度がある）によって変わるし、あるいは（カトマンズ盆地内の）ネワール族の村村によっても変わる（石井溥氏談、二〇一七年四月）というのだから驚愕する。不思議議だ。

40　家族（血縁親族）に対する対称詞

いま（二〇〇一年）は亡くなったが、シターの「父の母」つまりシターの「祖母」にシターはどういう自称詞・対称詞・他称詞を使うのか。

自称詞は、「*ma*」（モ）である。自称詞には例外がないから、以下ではいちいち言わない。

呼格的対称詞は、「*e, āmā!*」（エ、アマ！）と呼びかけたときの「*āmā*」（母）である。「*e,*」（エ、）は、ネパール語で人の注意を喚起するための間投詞である。相手に強く注意を喚起するときは、大きな声で「エーッ」と伸ばして発声する。さきほど、シターの夫が娘の授業参観日に「エーッ、ネズミ！」と呼んだという例を出したが、そういう風に「エーッ」と大声を出すときもある。アマ（*āmā*）はもともとの意味は「母」であるが、なぜシターは祖母を「アマ」と呼びかけているのか。

プルビヤ＝バフン族の世界にはいくつかの「母概念」があり、家庭、家庭によってある決まった母概念が固定化されて、上の世代の特定の女性を指して呼格的対称詞とする。たとえば、シターの娘のハジュラ（一八歳）はシター（つまり自分の母）を「*māmu!*」（*māmu* はイスラム教徒由来の母概念）と呼びかけて特定する。一方、ハジュラはハジュラの「父の母」（つまり祖母）には「マミ！」（*māmī* は英語 mummy 由来の母概念）と呼びかける。このように母概念はいくつかあって上の世代の特定の女性を呼びかける固定的なことばとなる。父概念にもいくつかあって上の世代の個人個人に特定化されて呼格的対称詞となるのは母概念と同じである。

シターの「父の母」（祖母）に対する代名詞的対称詞は、尊敬を表す「*tapāī*」（あなたさま）である。第三者のだれかと話していてあれ（父の母）は誰かと問われれば、他称詞として「*mero hajur āmā*」（わたしの祖母）だと答える。*hajur āmā* は「祖母」という意味の正しい親族関係名称である。

シター（四二歳）はその父（八〇歳）にどういう対称詞・他称詞を使うのか。

呼格的対称詞は「*e, māmā!*」（エ、ママ！）と呼びかけたときの*māmā*（ママ）である。ママの本来の正しい意味は「母の兄弟」（おじ）であるが、同じ家屋のなかで一緒に育てられた、シターの年上のいとこたちがそう呼びかけていた——シターのいとこたちにとってはこのママは「母の兄」で真の意味でのママである——のをシターが真似をしている。代名詞的対称詞は「*tapāī*」（あなたさま）である。他称詞は「*mero buwā*」（わたしの父）と言っている。*buwā*は「父」という意味の正しい親族関係名称である。

ところで、わたしは、以下、呼格的対称詞をあげるさいに、「*e, māmā!*」（エ、ママ！）のように「*e,* ……*!*」を付けていくが、目の前にいるときは静かに「*māmā,*」（ママ、）と呼びかければよいので、つねに大声で「*e,* ……*!*」（エ、〇〇！）が必要だとはかぎらない。わたしが以下、呼格的対称詞に「*e,* ……*!*」あるいは「……*!*」を付けるのは、当該のことばが呼格的対称詞であることを読者に喚起させるためである。「相手が目の前にいるときは」「*e,* ……*!*」は必要ではない。あらかじめ言っておくが、**42**節で出てくるシターにとっての夫側の対＝姻戚親族にはこの「*e,* ……*!*」を付けてはいけない。なぜなのかというと、近くにいって相手に静かにそっと呼びかけないと失礼にあたるからだ。

シターはその「母」（六二歳）にどういう対称詞・他称詞を使うのか。

呼格的対称詞は「*e, māiju!*」（エ、マイジュ！）と呼ぶときの *māiju* である。マイジュは、本来の意味は「ママの妻」であるが、シターと一緒に育てられた、シターの年上のいとこたちがそう呼びかけていたのをシターが真似をしている。代名詞的対称詞は「*tapāī*」（あなたさま）である。他称詞は、「*mere āmā*」（わたしの母）と言っている。*āmā* は「母」という意味の正しい親族関係名称である。

以上、シターの上の世代の血縁親族に対する対称詞・他称詞の実例を終える。結論を言う。上の世代の者には次のような決まりがあるといえる。呼格的対称詞には親族関係名称が使われる。代名詞的対称詞は一貫して *tapāī*（あなたさま）である。他称詞には正しい親族関係名称を使う。同世代はどうなるのかは、シターの実例を実は調べそこなった。一般的には、同世代の年上には呼格的対称詞も代名詞的対称詞も「上の世代」と同様に使われる。また、同世代の年下には呼格的対称詞も代名詞的対称詞も「下の世代」と同様に使われる。

下の世代はどうなるのか。

シターの（四二歳）の娘のハジュラ（一八歳）の場合を見てみよう。シターはそのハジュラにどういう対称詞・他称詞を使うのか。

呼格的対称詞は個人名であるハジュラを使って「*e, hajurā!*」（エ、ハジュラ！）と呼ぶことが多い。しかし、ときどき（回数は少ないが）「*e, chorī!*」（エ、娘！）と呼ぶことがある。日本語では娘に向かって「娘！」と呼びかけることはないので、その点は日本語と違う。代名詞的対称詞は「*timī*」（おまえ）を使う。他称詞は「*mero chorī*」（わたしの娘）というときの *chorī*（娘）である。

息子のマントゥ（一五歳）の場合を見てみよう。

呼格的対称詞は、個人名であるマントゥを使って「*e, mantu!*」（エ、マントゥ！）と呼ぶことが多い。しかし、ときどき（回数は少ないが）「*e, chorā!*」（エ、息子！）と呼ぶことがある。日本語では息子に向かって「息子！」と呼びかけることはないので、その点は日本語と違う。代名詞的対称詞は「*timī*」（おまえ）を使う。他称詞は「*mero chorā*」（わたしの息子）というときの *chorā*（息子）である。

以上、わかったかぎりでいうと下の世代の者には次のような決まりがあるといえる。呼格的対称詞は名前（個人名）で呼びかける。代名詞的対称詞は *timī*（おまえ）である。また、他称詞はネパール語に独自の親族関係名称が正確に使われる。ただし、息子・娘にはときどき（回数は少ないが）呼格的対称詞に親族関係名称が使われることもある。

自己の血縁親族の下の世代にあって、この、自分の息子と娘の場合に呼格的対称詞に「*e, chorā!*」（エー、息子！）「*e, chorī!*」（エー、娘！）という親族関係名称が出てくる理由は「愛情を込めて」（*māyā garera*）だからこそ出てくるとシターは言う。驚くべきことにシターが言うには息子（*chorā*）に「愛情を込めて」呼びかける一般的に使える――シターに独自にではなくて――呼格的対称詞（呼びかけ語）に次のような語があるという。

e, chorā!（エ、息子！）
e, bābā!（エ、ババ！、「父」の概念がある）
e, rājā!（エ、王！）
e, bābu!（エ、坊や！、「父」の概念がある）

である。*e, rājā!*（王！）が出てくるのもおもしろい（***19***節参照）。娘（*chorī*）に「愛情を込めて」呼びかける一般的に使える——シターに独自にではなくて——呼格的対称詞（呼びかけ語）に次のような語がある。

e, chorī!（エ、娘！）
e, bābā!（エ、ババ！、「父」の概念がある）
e, nānū!（エ、お嬢ちゃん！、「母」の概念はない）
e, maiyā̃!（エ、お嬢さま！、王女の意味）

である。

この一群の、息子・娘への呼びかけ語（呼格的対称詞）のなかでも「*e, bābā!*」の*bābā*（ババ）という呼びかけ語が注意をひく。この語は特殊で、息子への呼びかけにも娘への呼びかけにも使われるだけでなく、あとでシターによる夫への呼びかけにも使われることが知れるだろう（***41***節参照）。

それにしても、なんという豊かな呼びかけ語の世界ではないか。恐らくこの豊かな呼びかけ語

（呼格的対称詞）の世界はユーラシア諸文化を特徴づける「家畜文化」が背景にあるとわたしは思う[1]。家畜文化では家畜を追う人同士で絶えず呼びかけ合うだろう（スイスの歌唱法ヨーデルがそれの発展した例だ）し、牧羊犬にも家畜にも常に呼びかけるからだ。日本文化を特徴づける「魚介文化」では魚介に呼びかけることはない。鵜飼のなかで鵜匠が鵜にさかんに呼びかけるが、魚には呼びかけない。

ところで、シターは上の世代にも下の世代にも呼びかける時に「*e,*」いう間投詞（呼びかけ詞）を付けて呼んでいる。呼びかけるには相手が見えないのに遠くから呼びかける場合と、相手が見えていてもこちらに注意を向けさせるために呼びかける場合があるが、いずれにせよ、「*e,*」を使う。「*e,*」はこちらに注意を喚起するために出す間投詞である。これを読者はどう思っただろうか。実は、相手が見えないのに遠くから（たとえば二階から一階に）呼びかける場合、呼ぶにはまず「*e,*」と最初に言って呼びかけなければならない。なぜか。

「ネパールの習慣では、相手が見えないのに遠くから呼びかけなければいけない時、相手の名前（個人名）の前であれ親族関係名称の前であれ、『*e,*』を付けて呼びかける習慣があります。なぜかというと付けないで呼びかけると、それは『*bhūt*』（死霊）が呼びかけていると信じられているからです。」

死霊が呼びかける時は、「*e,*」を付けないというのだ。だから、たとえば、「*sītā!*」（シター！）

と、「*e,*」を付けずに呼びかける声がした時にはすぐに

「*hajur!*」（はい！）

と答えてはいけない。答えたら病気になる。

「*e, sītā!*」（エ、シター！）

と「エ」付きで呼びかけられた時にのみ即座に

「*hajur!*」（はい！）

と返事をする。「*e,*」は単なる飾りではなく、相手が見えないのに遠くから呼びかける時には付けなくてはいけない大事なことばなのだ。電気が来ていなかった昔の夜の家のなかは——もちろん外はなおさらひどく——死霊が跋扈していたと想像される。また、夜、*bhūt*（死霊）が呼びかけるときは、三回だけ「*sītā!*」（シター！）と呼びかける。四回は呼びかけない。三回呼びかけられて、うっかり

「*hajur!*」（はい！）

などと返事をしようものなら、返事をした人は病気になる。なぜ、三回なのかはいまのわたしにはわからない。

相手が目の前にいて、こちらに注意を向けさせるために呼びかける場合は、「*e,*」を付けても付けなくともよい。わたしが、上記の人人の呼格的対称詞にすべて「*e,*」を付けたのは呼格的対称詞であることを強調するために意識的に付けた。読者にわかりやすくするためにそうした。対

話の相手が目の前にいたら付けない。

シターの家の一階の一部をアパートとして借りている住人（**36**節参照）の主人、マノジ＝ネパール（*manoj nepāl*、男性、三八歳、プルビヤ＝バフン族）という名前の男性について、相手が見えていて呼びかける場合「*e,*」を付けるかどうかわたしから聞かれたシターは「*e,*」を付けないで呼びかけると言う。

「『マノジさん（*manoj-jī*）』と呼びかけます。名前の前に『*e,*』ということばを付けて呼びかけるのはわたしには粗野な（*asabhya*）ように思えます。名前の前や親族関係名称の前に『*e,*』ということばを使うのはいまでは少なくなっています。この『*e,*』ということばの使い方は多分少しずつ変わっていくでしょう。」

シターの夫側の対＝姻戚親族に対する呼びかけ語には相手が自分より年齢が上でも上の世代でも年齢が下でも下の世代でもシターはこの「*e,*」をまったく付けない。これも偶然ではなくて妻からみた夫側の対＝姻戚親族には遠くから大声で呼びかけてはいけないという規則があるからだ。目の前に近づいて丁寧に静かにそっと話しかけなければいけない。だからこちらに注意を喚起させるための「*e,*」は付けてはいけない。

（１）　鈴木孝夫、二〇〇六年『日本人はなぜ日本を愛せないのか』新潮選書、七五－七七頁。牧畜文化では家畜を制御する必要があるが、魚介文化では魚や介（貝）をただ取るだけである。牧畜文化における家畜の制御のなかで牧羊犬や家畜群を呼んだり止めたり方向を変えるのにことばによる誘導や説得や命令が必要となる。人に対する呼びかけ語も発達するのではないか。

41 夫に対する対称詞

妻[1]（*śrīmatī*）の、夫（*śrīmān*）に対する対称詞は特殊で妻が徹底的に劣位になるようにできている。これが一般的な慣習だ。ところが、シターの代名詞的対称詞の使い方は夫と対等な使い方をしている。シターの場合シターの家族は全員シターの実家に住んでいる。夫もそうだ。これから、シターの、夫に対する対称詞・他称詞を述べるが、問題は代名詞的対称詞である。これが、夫と対等だという点で非常に特異である。特異すぎるので、まず一般的な夫婦の対話のなかでの妻の、夫に対する対称詞の使い方を述べてから特異なシターの使い方を述べよう。

一般的な伝統的な話でいうと妻は夫に呼びかけることが一切できない。また、使う代名詞的対称詞は最高級の敬意をあらわす語 *hajur*（あなたさまさま）である（図3）。一方、夫は妻には名前（個人名）で呼びかけ、使う代名詞的対称詞は *timī*（おまえ・きみ）である。夫と妻の間に

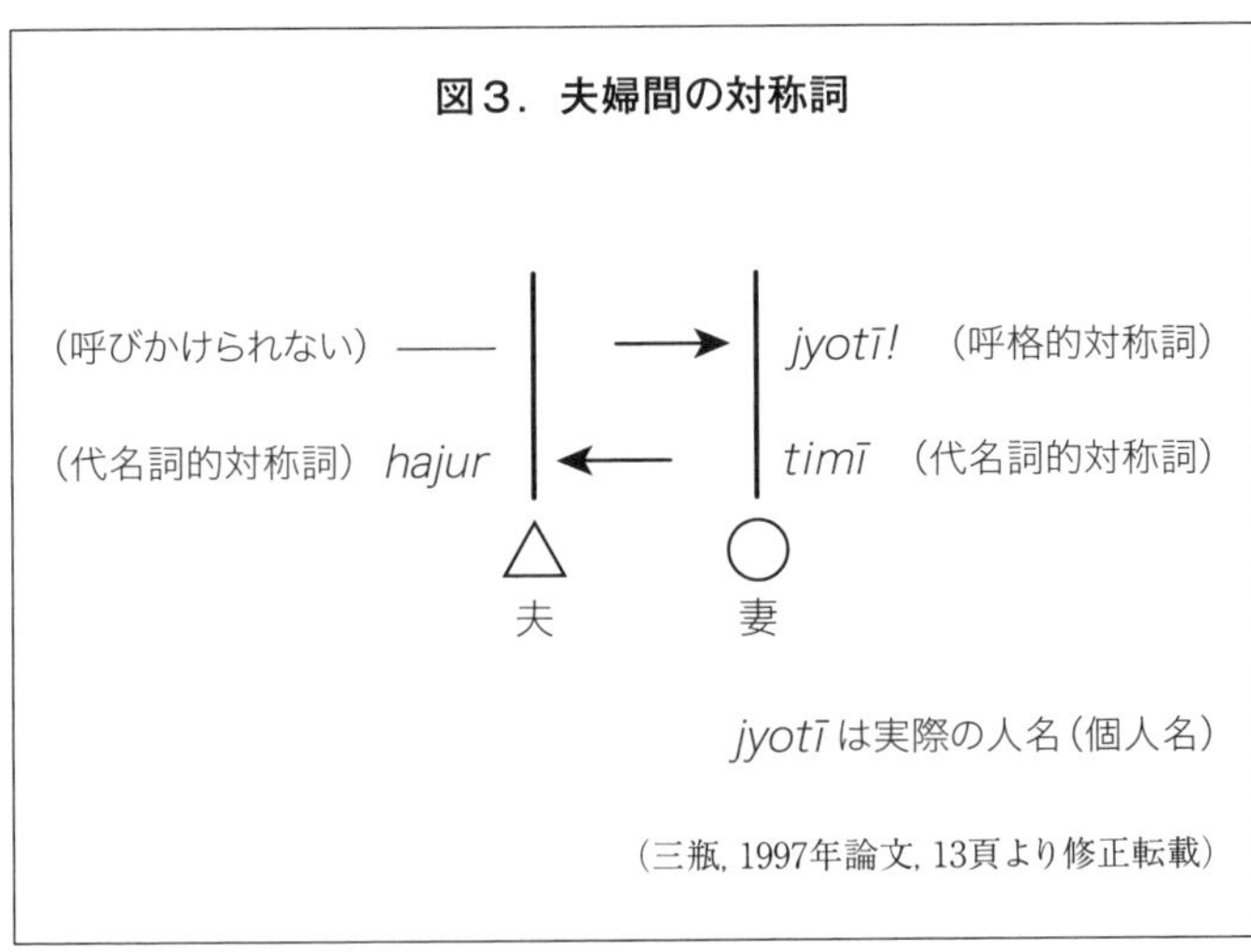

は大きな上下関係がある。これがごく一般的な規範・規則であろう。

プルビヤ＝バフン族の伝統では妻は、夫の父や母の前で夫と話をしてもいけないばかりでなく夫に話しかけてもいけない。昔、シターが夫の親の家に住んでいたころ（いまは自分の実家にシターの両親とともに住んでいる）のことだが、子どもが小さかったころで子どものことなどで緊急の用事がある時に夜、夫婦の寝室に入るまで夫と話ができなくて本当に困ったとあのシターでさえ言っている。話ができないのは夫も同じことで、この現代にあってもプルビヤ＝バフン族の行動規範には変にきびしいものがある。

また、プルビヤ＝バフン族の伝統では妻が夫の名前（個人名）を出して呼びかけることも禁じられている（図3）。もし名前を呼ぶとそのたびに夫の寿命が縮まると言われている。シターがまだ子

どもを持っていなかったころシターの実家で階下にいる、シターの夫であるラムに向かって

「エー、ラム！　わたし、下に行くわ。」（*e, rām! ma tala jānchu la*）

と叫んだことがある。すると、シターの父が大声でシターを叱った。

「いま誰の名前を呼んだんだ。（おまえの旦那さまは）友だちなのか！」

と強く叱られたことがある。シターの父はヒンズー教徒の行動規範に大変きびしい。前にシターが二一歳で結婚するまで実家でご飯をつくることができなかったと述べたが（**38**節）、いまどき、ことほどさようにきびしいのである。頑迷固陋（がんめいころう）というか、このわたしみたいな人間である。シター（四二歳）とラム（四三歳）とは大学の同窓生同士であるから、付き合いの当初から、夫を「ラム！」と呼ぶ習慣があったのだろう。しかも、実家ではつい油断が出たのであろう。

変にきびしいプルビヤ＝バフン族の行動規範の一つを食事慣行を通じて紹介しよう。妻の、夫に対する劣位表現の例である。

古い話だが、一九七七年暮れからカトマンズ市でわたし（当時三二歳）はカトマンズ市のど真ん中にあった、プルビヤ＝バフン族のある家庭に三か月間ほど下宿していたことがある。下宿の主人（四五歳ぐらいの政府中級官僚）の妻（四〇歳ぐらいの主婦）がご飯を食べるのに毎日、主人が食べたあとに、主人が食べたあとの食べかすや食べ残しの豆汁、ご飯粒のたくさん付いた非常にきたない大皿（金属製）でご飯を食べていた。主人がご飯を食べているあいだ妻は階下（食堂兼台所は三階の屋上にあった）の二階で主人が食べ終わるのを待っていた。この妻だけでなく、

主人夫婦の若い息子（二三歳ぐらい）の若い妻（二〇歳ぐらい）も主人の妻と一緒に階下で待っていた。調理と配膳とはそれを専業とする住み込みのおし（唖）の中年女性がしていた。この、主人が食べたあとのきたない大皿でご飯を食べることは、プルビヤ＝バフン族の、けがれ（不潔）という観念によって妻の劣位を示すためにわざとおこなわれる慣習である。わたしはこのことの次第を毎日、一日、二回も観察していた（ネパールでは一日二回のご飯が普通の慣習である）。主人と同時に並んでご飯を食べていたのは若い息子と女の子どもたち（一三歳とか一〇歳ぐらい）であった。ふたりの「妻」だけ別で、あとでしかも非常にきたない皿で食べる。このように、妻の劣位を示すプルビヤ＝バフン族の行動規範には現代にあってもきびしいものがあり、しかもいろいろな場面でそれが出てくる。夫優位と妻劣位の序列を刷り込むのである。ことば（対称詞）の規範にもきびしいものがあることが図３でわかる。

シターはほんとうに夫の食べたあとの非常にきたない大皿でご飯を食べているのか？　聞きたいものだが、実はまだそれを聞いていない。多分、それをしていないだろう。

さて、特異な習慣を持つシター（四二歳）は夫（*śrīmān*）のラム（四三歳）にむかって対称詞・他称詞を次のように使う。

呼格的対称詞は「*e, bābā!*」（エ、ババ！）というときの *bābā*（ババ）であり、代名詞的対称詞は「*timī*」であり、他称詞は「*mero śrīmān*」（わたしの夫）というときの「*śrīmān*」（夫）である。他称詞には問題はない。対称詞が問題である。

他称詞について、あらかじめひとこと述べておく。石井溥氏は teknonymy（夫婦迂言法）[2]、つまり、夫婦の他称詞として、それぞれが「〇〇（子どもの名前）の父」とか「〇〇（子どもの名前）の母」というように直接、「夫」とか「妻」とかいうことばで言及せずに子どもの名前を使って迂回して言及する方法がなかったかと興味を持ってくれている（一九九八年、手紙）ので言っておくが、夫婦迂言法はなかった。

シターがその夫に呼びかけるのに使う呼格的対称詞の「ババ」（*bābā*）とは一体何か。

わたしは最初これを聞いた時、一瞬これが何かわからなかった。いくつかある父概念の一つにババ（*bābā*）がある。それだろうと思って驚いた。妻が夫に「お父さん」とか「パパ」とか呼びかけるのは日本語では普通のことだ。これを、「トルコ人社会学者は……自分の夫がパパとは、まるで近親相姦だねと冗談に驚いてみせた[3]」というほど異例であることを知っていたわたしは、シターが自分の夫を「エ、お父さん！」と呼びかけているのかと驚いたのである。*bābā* は、*bā*（お父さん）なのか *buwā*（お父さん）なのかとわたしが聞いた。違うとシターは言って、熱心に説明してくれた。

これが複雑である。*bābā* はもともとは「父」という意味だ。しかし、*bābā* と呼びかけられる人にはいくつかあると言う。*bābā* は

hajur buwā（祖父［父の父または母の父］）にも

buwā（父）にも

śrīmān（夫）にも
śrīmatī（妻）にも
chorā（息子）にも（愛情を込めながら，**40**節参照）
chorī（娘）にも（愛情を込めながら，**40**節参照）

使われるのだと言う。世代横断的に，また男女横断的に使われる。確かに，シターの娘のハジュラはシターの父，つまりハジュラの祖父に呼びかけるのに「*e, bābā!*」（エ，おじいちゃん！）と呼んでいる。

シターは
「わたしは，ラムには結婚した時からババ（*bābā*）と呼びかけてきました。息子や娘を産むより前からババと呼びかけてきました。」
と言う。

なるほど，わかった。「エ，ババ！」は，「エ，お父さん！」と言っているのではない。「エ，ババ！」と言っているのだ。「エ，ババ！」は一種の愛情表現であろう。では，先ほどの「エー，ラム！」（*e, rām!*）は何なのか。これは学生時代の呼びかけ方の名残りで，先ほどわたしが述べたように，大学生時代の呼びかけ方が実家の中でついうっかり出てしまったのではないか。ところが，一種の愛情表現だろう，このババという呼格的対称詞でさえもシター自身の父や母の前では決して使わないとシターは言っている。なぜかはうっかりと聞き忘れたが，妻は夫に呼びかけられないという規則（図3）が父や母の前では生きるのではないか。「エ、ババ！」という形でシターが夫に呼びかけるのを父はまったく知らないが、母は知っているそうだ。父はプルビヤ＝バフン族の（あるいはヒンズー教徒の）行動規範にやかましいが、母はおだやかだということである。

夫であるラム（四三歳）がシター（四二歳）にどういう呼格的対称詞を使っているのか、残念ながらまだ聞いていない。しかし、「エ、シター！」と呼びかけるのは想像できる。夫が妻を名前（個人名）で呼ぶのは普通のことだからだ。しかし、「*e, bābā!*」かそれに準ずる何かの愛情表現用語で呼びかけているのかどうかは興味深いがわからない。

代名詞的対称詞に移ろう。

シターは夫に対して代名詞的対称詞には *timī*（おまえ・きみ・あなた）を使っている。これは、娘や息子に使っていた代名詞的対称詞と同じである。この、夫に *timī* を使うのはやりすぎではないか。（わたしの推測であるが、シターはこの *timī* を父の前では使えないのではないか。）ところが、娘のハジュラ（一八歳）は、その母（シター）にもハジュラの祖母（シターの母、六二歳）に向かっても代名詞的対称詞として *timī* を使っている。また、ハジュラの「祖母の姉」にも *timī* を使う。この三者以外には「ほかにはだれでも『自分より目上には』（*āphū-bhandā ṭhūlo-lāī*）*hajur*（あなたさまさま）と言います」。「ハジュラが母（シター）に *timī* ということばを使うことは、ハジュラが自分の（親戚筋の）兄（ネパール語では親戚筋も兄という親族関係名称を使う）たちから学んだことです」とシターは言っている。代名詞的対称詞が家庭のなかで教育によって学ばれるとよくわかる。ついでに言うと、かくして代名詞的対称詞の使い方は一様ではない。人により家庭によりいろいろなのだ。

ハジュラは、母と母方の親族がこわくないのだろう。だから、ネパール語の *timī* は日本語の「おまえ・きみ・あなた」とは概念（意味内容）がかなり違うといえる。概念がかなり広い。この、シターやハジュラの、*timī* の使い方を見ると、*timī* は相手が目下の場合から対等の者、あるいは一部ではあるが目上でも親しみのある者にまで幅広い相手に対して使える対称詞だといえる。だから、シターが夫に *timī* を使っていても、それほど乱暴ではないといえる。参考までに言うと、ハジュラはその祖父（シターの父）には代名詞的対称詞として *hajur* を使っている。こわい人には *timī* は使えない。

ところで、ついでだから、ハジュラ（一八歳）の父・母に対する対称詞を見てみよう。ハジュラはその父（シターの夫）に対して「*abbu!*」（または *ābbu*）と呼びかけ、代名詞的対称詞は *hajur* を使う。その母（シター）に対して「*māmu!*」と呼びかけ、代名詞的対称詞は *timī* を使う。ハジュラは代名詞的対称詞を父と母とで使い分けている。また、ついでだからシターの夫がその父・母にどういう対称詞を使うのかを見てみる。シターの夫たるラム（四三歳）は父に対して「*pāpā!*」と呼びかけ、代名詞的対称詞は *hajur* を使う。母に対して「*māmī!*」と呼びかけ、代名詞的対称詞は *hajur* である。

シターはその両親に代名詞的対称詞 *tapāī*（あなたさま）を使い、その夫であるラムはその両親に代名詞的対称詞 *hajur*（あなたさまさま）を使う。つまり、両親に *tapāī* を使うか *hajur* を使うかはかくして人により家庭によるのだ。これをわたしは論文（一九九七年「ことばと社会構造——ネパール語における自称詞・対称詞の使われ方をめぐって」、***2***節本文参照）で「*hajur*/*tapāī* 待遇」と表現した。

こうして、シターの場合の具体例（実例）を調べることによってかつてわたしが論文で述べたことも正しいと確認できたし、思いがけず娘のハジュラやシターの夫の具体的な使用例も確認できた。代名詞的対称詞の使われ方はほんとうに人により家庭によりいろいろなのだ。

以上、シターの、夫に対する対称詞の使い方を述べてみたが、その代名詞的用法の使い方は *timī* だというのだから、これは非常に例外的で特異である。あの頑迷固陋な父の前でこの *timī* をほんとうに使えるのかどうか——「*e, bābā!*」は父や母の前で使わないのだから——疑問が生じるが、いまは確かめられない。多分、使えないのではないか。

では、なぜ、シターが夫に対して、「*e, bābā!*」と呼びかけることができたり——本来は妻は夫に呼びかけることができない（図3参照）——、*timī* などという、目下または同等程度の者に使う代名詞的対称詞を使うことができる——本来は *hajur* と言わなくてはいけない——のか。その背景は正確にはわからない。しかし、少し考えてみよう。

それは、シターが持つ社会的環境の特殊性とシターの個性から来るものではないかと思う。シターと夫とは一歳違いの大学の同窓生であった。だから、もともと夫を「*rām!*」と呼びかけもし、また「*timī*」（きみ、あなた）と対等に言い合う習慣があっただろう。また、ふたりとも大学卒のインテリ（ネパールの識字率を考えると大学卒はインテリである）で、首都のカトマンズ市生まれのカトマンズ育ちである――ネパール全体とカトマンズ市とでは暮らしの洗練さという点で一段と異なる。一般的な田舎のバフン族の慣習に拘泥されないということもあるだろう。また、一九九一年前後には五年間ほど家庭の中の言語はすべて完全に英語であったことの影響があるかもしれない。また、シターが実家に住んでいるという心理的な優位性があるのかもしれない。また、シターは性格的にまったく権威主義的ではないし、のびのびとして明るい。シターは、伝統を重んじる度合いがその父とはだいぶ違うともいえる。

以上が、シターの家族を含む血縁親族のあいだでシターが実際に使う自称詞・対称詞・他称詞である。では、シターの、夫側の対＝姻戚親族の場合にはそれがどう使われるのだろうか。

（1）　夫と妻をあらわす対概念に *logne*－*swāsnī*（夫婦）がある。*swāsnī* は非常に下品なことばだから、絶対に使うな、使うなら *śrīmatī* を使えと教えてくれたのは例のカマラ＝カント＝シャルマ（四九歳）である。何度もそう聞いたことがある。どう下品であるのか説明を聞いていないので、いまのわたしにはその理由がわからない。だから、わたしは *swāsnī* も *logne*－*swāsnī* という対概念も使わずにここでは *śrīmān*－*śrīmatī*（夫－妻）を意識的に使っているが、さいわいシター自身もこの *śrīmān*－

śrīmatī（夫－妻）の対概念を自然に使っている。

（2）この日本語はわたしが仮に作った。

（3）鈴木孝夫、一九七三年、既出書（**2**節本文参照）、一六六頁。

（4）三瓶清朝、一九九七年、既出書（**1**節注2参照）、三八－四二頁。

42 姻戚親族に対する対称詞

シターの夫の側の、シターにとっての姻戚親族に対する自称詞は「*ma*」（モ）であり例外がないから、以下ではいちいち記載しない。他称詞も以下ではそれが出てくるたびに特定するが、特に問題はない。問題は対称詞である。対称詞は自己と話し相手との上下関係を表している。だから、対称詞をおもに問題にしていこう。結論をいうと、シターは姻戚親族すべてに例外なく親族関係名称（夫が使っている親族関係名称）か、敬愛を表す「敬称」か「名前＋敬称」かで呼びかけ、代名詞的対称詞はもっぱら *hajur* を使う。これも例外がない。では、シターの夫側の姻戚親族に対するシターの対称詞・他称詞を具体的に見ていこう。

妻は普通、結婚すると夫の家に夫の父母とともに住む。「夫の父」とは親族関係名称（他称詞）で「舅（しゅうと）」（*sasurā*、サスラ）であり、「夫の母」とは親族関係名称（他称詞）で「姑（しゅうとめ）」（*sāsu*、サス）である。

シターはこの舅にどういう対称詞・他称詞を使うのか。

舅（六三歳）に「嫁」（*buhārī*）としてのシター（四二歳）がどう話しかけるのかを見てみよう。

シターは、舅に対して、たとえば

「*pāpā, hajur-lāī kati baje khānā ṭhik garne holā?*」（パパ［お父さま］、*hajur*［あなたさまさま］には何時にご飯がよろしいですか?）

のように使う。この場合、遠くから「パパ！」（お父さま！）と呼びかけてはいけない。近くに行ってそっと呼びかけるのが礼儀である。だから、「*e,*」は使ってはいけない。パパとは「お父さん」の意味だが、シターの夫が自分の父に「パパ」（英語 papa 由来の父概念）と使っていたのをシターが真似て、そのまま使っている。シターは舅に対しては *pāpā* という親族関係名称を使って呼びかけるというのだが、これでも一般的な使い方に外れている。一般的にいうと、舅に対する嫁の呼格的対称詞には「*hajur*」のみが使われる（図4）。なぜ *pāpā* と使うことができるのか。シターの用例は、舅に呼び掛けるのに *hajur* のみが使えるという一般的用例と異なる。この点の疑問はいま確かめようがない。一般的な用法よりくだけている。

また、シターは自分の父には代名詞的対称詞として *tapāī̃* を使っていたが、舅には最高級の敬

図4．舅と婿のあいだ，舅と嫁のあいだの対称詞

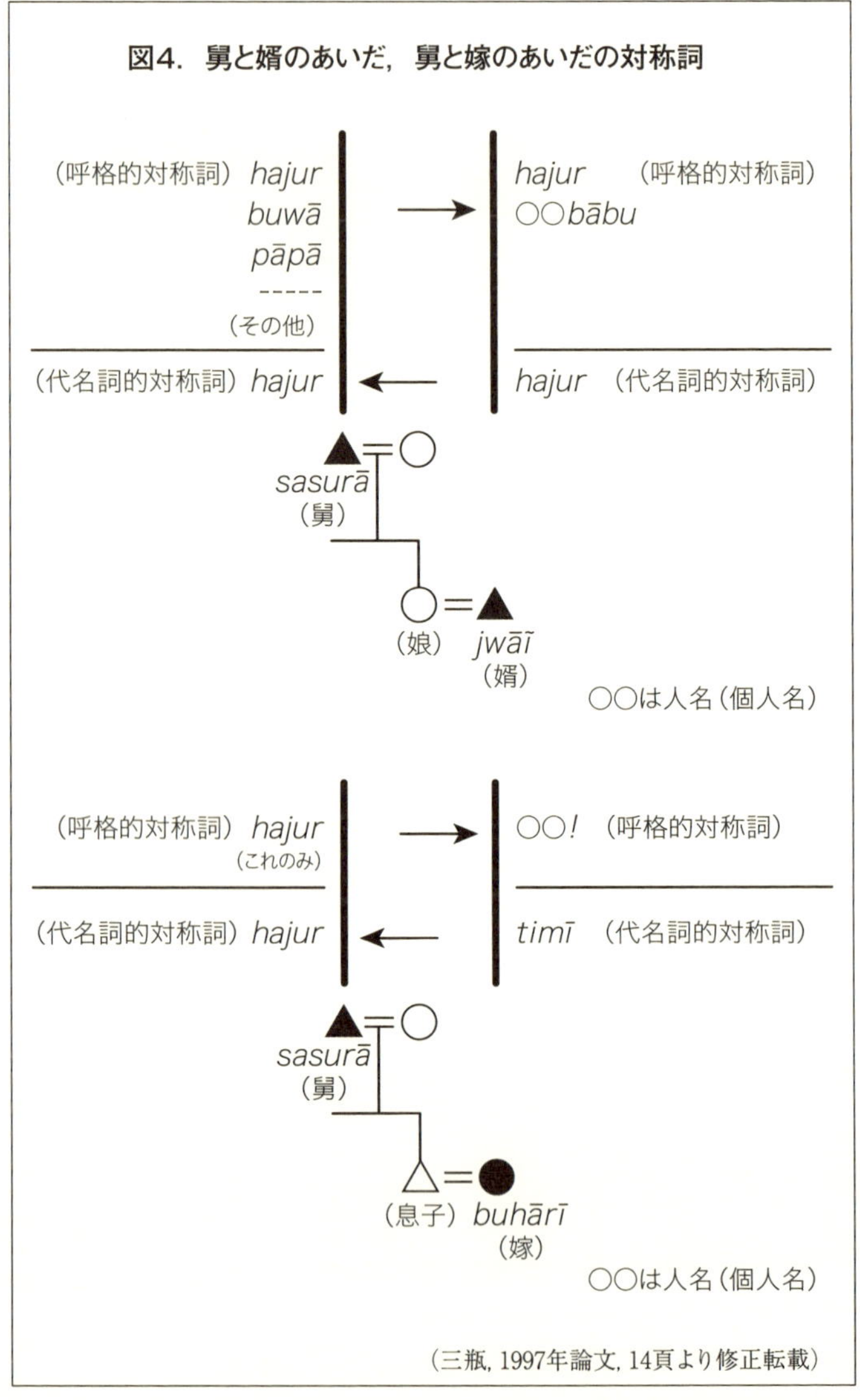

（三瓶，1997年論文，14頁より修正転載）

意を示す *hajur* を使っている。他称詞は「*mero sasurā*」（わたしの舅）の *sasurā*（舅）であって、これは正しい親族関係名称である。

「夫の母」（六二歳）にはどういう対称詞・他称詞を使うのか。

呼格的対称詞は、近くで静かに「*māmī,*」（お母さま、）と呼びかける。この *māmī*（英語 mummy 由来の母概念）という呼格的対称詞は夫がその母に使っていた用語（親族関係名称）をシターが真似て使っている。他称詞は「*mero sāsu*」（わたしの姑）の *sāsu*（姑）で正しい親族関係名称である。

以上が、シターが夫側の上の世代の者にどう話しかけるかの例である。ほかにも舅の母に対する用例を調べたが、構成は同じことであった。

同世代の年下や下の世代の者にどういう対称詞が使われるのか。

シター（四二歳）は、同世代の「*nanda*」（ナンダ、「夫の妹」を指す親族関係名称）（四〇歳）にもその娘（二〇歳）にもその息子（一七歳と一三歳）にもしっかりと代名詞的対称詞 *hajur* を使う。だから、シターは、夫にだけは一般的な規範から外れた異例な代名詞的対称詞（*timī*）を使っているけれども、夫の側の対＝姻戚親族にはプルビヤ＝バフン族に一般的な対称詞の使われ方の規範に一〇〇％従っている。シターはプルビヤ＝バフン族のことばの使い方の規範や伝統に敬虔で従順なのである。これでシターの父も天国で安心だろう。

「夫の妹」（*nanda*）への語りかけの用例を見てみよう。*jyotī jnawalī*（ジョティ＝ゲワリ、*jna*

音はネパール語ではゲと発音する）という名前の「夫の妹」（四〇歳）にこう話しかける。

「*maiyā̃, hajur-lāī kosto cha.?*」（お嬢さま、*hajur*［あなたさまさま］にはいかがですか？）

この場合、呼格的対称詞は「*maiyā̃,*」（お嬢さま、）だけでもよいし「*jyotī maiyā̃,*……」（ジョティお嬢さま、）というように「名前＋*maiyā̃*」で語りかけてもよい。*maiyā̃* には、愛情と尊敬の念が含まれている。この女性への他称詞は「*mero nanda*」（わたしの *nanda*）の *nanda*（夫の妹）で、正しい親族関係名称である。

その「夫の妹」（*nanda*）の娘（二〇歳）の例を見てみよう。名前は *bandana*（バンダナ）である。シターの「夫」にとっての親族関係名称は *bhānjī*（バンジー、男から見ての姉妹の娘）である。日本語では「姪」である。近くからこう話しかける。

「*bandana bhānjī, hajur-lāī kasto cha.?*」（バンダナ＝バンジー、*hajur*（あなたさまさま）にはいかがですか？）

この場合、呼格的対称詞は「*bandana bhānjī,*」（バンダナ＝バンジー［姪］、）というかわりに「*bhānjī,*」（バンジー［姪］、）だけで呼びかけてもよい。

バンダナ（二〇歳）に対する代名詞的対称詞は *hajur* である。ここでも最高級のものが使われている。バンダナに対するシターにとっての他称詞は「*mero bhānjī*」（わたしのバンジー）の *bhānjī* である。*bhānjī* とは、「男から見た姉妹の娘」のこと（日本語で姪）であるから、「夫（男）から見た *bhānjī*」という親族関係名称をそのままシター（妻）が真似て他称詞として使うわけだ。

さて、バンダナには一七歳と一三歳になる弟がいる。このうち、上の弟、アロク（*ālok*）という名の弟にシター（四二歳）がどういう対称詞・他称詞を使うか見てみよう。アロクには近くにいってから、このように話しかける。

「*ālok bābu, hajur-lāī kasto cha?*」（アロク坊ちゃま、*hajur*［あなたさまさま］にはいかがですか？）

と言う。呼格的対称詞に「アロク坊ちゃま」が使われている。「*bābu,*」だけで呼びかけられるかどうか、聞きそびれたが、多分、使えるだろう。代名詞的対称詞は最高級の敬意を表する *hajur* である。他称詞は「*mero bhānjā*」（わたしのバンジャ）の *bhānjā* である。*bhānjā* とは「男から見た姉妹の息子」のこと（日本語で甥）であるから、「夫（男）から見た *bhānjā*」という親族関係名称をそのままシター（妻）が真似て他称詞として使うわけだ。

以上は女性（シター）から見た姻戚親族への話し方の実例である。

要するに、女性から見ると、目上には呼格的対称詞では（夫からみた場合を借りて）親族関係名称が使われるという点では姻戚親族においても血縁親族の場合と変わりがないが、姻戚親族においては遠くから大声で呼びかけることができない。近くでそっと呼びかける。また、目下には「*maiyā̃*」（お嬢さま）や「*bābu*」（お坊ちゃま［元の概念は父である］）という敬称を使ってそっと呼びかける。

また、代名詞的対称詞では、血縁親族と姻戚親族では一変する。血縁親族で使われていた尊敬

度の強い *tapāĩ* がまったく使われず、上の世代はもちろんのこと、たとえ同世代の年下であっても下の世代であっても最高級の敬意を表す *hajur* のみが使われていた。

以上は、シター、つまり女性たる「嫁」（*buhārī*）から見た実例である。

では、男性から見た対＝姻戚親族はどうなのか。これは、シターの夫たる「婿」（*juwāĩ*）から実例を何も聞いていないので実例はわからない。

一般的にはこうだ。

呼格的対称詞では、男性は上の世代の、妻側の姻戚親族には *hajur* を使って呼びかけ、同世代の年上の者には親族関係名称を使って呼びかける。目下の姻戚親族には名前で呼びかける。また、代名詞的対称詞であると、上の世代であれ同世代の年上の者であれ、目上には *hajur* を使う。しかし、目下（同世代の年下の者や下の世代の者）には *timī* を使う。

シター、つまり女性（嫁）の場合と大違いなのである。世代も下の、しかも、一七歳の男子に「*ālok bābu, hajur-lāī* ……」（アロクお坊ちゃま、あなたさまさまには……）と話しかけた例を思い出していただきたい。

この大違いを舅と婿との間と、舅と嫁との間で比較してみよう（図４）。これを見ると、舅と婿のあいだでは全く対等であることがわかる。また、舅と嫁のあいだでは極めて不対等であることが一目瞭然である。

妻は夫の食べた後に、夫の食べ残しが残るほんとうにきたない皿でご飯を食べる例を述べた

（***41***節）が、毎日、朝と晩に二回、ご飯のたびにこうして妻は貶（おとし）められる。食事慣行だけでなく、ことばのやり取り（対称詞の使い方）でも毎日、こうして妻は貶められる。食事慣行にもことばのやり取りにも社会組織（制度）――「妻取側優位と妻与側劣位」制――が反映されて、そういう慣行やことばのやり取りを墨守（ぼくしゅ）すればするほど、そこに反映された既存の社会組織（制度）が再生産される。

　ところで、図4から、舅と婿の間は対等な関係であるとわたしは言ったが、ほんとうにそうか。ことば（対称詞）の使い方だけを見るとなるほど対等である。しかし、プルビヤ＝バフン族におけるドグネ（*dhogne*）と呼ばれる伝統的な叩頭（こうとう）（相手の足の甲に自分の額を付けること）の挨拶の仕方を見てみよう。それから見ると*jwāī*（婿）は舅に対して圧倒的に優位である。ドグネは、妻は毎日、朝と晩に自分の夫に対しておこない、嫁は毎日、舅に対して一日に二度おこない、姑に対しては年中行事の儀式の折におこなう。[1] そのことで、妻または嫁は自己の劣位を毎日、表明するし、させられる。刷り込まれる。妻または嫁が劣位を表明させられているあいだ、*jwāī*（婿）は、自己を*jwāī*という親族関係名称で言及する、年上のどの姻戚親族からもドグネを受けるだけで返すことをしない。（*jwāī*にはいくつかの類型がある。基本的には「娘の婿」が*jwāī*であるが、「妹の婿」「（男から見た）姉妹の娘の婿」「夫の妹の婿」「孫娘の婿」などいくつもある。）舅・姑は婿にドグネをおこない、婿は舅・姑にドグネをしない。だから、ことば（対称詞）のやり取りだけを見ていると婿と舅とは対等に見えるが、ドグネまで見渡すと*jwāī*の「妻取側」の地位は嫁側の「妻与側」の舅・姑に対して圧倒的に優位なのである。食事慣行やことばのやり取りだけでなくドグネという挨拶の仕方もまた社会的な上下序列をいやおうなく再生産する。シターは朝晩と夫にドグネをしているだろうか？　興味深いがわからない。

以上が、シターの、夫側の対＝姻戚親族に対する対称詞の実例である。

（1）三瓶清朝、一九九一年「ネパールのブラーマンの家庭におけるけがれと社会構造」『民族学研究』五五巻四号、三九六頁。読者にはほんとうに毎日そういうこと（ドグネ）がおこなわれているのかと疑問に思う向きもあると思う。しかし、わたしがこの一九九一年の論文のもとになった一九八四年八月から九月にかけての面接調査のときに、その調査内容を教示してくれた人物（一八歳ぐらいの女子大生）の家庭（カトマンズ市の中心部にあった）では主筆級の新聞記者の父に、経済学を専攻して大学院に在学中の息子が毎晩、ほんとうにドグネをしている（前掲書、三九六頁）と聞いてわたしも驚愕したことがある。

43　調査のまとめ

シターの対称詞の使い方をまとめてみよう。

シターの実例を見ても、「年齢上下序列制」と「妻取側優位と妻与側劣位」という二つの社会組織は——夫に対する対称詞を除いて——見事にシターのことばのやり取り（対称詞の使われ方）のなかに反映されていた。自由奔放に見えていてもシター（四二歳）は結構、プルビヤ＝バフン族のことばの規制、規範に忠実であることがわかる。

シターの実例で、呼格的対称詞は多種類にわたるのでいちいちあげないが、代名詞的対称詞をまとめていうとシターは三種類の代名詞的対称詞を次のように使い分けていることになる。それは、

tapāī（孫として祖母に、娘として父・母に）
timī（母として息子・娘に）
timī（妻として夫に）
hajur（嫁として舅・姑に、夫の妹に、夫の妹の息子に）

である。*tã* は、「よほど怒って子どもを激しく叱るとき」（***11***節）以外にまったく使用例がなかった。

シターの夫は例外的にその妹に*tã*を使っている（***11***節）。

このように、対称詞の使い方で、世代の上の者、年上の者を尊敬するように徹底的に刷り込まれたバフン族がスンタリ（一七歳）の祖父（六五歳）に*timī*や*tã*を使うというのだ。*timī*はまだしも、*tã*は相手の人格を軽蔑して相手の自尊心を破壊する凶行である。なぜこんなことができるのか。[1]

…………

第一に、バフン族といってもダヌワール族のスンタリの祖父を取り巻く田舎のバフン族と、シターやその夫の例のような大都市の住民しかもインテリとは*timī*や*tã*の使い方が違うからだと言える。第二に、ここまでわたしたちが理解した対称詞の使われ方は同一カースト内の血縁親族や姻戚親族内に限ってのことだ。そこには確かに「年齢上下序列制」や「妻取側優位・妻与側劣位」の上下序列制があるが、ダヌワール族に対しては全く別の次元の基準である「カーストの上下序列」という基準が使われるからだとわたしは思う。世代・年齢や妻取側優位・妻与側劣位という上下序列よりも、「カースト階層制」という上下序列の方が圧倒的に優位なのだ。

シターはこう言う。

「わたしたちの社会では、わたしよりも上の世代の人たち（これはプルビヤ＝バフン族を指している）は自分より下のカースト（*jāt*）の人たちに『*tã*』ということばだけを使う習慣がありました。いまでは、わたしの世代およびいまの社会では『*tã*』ということばを使う習慣は少なくなりました。この社会変化は教育から来た変化だと言うことができます。社会変化とともにことばも少しずつ変化しているということです。わたしは『*tã*』ということばを使いません。わたしの息子や娘にも *timī* だけを使います。」

「自分より下のカースト（*jāt*）の人たち」とはチェットリ族を含む、プルビヤ＝バフン族から見た下の人たち全部を指しているのか、それともダリット（被抑圧層）を指しているのか、いまは確かめようがない。

このあたりを分析するには、シター（四二歳）やその夫であるラム（四三歳）が違うカースト・民族の人間に、特にダリット（被抑圧層）たちにどういう対称詞を使うのか、また、ダリットたちが（ヒンズー教の司祭を出せる）プルビヤ＝バフン族に対してどういう対称詞を使うのかを、つまりカースト間の対称詞の使われ方をもっとよく調べないといけないだろう。オミラ（四六歳）がダヌワール族のスンタリの祖父（六五歳）に *tapāĩ* を使っていたのは、オミラやサンガットさん（調整員）がカースト差別に反対する特に敏感な知的階層だからだと思う。それは「Love Green Nepal」の職員に共通した使い方だと思う。参考までにいうと、シターの職場では目上の人（上司）や同格程度の同僚に対する代名詞的対称詞には *tapāĩ* が使われるそうだ。*hajur* は目上に媚(こ)びへつらう者がたまに使うことがあるが、めったにないということであった。また、目下の人（部下）には *timī* を使う。

参考までに、ネパール人と話をする機会を持った読者はどういう対称詞を使ったらよいのか述べておく。呼格的対称詞は相手の名前がわかっている場合は、相手が子どもである場合を除いて、すべて、相手が男でも女でも年上でも年下でも「○○ *jī!*」（○○さん！）が適切だ。相手が子どもである場合は名前を呼び捨てにしてよい。しかし、男の子なら「○○ *bābu!*」（○○バブ！）とか単に「*bābu!*」（バブ！）とか呼びかけてもよい[2]。女の子の場合にどうしたら良いのか、いまのわたしには正確にはわからない。*nānī* はうんと小さい子にはいいだろう。*maiyā̃* は愛情と敬意がこもりすぎて不適切である。読者は、その子どもをどう呼んだら良いのか、そばのネパール人のおとなに聞いたらよい。また、代名詞的対称詞は、相手がおとなである場合には相手が男性であろうが女性であろうが年上であろうが年下であろうが、またどんなカーストであろうが、たとえダリットであろうが、すべて *tapā̃ī* がよい。ていねいである。子どもの場合にはすべて *timī* でよい。相手が見ず知らずのおとなにはどう呼びかけてよいのか。カトマンズでなら、相手の年齢を見ながら、相手が女性なら *āmā*（お母さん）、*didī*（お姉さん）、*bahinī*（妹さん）、相手が男性なら *bā*（お父さん）、*dāī*（お兄さん）、*bhāī*（弟さん）と呼びかける習慣があるとシターは言っている。相手にどう呼びかけてよいかわからない場合、「えー、ちょっとすみませんが、……」と日本語で呼びかけてもよい。相手は必ずこちらに振り向くから万能である。また、*hajur* という代名詞的対称詞は使わないほうがよい。それを使うと、相手に媚びへつらっているようだ。

話を戻そう。

異カースト間における対称詞の使われ方を今後の課題にして、シターの家にいとまを告げよう。また、もちろん、カースト間の相違を横に置いて、職場や学校（大学）、近所同士（地域共同体）、友人間における対称詞の使われ方もいつか調べなければなるまい。わたしが調べたのはどこまでもプルビヤ＝バフン族の、しかも親族間での用例である。

（1）ついでに言うが、日本には確かに「ダリット」と呼ばれる被抑圧的な社会集団はないが、関東地方以西に「被差別的部落」がある。また、被差別的（被抑圧的）な少数者集団がいる。沖縄県の米軍北部訓練場の辺野古工事反対派に大阪府警の機動隊員が「このボケ！　土人が！」（土人は琉球民族に対する侮辱的呼格的対称詞）と言ったこと（二〇一六年一〇月）は有名なことだ。一八七九年（明治一二年）まで独立国家（琉球王国）であった琉球民族に対する本音が出た。また、憎悪絶叫（ヘイトスピーチ）を待つまでもなく在日韓国・朝鮮人に対する差別、蔑視には目にあまるものがある。「殺せ、朝鮮人！」と叫ぶ。また、高校無償化を自民党政府は朝鮮学校にだけ――ほかにも民族語で教える国際的な高校があるがそこには認めて――認めない。四国学院大学（プロテスタント系大学）が「被差別部落出身者」と「被差別少数者」に入学者の特別推薦入学選考枠を設けている。「被差別少数者」とは在日韓国・朝鮮人、アイヌ、沖縄人、奄美諸島出身者である（www.sg-u.ac.jp/applicant/enter_exam/tokusui/、二〇一七年八月八日閲覧）。日本もネパールに負けないくらい強い差別社会であることは言っておきたい。

（2）*bābu* のもともとの意味は「父」である。だから、おとなへの敬称にも使われる。シター（四二歳）

は夫の妹の夫（四八歳）に呼びかけるのに「dipak bābu,」と呼びかけている。ただ、これは親族だから使えるのだと思う。

44 帰国の途

二〇〇一年九月一日（土）、わたしはシターに昼食に招待された。シターの家の三階（最上階）に台所兼食堂がある。そこで、わたしはシターと向き合って、ふたりで、床ではなくて食卓と椅子とで食事を取った。食事を用意してくれたのはシターの母であった。こうしてネパールでは「共食（きょうしょく）」（共に食べること）と「自宅に招くこと」とが大事なもてなしだとわかる。日本には共食があるが「自宅に招くこと」はあまり無い。この「共食の民族誌」というか「共食の比較文化的研究」を考えたら、おもしろいかと思う。食事のあと二階でシターの両親の寝室（シターの父も写真に写した）やシター夫婦の寝室（夫婦も写した）、シターの娘の寝室（娘も写した）、息子の寝室（息子も写した）を順番に見学した。シターはこの写真（シター夫婦の寝室）を公開しないでくれと言う。なぜなのかは聞いていないが、シター夫婦が写った、夫婦の寝室の公開がいやだったのだろう。だから公開しない。

昼食のあと一階の客間でシターはわたしに、シターが参加しているＮＧＯが活躍する写真を見せてくれた。カトマンズ盆地のなかのダリット（被抑圧層）の村に中古の衣服をあげるボランティア活動をおこなっているそうだ。また、献血の写真も見せてくれた。同じＮＧＯが献血のボランティア活動をおこなっているそうだ。

…………

二〇〇一年九月二三日（日）、朝、わたしはギャヌー（五〇歳）とシバ（三〇歳）に電話をしてネパール滞在中のお礼とさようならとを伝えた。一六時三〇分から一七時三〇分までシター（四二歳）を訪ねて、最後の面接調査をおこなった。一八時にシターの家を辞した。彼女の家の全員に感謝の意とさようならを伝えた。

わたしはホテル＝ヒマラヤでひとりで夕食を取り、二一時ごろホテルをチェックアウトして、タクシーでトリブバン国際空港に向かった。空港では武装警察官（兵士だろうか）が非常警戒線を張っていて、銃を持った警官が何人かいた。空港ではわたしの乗るＲＡ四一一便が一五分遅れで二四時ごろに大阪の関西国際空港に向けて出発した。空は漆黒の暗闇であった。

楽しい旅だった。

あとがき

この本は、二〇一三年一二月に書き始め、二〇一七年一二月に書き終えた。時間がかかったのは途中でたびたび体調が悪くなるときもあったからだ。この本は二種類の読者を想定して書かれている。いわゆる一般の読者と、ネパールにかかわるいわゆる専門家（社会科学者）である。この本を書くにあたって心がけたことはわかりやすいということだ。また、おもしろく読んでいただくようにも心をくだいた。この二つがうまくいっているかどうかは、わたしではなくて読者が決めることだ。

この本を出版するにあたり、この本の内容がかなり前のこと（二〇〇一年のこと）であることに実はわたしも内心ほんとうに困ったなあという思いがある。――そう、忸怩（じくじ）たる思いである。「更新」や「最新」に価値を置く現代にあって、一六年前のことを書くのにどんな意味があるのだろうか。この本を出版できるかどうか、わたしがたずねた、ある中堅出版社のF出版社の編集主幹は「やはり時の経過には致命的なものがあり、（三瓶の語るカースト制度などの内容は）不変なものだと主張しても一般には理解が得られず、『内容が古い』と扱われてしまいます」と言って、ていねいに出版を断わってきた。……わたしのこの本の「内容が古いと扱われる」というのである。確かに一般の読者にはそうだろう。読者の立場に立ったら、わたしもやはりそう思う。最近、二〇一七年三月に名和克郎（編）『体制転換期ネパールにおける「包摂」の諸相』（三元社）という分厚い本（全五七九頁）が出版された。これは、最近ネパール社会で多用される「包摂」（包摂は文脈からして「弱者保護」という意味だ）を主題として一四人の専門家（社会科学者）が専門家向けに書いた大型の論文集である。わたしはこれをなんということか全部（！）読んでみたが、そのときの感想は、小さな変容はそこかしこに見られるものの大きくは「ネパールは変わっていない」というものである。ネパールは変わっていないのだ。たとえば、カースト制度など何も変わっていない。このわたしの本が「内容が古いと扱う」読者は、どうかそう決めつけないでいただきたい。

気をとりなおそう。たとえば、河口慧海（えかい）（一八六六－一九四五）の『チベット旅行記』（一九七八年、講談社学術文庫、全五巻）などを読んでみよう。非常におもしろい。わたしは以前それを読んだとき全五巻を一気に読み切った。この旅行がおこなわれたのは一九〇〇年（明治三三年）前後の五年間（一八九九年－一九〇三年）である。これをわたしは一九八三年ごろに読んでいる。つまり、その旅行がおこなわれた八三年後に読んでいるが、内容は実に新鮮で魅力的だった。こんなものをわたしは目指した。二〇〇一年におこなわれた調査旅行記を一六年後に出版してもおもしろくみずみずしいと言われたら、どんなにうれしいことか。

次頁に英語版の初出一覧をあげておく。初出は初出だが、この本たる日本語版には大幅な改編・削除・加筆が加えられているので、別の本になったというのが正しい。また、初出文献の題名の『People of Nepal』について一言述べておきたい。『People of Nepal』というのはネパールの文化人類学者ドル＝バハドゥール＝ビスタ（Dor Bahadur Bista、一九二八―二〇〇五）の有名な著作（一九六七年）の題名でもある。わたしはこれを原稿段階の仮題として付けたつもりだった。あとで本として出版するときに『Nepal Enjoyable ― Encounters of A Japanese Anthropologist on a Field Trip in 2001』とでもしようかと考えていた。しかし、結局、英語版の本の出版は成功しなかったので『People of Nepal ― Encounters ---- 』がそのまま残ってしまった。残念だ。著作を発表するときはそれが最後だと思って書けということが教訓として残った。

なお、謝辞をのべる。わたしの息子の三瓶史郎にである。わたしがこの本の原稿書きをワープロでおこなっているあいだ、時時、ワープロが故障というよりも不調におちいることがあった。そのようなときにいつも快くその不調を解決してくれた。ありがとう。

初出一覧

MIKAME Kiyotomo、二〇〇三年「People of Nepal (1) — Encounters of A Japanese Anthropologist on a Field Trip in Nepal in August and September of 2001」『いわき明星大学大学院人文学研究科研究紀要』創刊号、一－三〇頁。

———、二〇〇四年「People of Nepal (2) — Encounters of A Japanese Anthropologist on a Field Trip in Nepal in August and September of 2001」『いわき明星大学人文学部研究紀要』一七号、三四－九〇頁。

———、二〇〇五年「People of Nepal (3) — Encounters of A Japanese Anthropologist on a Field Trip in Nepal in August and September of 2001」『いわき明星大学人文学部研究紀要』一八号、一九－七四頁。

三瓶清朝（みかめ きよとも）

一九四五年生まれ。神奈川県川崎市育ち。一九六四年、都立青山高校卒業。一九七一年、玉川大学文学部卒業。一九七五年、慶應義塾大学大学院社会学研究科修士課程卒業。一九八一年、同上博士課程単位取得済み満期退学。一九七七－一九八〇年、日本政府（文部省）派遣留学生としてネパール国トリブバン大学に留学（研究員）。鹿児島女子大学（現＝志學館大学）教授を経て、いわき明星大学教授。二〇〇八年、早期退職。現在、アメリカ人類学会・アメリカ民族学会（いずれもアメリカ合州国）終身会員。専門は文化人類学、社会学。著書に『ネパール紀行――文化人類学の旅』（一九九七年、明石書店）がある。

みんなが知らないネパール
――文化人類学者が出会った人びと

二〇一八年五月一〇日　初版第一刷発行

著　者　三　瓶　清　朝
発行者　吉　田　俊　吾
発行所　尚　学　社

ISBN 978-4-86031-152-0 C0036
〒113-0033　東京都文京区本郷一－二五－七
TEL（〇三）三八一八－八七八四
http://www.shogaku.com/

組版／ACT・AIN　印刷／㈱TOP印刷　製本／三栄社